华尔街投资制胜之道

［美］托尼·特纳（Toni Turner）
戈登·斯科特（Gordon Scott） 著

王仕英 译

地震出版社
Seismological Press

图书在版编目（CIP）数据

华尔街投资制胜之道/（美）托尼·特纳（Toni Turner），（美）戈登·斯科特（Gordon Scott）著；王仕英译．—北京：地震出版社，2016.12

书名原文：Invest to Win：Earn and Keep Profits in Bull and Bear Markets with the GainsMaster Approach

ISBN 978-7-5028-4788-3

Ⅰ.①华…　Ⅱ.①托…　②戈…　③王…　Ⅲ.①投资－经验－美国
Ⅳ.①F837.124.8

中国版本图书馆 CIP 数据核字（2016）第 274537 号

Toni Turner and Gordon Scott
Invest to Win：Earn and Keep Profits in Bull and Bear Markets with the GainsMaster Approach
ISBN 0-07-179838-9

著作权合同登记　图字： 01－2014－2775
地震版　XM3894

华尔街投资制胜之道

［美］托尼·特纳（Toni Turner）　戈登·斯科特（Gordon Scott）　著
王仕英　译

责任编辑：薛广盈
责任校对：孔景宽

出版发行：地震出版社
北京市海淀区民族大学南路 9 号　　邮编：100081
发行部：68423031　68467993　　传真：88421706
门市部：68467991　　传真：68467991
总编室：68462709　68423029　　传真：68455221
证券图书事业部：68426052　68470332
http://www.dzpress.com.cn
E-mail：zqbj68426052@163.com
经销：全国各地新华书店
印刷：廊坊市华北石油华星印务有限公司

版（印）次：2016 年 12 月第一版　2016 年 12 月第一次印刷
开本：787×1092　1/16
字数：313 千字
印张：18.5
印数：0001～5000
书号：ISBN 978-7-5028-4788-3/F（5486）
定价：48.00 元

我将此书献给我的丈夫迈克，他用无穷无尽的耐心陪伴我，鼓励我，他就是那托起我双翼的微风。

——托尼·特纳

我将此书献给我亲爱的妻子卡罗尔，她在这项事业上给予我的鼓励与支持，不仅使得这项事业成为了可能，更使得所有的辛劳与付出都变得有意义。

——戈登·斯科特

目 录

致 谢

托尼：写作一本书是一次与众不同的旅行。它是一项充满了爱心的工作，一项艰苦的工作，也是一项真正舒展人的灵魂的工作。本书得以完成，主要归功于那些与我们一起分享这段旅程的了不起的人们。

对于我本人，首先我要感谢戈登·斯科特，他是一位了不起的写作搭档。

其次，我要万分感谢我的丈夫迈克，他再一次（这是我写作的第四本书）忍受着冰冷的晚餐、我含糊不清的应答，以及那些没有得到照料、毫无生气的室内植物。

接下来还要感谢我的女儿艾德丽安，她充满了智慧、欢乐、宁静，时刻陪伴在我的身边支持着我。此外，我还想感谢我的其他家人们，查克、盖尔、塔米、米西、詹妮、约翰、蜜雪儿，以及我所有的孙子孙女们，感谢他们的拥抱与鼓励。

另外，对于戈登与我，我们都十分感谢麦格劳·希尔集团的高级策划编辑詹妮弗·阿什克纳齐，感谢她在推动本书出版的几个月当中，给予本书的关注、耐心和效率。同时，我们还要感谢出版商玛丽·格伦，感谢她对该出版项目的支持和热忱；感谢出版代理人奈特代理公司的黛德丽·奈特，她的确是一名超级代理人，是一名作者能够拥有的最好的商业伙伴和朋友。

接下来要特别感谢我们 ToniTurner. com 网站的团队，感谢运营总监蒂娜·霍斯利，版面主任凯思琳·凯利，市场研究技术员安妮特·黑尔斯伯，感谢贝弗莉·皮肯斯、森德妮·克里奇和大卫·贝利。最后，我们要十分感谢杰夫·吉比和麦塔股票公司每一位成员的支持，他们友好地提供了本书所使用的制图软件。

戈登：我首先要感谢是我亲爱的家人们。或许由于本书的完成，我将会更多地与家人保持联系，给他们发送手机信息。

另外，我也要感谢在写作本书的过程中，我所获得的他人付出的努力，给予我的职业礼节和友谊。感谢托尼的专业指导与合作，同时还要感谢其他一些专家，其中包括 e3m 投资管理公司的威廉·陈，凡·撒普国际的凡·撒普，奇尔马克·希尔资本有限公司的杰克·弗雷菲尔德，富达共同基金公司的戴夫·凯勒，尤其要特别感谢查克·勒博，我将永远不会忘记你。

序 言

投资很容易，任何一个有合格经纪账户的人都能进行投资。难的是获利并保住赢利，而这就是我们将在本书当中所介绍的内容。不管你是一位投资新手，还是经验丰富的金融专业人士，《华尔街投资制胜之道》都将向你介绍各种简单易懂、循序渐进的方法，让你发现并利用好投资机会，并从中获利。我们将向你介绍如何才能获取你所需要的知识和技能，来组建个性化的投资组合，以便该组合能够满足你的投资目标。

在接下来的章节当中，我们将向你介绍何时、何地，以及如何在美国股市上发现可以获利的股票和交易型开放式指数基金（ETF）。我们还将向你介绍如何利用我们的"赢利大师法"在不同的市场条件下管理你自己的头寸，以便将你的赢利最大化的同时，让你承担的损失最小。

此时你会说："等等，我已经有一位理财顾问了，我可以让他指导我了解股票市场。"

这也没问题。不过，你或许可以考虑阅读本书，这样你就可以向你的顾问询问一些明智的问题，以及改善你自己的投资目标，让你的投资结果变得更好。

本书是为你准备的

如果你曾在股票市场上获过大利，但后来却逐渐耗尽，直至遭受毁灭性的损失，那么本书是为你准备的。

如果你曾经想知道哪些板块在牛市中（上升趋势）表现得很好，以及在熊市中（下降趋势）去何处发现安全之处，那么本书是为你准备的。

如果你曾经想知道应当买入哪只股票，以及何时买入，或何时卖出，那么本书是为你准备的。

最后，如果你曾经希望出现一本书，可以“手把手指导你”，引导你以一种简单而愉快的方式走出金融市场的迷宫，那么本书是为你准备的。

戈登·斯科特是一位特许市场技术分析师（CMT），他与我（托尼·特纳）已经教导过成千上万个交易者如何在市场上进行操作，并最终带着赢利凯旋而归。那么，我们的方法需要你付出大量的时间和精力吗？当然！任何一种值得花时间去尝试都需要时间和精力，才能取得成果。

你足够聪明吗，能够学会我们的技术，并把它们运用到你的投资组合当中吗？当然！你不需要拥有经济学硕士学位，就可以理解我们的市场方法。你需要的是时间以及合理采用我们建议的愿望。你需要用大量的资金来进行投资吗？不需要。你可以用少量资金起步，例如 1000 美元或者甚至更少，然后在操作的过程中逐渐增加资金。

《华尔街投资制胜之道》如何能够帮助你实现自己的投资目标

长期以来，投资者一直被“买入并持有”这一投资方法束缚着。这一方法历史悠久，但有时却无效。由于这一方法导致投资者没有准备好如何应对市场变化，2001 年和 2008 年的熊市期间，投资者遭受了数万亿美元的损失。

如今，我们比以往任何时候都要确信，那些自主投资者——包括那些知道如何学习以及愿意学习的、有理财顾问的投资者——需要发现一种简单而直接的方法，用以让风险最小化的同时，让赢利最大化，不管是在目前的市场环境下，还是在我们未来可能会面临的各种市场环境下。

我们为什么“比以往任何时候”都要确信这一点呢？因为理性投资所必须进行的研究工作和数据收集工作从未如此简单容易，而与此同时，金融市场却正在经历着几十年未见的混乱。

如今，全球经济比以往任何时候都更加紧密地联系在一起。正如你肯定已经注意到的，世界上某一个地区所发生的事件可以极大地影响全球的金融市场。这些事件很容易就会对你这样的个人投资者产生影响，导致你的投资组合受到某些你没有意识到的或是不了解的市场力量的影响。

在牛市到达顶点并迅速开始暴跌这种不可避免的时期，作为一个自主投资者，你可以积极主动地采取行动，而不是被过时的“买入并持有”方法所束缚，默默地忍受着痛苦，眼看着自己辛苦挣来的钱蒸发。你可以先兑现投资组合当中某些资产的赢利，然后将严格的风险管理技术运用到剩下的资产当中。当出现牛市即将回归的迹象时，你可以列出自己所观察到的新机会，做好准备在正确的时间进场。

简单来说，要想在今天的市场上获利，你需要拥有保护自己的账户不受风险影响所必须的知识和技能，并且要在获利机会出现时，知道如何利用这些机会。

我们为何写作此书

那是春季一个清爽而阳光明媚的早晨。我望向办公室的窗外，发现树木刚刚开始长出翠绿的新芽。

此时我办公桌上的电话响起，公司的接线员通知我戈登·斯科特找我。我在那之前几个月认识戈登，之后与他合作过几个商业项目。在这期间，我逐渐开始欣赏他的正直，他对金融市场的博学，以及他真正关心自身交易的成功和投资学员们的成功。

“早上好，托尼。”

“嘿，戈登，有什么事吗?”

“我……嗯，我有一个新项目的想法想告诉你。”

尽管他停顿了一下，但是我能感觉到他语气中的兴奋。

“听起来很不错，”我回答道，“说来听听看。”

“是……是写作一本书的想法，”他慢吞吞地开始说道。“你我合著。”

“嗯……”我深吸了一口气然后慢慢说。经验告诉我，写作一本书需要投入大量的时间和精力。

接下来戈登开始滔滔不绝。他描述了一本书，该书将为投资者提供一种循序渐进的、易于使用的投资方法，该方法将综合基本面分析和图表分析两者的优点。它将回答几十年以来投资者针对如何获利并完整地保住赢利所提出的各种问题。此外，我们还将促使读者朋友将损失最小化，赢利最大化，以此获得成功。

听着他的描述，我咬住嘴唇，尽量不让自己笑出声来。不是因为我认为他的想法不可行——恰恰相反。尽管我清楚地知道写作一本书需要投入大量的精力，但是戈登当时向我描述的作品过去一年以来一直徘徊在我的内心深处。此时，它出现了，戈登读懂了我的心思。不仅如此，他还说出了我们共同的想法。

说完之后，他深吸一口气问道："你怎么看？"

"听起来好像工作量很大。"我回答道，想考查他的决心，不可否认，也是想探查我自己的决心。

他语气平静下来："是的，是的，工作量的确会很大。"

"而且，写作一本书需要大量的工作计划。"

"是的。"

"而且真正动笔写作之后，你每天将会增加几个小时的工作量。"

"我了解。"

接下来我继续讲述我认为写作一本书需要作者投入大量的时间和精力的种种原因。我仔细聆听着他的回答，想找出任何的犹豫，但是，他没有一丝犹豫。

《华尔街投资制胜之道》就在那个明媚春季的早晨诞生了。当然，你手中所拿到的已经完成的作品代表着我们共同的思想、知识和研究的结晶。

本书的组织结构

《华尔街投资制胜之道》的前四章将为你提供建立自身投资目标的依据。我们首先将向你介绍如何确定你个人的风险参数，然后再讨论各种市场策略的基础，以及评估整体市场状况的简单技巧。

在第五章至第八章当中，我们将以一种简单易懂的方式向你介绍如何解读价格图表；然后向你介绍查看公司基本面的省时方法，以及去哪里和如何找到你所需要的信息。你将了解到如何通过简单点击几次鼠标，就可以创建一张个性化的清单，列出有潜力获利的股票。第八章将致力于介绍最受欢迎的、最通用的资产类别——即众所周知的交易型开放式指数基金，以及如何在最恰当的时机将它们纳入你的投资组合。

第九章至第十三章全部都是关于简单技巧、策略和战术的介绍，它们可以用来去掉你的投资蛋糕上的糖霜，让你的投资蛋糕变得更加平滑。我们会全面讨论风险管理，以便你知道如何保住自己所获得的赢利，不在动荡不安的熊市当中将赢利吐回市场。

最重要的、交织贯穿在每一章当中的是我们全面而直接的市场方法——“赢利大师法”，这一独特而有价值的方法将为你提供垫脚石，助你创建一套个人的投资策略，并成功地实施这一策略。

在每一章的结尾部分，你将看到一个加分项符的部分——“应当记住的要点”，这些要点总结了一章的内容，它们是一种快速回顾。

在“应当记住的要点”之后，你将看到一个叫作“个人心得”的部分，每一章的“个人心得”都聚焦于一个激励性的观点，它可以帮助你在今天这种狂热的市场上保持平衡感。

作为《华尔街投资制胜之道》的作者，戈登和我致力于为你这样的个人投资者提供及时的、有说服力的、可行的信息，在未来几年，无论是在牛市还是熊市当中，你都可以利用这些信息来取得成功。让我们开始吧！

第一章 引论

你可能是一个十分精明的人，且年龄可能在25岁到80岁之间；你可能大半生都在从事某一项工作，同时由于良好的判断力或好的运气，你已经积累了足够的资金，可以开立一个投资账户。

你或许有一位自己喜欢和信任的股票经纪人，但是为了让自己心安，你希望了解股票市场是如何运作的。你或许已经独立投资几年，但是希望利用一种更加实用的方法，让自己的资本收益达到一个更高的水平。最后，你或许是股票市场上一位新手，有点儿提到股票市场就不知所措，希望有一只手来指导你，在世界上最令人兴奋的街——华尔街上为你引路。

那么，你应当从何处入手呢？你如何才能在正确的时间、正确的行业板块中选择正确的股票？你应当何时买入？你如何管理自己的头寸，才能不输个精光？更加重要的是，你如何才能知道应当何时卖出，才能保护好自己的资金或从市场上获利？

毫无疑问，这些就是整本书将介绍的内容。多年以来，戈登和我一直想方设法迎接这一挑战。不管是单独地，还是作为一个团队，我们都已经教导成千上万个股票交易者和投资者如何从市场上获利。

首先，我们已经注意到，过去20年的技术进步已经让个人投资者变得前所未有的强大。假设在20世纪90年代以前，向公众持股型公司的普通股持股者发行信息，就好像由仓库管理员保存在神圣的仓库中，这些仓库管理员穿着呆板而严肃的西装，我们将他们称

本章作者：托尼

之为股票经纪人。这些人戴着眼镜，坐在他们的红木办公室中，越过他们的办公桌，将封面包装精美的厚厚一沓报告推给我们——他们的顾客。

“把这份季度报告带回家看一看，”股票经纪人透过他的双光眼镜，趾高气扬地看着我们说道，“如果你喜欢这些数据，我们会为你的账户买入 300 股（或 3000 股，具体根据我们的账户大小而定）。”

“十分令人印象深刻，”我们盯着那精美的封面，迅速翻阅着活页夹，低声说道。

一回到家，我们便打开报告，开始浏览前两页。报告看起来没有什么问题。报告中对该公司总部的中层管理人员和地位崇高的 CEO 的描述看起来让人很放心。然而，在这两页之后，报告中的文字就变成了令人费解的金融术语，不时出现长排令人头晕目眩的数字。天哪！我们认为这简直就是治疗失眠的良方。我们合上活页夹，把它放在桌子上，决心“很快”会将它彻底地看一遍。

几天之后，我们的经纪人打来电话：“我们之前讨论过那家公司怎么样？季度报告很吸引人，不是吗？你怎么看？我们要增加 300 股到你的投资组合当中吗？”

“嗯……看起来像是一家很不错的公司，”我们盯着桌上那份还未看过的报告，勉强同意道。“好吧，买入吧。”

几天之后，认购确认书被寄送到了我们的邮箱。我们带有几分满足地注意到，我们持有了 300 股这只闪闪发光的股票。然后我们的目光移向佣金这一项——252.00 美元。天啊！佣金达到了购买价的 2%左右。于是我们把这份文件放入办公桌的某个抽屉里，长叹一口气，起身离开。这该死的股票最好上涨！

那样的日子已经过去了。投资者已经摆脱了强大的股票经纪公司曾经神圣的大厅和它们高额的佣金，已经被电脑和无所不在的、内容丰富的互联网解放出来。如今，我们自己就是（信息）“仓库”，我们只要有键盘就有季度报告（如果我们真的想看季度报告的话）。

但是，由于法律规定股票交易必须通过某个注册经纪人来进行，因此我们无法完全忽视股票经纪人。事实是，绝大多数股票经纪人都是博学的专业人士，他们可以给出好的建议。不过，现在我们绝大多数人都在某一位网上折扣经纪人那里开立了投资账户。

你们中的许多人都是依靠自己的研究和自己的观点，自己进行投资决策。在有能力和自己方便的时候，并且经常是在只支付个位数佣金的情况下，利用键盘、通过计算机或无线设备买卖股票。

一、有能力自己选择

假设你打算研究某一特定的股票，那么你可以登录你的经纪人网站——或大量其他财经网站——你可以在网站上浏览该股票所属公司的基本面信息，例如市盈率、每股收益、季度收益增长图、年度股息（如果支付过的话），以及与竞争对手的基本面对比。如果这些术语让你头疼，不要担心，它们比听起来要简单，你很快就可以理解。

此外，你还可以花一些时间来浏览你打算研究的股票所属板块的信息。结合随后几章将为你提供的信息，你就可以确定此时是否是进入这一竞技场的好时机。

最好的一点是，一旦有了互联网，你就可以获得目标股票的历史价格图表。这就像“如果你知道某个人曾经去过何处，就可以判断出他即将去往何处”，只要简单地看一眼，价格图表就可以显示出该股过去的价格表现，而该股过去和现在的表现可以传达出一些信号，表明该股目前的价格是否坚挺。

二、纽约一分钟内的新闻

毫无疑问，不管我们是不是活跃的投资者，我们每一天的每一分钟，通过卫星所接收到的最多的东西都是新闻。无线网络和社会媒体的不断完善已经促使新闻传播的速度接近光速。如今，事件一发生，或事件发生的下一秒，关于该事件的新闻报道便会传遍全球。我们可以立即了解到全球范围内的暴动、战争、暴风雨、地缘政治事件和金融困境等，所有这些事件或多或少都会对股价产生影响。

重点提示：作为一名聪明的投资者，你的首要准则就是时刻保护好自己的资金。

这是否意味着在大量引起混乱的新闻突然袭击我们的当天，我们就会感到恐慌，抛售投资组合当中所有的头寸？当然不是。作为聪明的投资者，我们可以学习并运用投资技术，它们将指引我们采取谨慎的措施。这样我们就可以知道应当忽略哪些新闻，应当进一步审查哪些新闻；我们就可以知道何时应当继续持仓，何时应当有所行动。

三、全球金融市场：一种社区事务

从悉尼到上海，从柏林到伦敦再到纽约，每一个工作日，太阳都从我们的全球金融市场社区升起再落下。

每一个交易日，全世界的交易者和投资者都在享用着全球市场提供的丰盛美味的自助大餐。的确，自助大餐上陈列着各种股票、债券和其他金融资产，我们可以说它们为我们提供了世界上最具吸引力的、最令人兴奋的商品。

它们为何会如此具有吸引力呢？因为在这些陈列着的商品中，你可以用自己的资金去购买世界上最大、最有活力公司的股份（一定的所有权）。当这些公司扩大业务以及价值增加时，你所持有股份的价值也跟着增加。

重点提示：“股票”就是公开上市交易的公司发行的一种所有权凭证。当你持有一家公司的股份时，我们就说你持有该公司的股权。这就是为什么股票亦被称作“股权”的原因。

那么，如果想要卖出手中的股份呢？如果你的股票自你最初买入之后价值上升，你将以高于买入价的价格卖出，从而将丰厚的赢利收入囊中。

或者，如果你更愿意继续持有手中的股票，以期在未来5年左右，该股票的价值翻倍、增至3倍或者甚至增加10倍（我们将这样的股票称之为“10倍股”）呢？只要你对自己的风险进行评估并适当地管理，以上情形就可以成为现实。

此时你肯定在想：“嘿，股价也会下降。股市并非始终一帆风顺。”

你的想法完全正确。如果已经介入股市一段时间，你就已经经历过一些价格回撤和调整，并且其中一些回撤和调整对于投资者来说是毁灭性的。价格下跌是我们为了潜在的回报所承担的风险。

衰退和萧条意味着企业和消费者的花销都减少了，因此对（企业所生产的）商品的需求也就萎缩了，需求萎缩导致公司收益降低，收益降低通常又会导致股价下跌。而严重的股价下跌可能又会导致我们所说的“熊市”，它可能会持续几个月到大约两年不等。

在这样的情况下，我们同意著名的经济学家、具有传奇色彩的专著《证券分析》著者本杰明·格雷厄姆的说法：“针对自己所有的普通股头寸，投资者都应当有一套明确的、与其买入技巧相对应的卖出政策。”（本杰明·格雷厄姆与戴维·多德，《证券分析》，纽约：麦克劳希尔出版社，1996年）。我们将在随后几章当中向你介绍这样一种“卖出政策”。

重点提示：“头寸”即某一只股票（或其他资产类别）的份额。例如，如果你购买了英特尔公司的股份，你就可以说自己持有了英特尔公司的“头寸”。

另一方面，请看到乌云背后的阳光，要知道市场偏爱上涨。增长比收缩更加普遍，经济扩张占据着大部分的时间。这表示强大公司的股票价值，增加的幅度要远远大于下跌的幅度。在一轮长期的牛市当中，绝大多数行业都会出现股价上涨。此外，这里还有一则好消息：一般来说，牛市持续的时间长于熊市。

首先，戈登和我认为，你的投资账户应当始终是一项资产，而不是负债。为了实现这一目标，我们将向你介绍如何以一种保险而省时的计划来管理自己的账户，同时要让你自己的计划个性化，以适合你自己的目标。

从战略的角度来看，当牛市正在咆哮时，我们要立即加入战斗并坚持到最后。但是，当熊市咆哮着出山并准备战斗时，我们就要确保为自己的头寸设置了保护性的止损指令，或者甚至斩仓离场。我们的策略是：获利并保护好赢利。我们无意把赢利拱手交给脾气暴躁的熊市。

四、投资美国股市的好处

以下列出了投资股市的一些好处。

● 被公认为“最有可能成功的途径”。过去 70 年，股票的收益率大约为 10.5%，公司债券的收益率为 4.5%，美国国库券的平均收益率为 3.3%，通货膨胀率为 3%以上。当国库券的收益率等于通货膨胀率时，你所购买的国库券的收益就为零。考虑税收以后，你的这笔交易就是赔钱的。然而，随着时间的推移，股票会提供资本升值，并且许多股票的年收益率大于国库券的收益率。

● 方便性。假设你发现一幢房屋，一座办公楼，或其他某种不动产，想要购买，如果目前的所有者不愿意把它卖给你，你就无法拥有它。或者，我们假设你已经拥有某一幢房屋，某一座办公楼，或某种不动产，想要卖出，如果没有人愿意买入，你就不得不将它保留，直到有买家出现。换句话说，你想买卖，并不表示你就可以买卖。股票和各种 ETF 则不同。如果你发现某一家公开上市交易的公司，看起来很有吸引力，符合你的投资目标和风险管理准则——同时你也认为它目前的价格很合理——你就可以来到你的经纪人网站，登陆你的账户，立即买入该公司的股票。当你想要卖出这些股票时，又可以快速访问你的网络经纪人网站完成交易。

● 流动性。我们说公开上市交易的股票是“流动的”。这表示在交易日内，有足够的股票供我们买卖。因此，如果你发现某只股票很有吸引力，想要买入，那么只要你的投资账户中有足够的购买力，你就可以立即持有这只股票。同样地，如果你持有一只股票，想要卖出，证券交易所内总会有人买入这只股票。这表示你的股票投资组合始终是“流动的”。

● 你就是无须经营的企业所有者。当你投资股票、类似投资品和各种 ETF 时，它们就为你提供了拥有一大批世界上最成功公司的各种优势，甚至你可以在无须因为不得不在每个工作日的早晨起床，打上领带或是穿上高跟鞋去上班而头疼的情况下，拥有这些公司。

● 时效性。在不同的经济环境下，某些行业（例如能源、科技、医疗保健；我们稍后将对此进行详细讨论）会繁荣，其他一些行业则会趋于萧条。投资股票和各种 ETF 让你能够在正确的时间，在你的账户中“播种”正确的行业板块，然后在适当的时机“收获”这些行业板块带来的成果。

● 让你的快乐翻倍。有时，不只是股票的价值会上涨，股票本身也可能会成倍增加。如果一家公司想要使它的股票更有吸引力，让更广泛的投资者有能力购买它的股票，该公司董事会就会批准“股票拆分”，以创造更多的价格更低的股票。

如果该公司批准其股票按照 1∶2 的比例进行拆分，那么其流通股的数量将翻倍，当前价格将减半。例如，如果你持有某只股票 100 股，当前价格为每股 50 美元，总价值为 5000 美元，如果该公司批准其股票按照 1∶2 的比例拆分，你将持有 200 股，每股价格 25 美元，总价值仍然为 5000 美元。

重点提示： 代表的是一揽子股票（或其他资产），以某一个主题，例如某一个行业、国家、某种固定收入或商品为追踪目标。

美国的许多行业代表性股票，例如道琼斯工业平均指数所包含的 30 只股票，自首次发行以来已经拆分过 10 次或更多次。麦当劳（交易代码 MCD）于 1965 年上市（即首次公开发行股票）；在那之后，该股已经拆分过 11 次。假设你于 1965 年以每股 22.50 美元的发行价买入了 100 股，在我们撰写本书时，即在那之后 47 年，你已经拥有汉堡王的股票 37180 股，价值超过 360 万美元。非常之好啊！

重点提示： 当我们用自己的资金去交换股份时，华尔街将此称之为“交易”。因此，当我们买卖股票或各种 ETF 时，我们就是在股市上“交易”。

五、泡沫与崩跌：投资股市的挑战与风险

我们假设认识一个名叫帕梅拉的投资者。帕梅拉离退休还有 7 年的时间，她有一些积蓄，并打算把这些积蓄投入股市，以便为日后退休建立储蓄。帕梅拉不知道，也没有人告诉她，市场已经连续上涨 4 年。就我们的话说，此时上升趋势“已经到末期”，主要指数正在丧失上涨动力，尤其是科技股的价格被认为正在形成“泡沫”。苹果公司（交易代码 AAPL）和谷歌公司（交易代码 GOOG）这类市场领导者的股价已经飞涨到近来极其高的价格。此时，在绝大多数市场专业人士看来，这些股票的盛开期已过，交易者应当获利了结。

帕梅拉开立了一个经纪账户。就在市场开始剧烈下滑时，她却在不知情的情况下，把自己辛苦积攒的储蓄绝大部分投入了科技股。结果呢？她的投资组合的价值遭受了严重的损失，她的退休一直被延迟到市场复苏。

这则故事本来可以有一个圆满的结局。如果帕梅拉知道，在没有详细考察公司的“基本面”和“技术面”的情况下，买入该公司的股票是不明智的——正如你将在接下来的内容所了解到的，她就会先等待市场暂停，等到市场显示出走强的信号之后再买入。她本来可以按时退休，她的储蓄本来可以大幅增长。

重点提示： 当价格——通常是在特定的某个行业板块当中——

过快地膨胀到过高的水平时，股市“泡沫”就形成了。正如真实的泡沫一样，当价格泡沫“破裂”时，“空气”或是价值可能会立即崩溃。在接下来几页的内容当中，我们将向你介绍如何避免这样的情形。

亿万富翁及大投资家沃伦·巴菲特的表述恰如其分：“在这项游戏当中，市场不得不一直投球，但你并不是必须挥动球拍。你可以连续6个月一直手握球拍站在那里不动，直到你挥拍击球。”

不论是在财经论坛的现场研讨会上教学，还是在网络研讨会上教学，戈登和我被问及次数最多的问题都是：“如果决定买入某一只股票，我要如何才能知道正确的买入时机？”

在本书当中，我们将利用“赢利大师法”，结合简单但极其有效的测量工具，向你介绍如何选择股票和各种ETF，以及正确的进场方法。

然而，你要知道，尽管聪明投资于股票和各种ETF是一种极好的技术，可以让你的资金增长，但分享金融市场的潜在收益也存在着风险。当你买入股票、ETF或其他任何一种资产类别时，不管你多么仔细地对自己打算投资的公司、行业或时效性进行评估，你的头寸始终都有可能价值下跌。

毕竟，各大金融市场并不是静止不动的。而如果它们变得十分焦躁不安，就有可能表现得相当暴躁古怪。每一天，全球各大市场都会对利率的上升或下降、地缘政治事件、收益报告和经济报告、战争、天气及周期性的力量做出反应。从这个意义上讲，风险是股市所固有的，是股市自带的。风险是这项游戏不可分割的一部分，它始终存在。

作为一个聪明的投资者，你应当希望在上升趋势中拥有足够上升空间的市场上买入股票，而不是像投资者帕梅拉之前所做的那样，在看来像是高而不稳的、已经超买的市场上买入股票。

如果遵循我们在本书当中为你提供的指南，你将让自己的损失最小化，你的赢利将远大于损失。但是，在把资金投入股市之前，要先考虑你的个人风险容忍度。如果一想到自己的股票头寸遭受任何损失就让你感到心烦意乱，那么你可能会希望避开金融市场，把自己的资金投资到更加保守的投资品种上，例如货币市场基金或大额定期存单。

六、我们为这场盛宴带来了什么？

你们当中的一些人已经从我早期的书籍当中知道，我是《在线日内交易入门（第二版）》的作者，《短线交易入门（第二版）》的作者，以及《新股市中的短线交易》的作者。

“哇，”你或许会说，“好多关于交易的书籍啊！但是我对成天买进卖出不感兴趣，我只想买入优质的股票，然后坐等获利。你懂投资吗？”

当然懂。我于1991年开始投资于股市。至今，我既是一个投资者，也是一个交易者。从学习到最终的教学，节奏更快的交易技术极大地增加了我的股票市场知识，而这些知识又提高了我的获利能力。

接下来让我来告诉你一件事，我热爱股票市场。从进入股票市场的第一天开始，我就热烈地爱着这个疯狂的竞技场，并且如今依然爱着。坦白地说，我有一些迷恋刺激的事物。因此，我对市场的热情或许来源于我能够成为地球上最令人兴奋的竞技场之一的一部分。不管是什么原因，我很高兴每天都能够从市场上学到新的经验教训。我的工作就是，把这些经验教训——以及你能从这些经验教训中学到的东西——传授给你。

此外，戈登也对股票市场充满了热情。正如我在序言当中所提到的，他是一名活跃的投资者和交易者，也是一名金融市场教练。他的资历令人钦佩，他对学生的关心亦是如此，你将在本书中看到戈登的这两个方面。

接下来，我们来谈一谈本书的结构。戈登和我写作的章节差不多交替出现。这样，你就可以同时吸收我们两个人的精华。我们将轮流为你提供海量信息，帮助你进行成功的投资。我们将会玩得很开心，所以，让我们开始吧！

应当记住的要点

■ 作为一个投资者，你的首要准则是时刻保护好自己的资金。

■ 关于公开上市交易公司的一切信息就在你触手可及的互联网上。

■ 如今新闻的传播速度比史上任何时候都要快，而新闻或多或少都会对金融市场产生影响。

■ 工业化国家的金融市场会扩张和收缩。

■ 这些扩张和收缩形成了我们称之为“牛市”和“熊市”的周期。

■ 你的投资账户应当是一项资产，而不是负债。

■ 适当地投资于股票和 ETF 有许多好处：资本增值，方便性，流动性，拥有世界上最成功公司的一部分，时效性，以及随着时间的推移可以获得巨大回报的股票拆分。

■ 风险是持有股票和 ETF 所固有的。投资之前要审查你的个人风险容忍度。

“个人心得”在本书中扮演的角色？

当我们投身股市时，很容易陷入这个快速运动环境那令人眩晕的节奏中。除此之外，来自于各大新闻广播员、各个国家、公司、CEO、政策制定者、收益报告和经济报告的信息轰炸，也会让我们感觉“被淹没了”，不知所措，这种感觉侵袭着哪怕最坚定的市场参与者。

当我还是一个市场新手时，经常感觉自己陷入了困境，不知所措，甚至感到恐慌。让我一直留在这项游戏当中的，只有我对某些思想模型的了解与信任。

多年以来，这些思想模型一直激励着我努力实现自己的目标，不管是金融方面的，还是非金融方面的。我相信，我们在金融方面获利的同时，如果能够在生活中的其他方面（例如健康、事业和人际关系）也获利，我们将更加享受其中的乐趣。

在每一章结束时，我都会以“个人心得”的形式简单与你分享这些思想。我相信它们将激励你在通往更高水平的成功道路上前进。

个人心得 托尼

全身心投入：成功的基础

托马斯·爱迪生梦想着发明由电控制的电灯，于是他从脚下出发，开始把自己的梦想付诸行动。尽管遭受了一万次以上的失败，但他坚持梦想，直到将梦想变为现实。真正的梦想家永不放弃。

——拿破仑·希尔

当你踏出第一步，开始奔向某个新的目标或开始某种新的尝试，你必须立即采取三个步骤：首先，你必须相信这个目标。你必须认为它是可实现的，它将让所有参与者受益，它将对你的生活产生积极的影响。其次，你至少需要想象出目标实现时的情景。最后一步，可能也是最重要的一步，你必须全身心地投入这一目标。没有投入，极少有目标可以实现。

当你建立了一个新的目标时，要花时间想象出目标实现时的情景，然后全身心地投入到实现目标的过程中，投入加想象力自然会为行动带来新的思路，帮助你“将自己的梦想付诸行动”。忽然之间，你或许就会发现你从未意识到自己拥有的、未被发现的或从未使用过的能力。新的机会一定会出现。换句话说，好事会开始发生。

如果托马斯·爱迪生没有全身心地投入到发明第一个电灯泡的梦想中，没有在经历了一万次的失败后仍然全身心地投入，我们的世界就不会有今天所看到的室内照明。

下一次你建立某个值得花时间的新目标时，要想象出你想要实现的结果。然后，坚定地投入到实现这一结果的过程中。写下你的承诺，并经常查看。向你自己——最好是向某个支持你的朋友——承诺你将采取必要的措施来让目标顺利实现。

你的承诺扮演的是集中正能量的角色。要始终让你的精力集中在你想要实现的结果上，这样你就会像托马斯·爱迪生一样，很快就会看到自己的目标变为“现实”。

第二章
开发你的投资潜能

绝大多数人都没有意识到自己的投资潜能。你知道吗，作为现代的一个投资者，你可以做一些两年前不能做的事情。我并不是指如今你可以用自己的资金在股票期权市场或外汇市场上进行杠杆式投机，也不是指你可以用自己多年小心翼翼积攒下来的资金疯狂地冒险。我指的是你可以做出明智的选择，促使自己即使不能跑赢市场上绝大多数专业的投资组合经理，至少也能跑赢许多组合经理。

在本书中，托尼和我打算让个人投资者意识到，与前辈们相比，现代的投资者具有多少优势，以此来帮助他们开发自己的投资潜能，你不会在主流网络电视上听说这类事情，因为他们都太忙于报道金融领域的这种或那种腐败。毫无疑问，市场上从来不缺乏这类事情，但与此同时，过去 10 年，有一个事实已经在投资领域悄无声息地成形，那就是：投资已经变得更加容易，更加便宜，对个人投资者更加有利，并且是更加有利得多。

个人投资者已经在三个方面获得优势：技术进步，投资成本下降，以及更多得多的投资选择。我将在本章中对这些优势进行说明，为此我希望先告诉你们一些关于我个人的信息，以及我经常与那些请求我帮助他们更多地了解市场的个人投资者所进行的典型对话。托尼和我一致强烈地认为，投资者没有充分理解现代市场的关键细节，但他们又不能没有这些知识。投资者们需要了解自己所拥有的力量，他们需要一张路线图来指引他们如何让这种力量为其所用，

本章作者：戈登

而这张路线图就是托尼和我称之为的“赢利大师法”。

赢利大师法可以用以下十分简单的表述来描述：从你自身出发，然后与外部协作，并一路管理好自己的风险。该方法包含四个部分：

（1）明确你的个人投资目标。

（2）弄清目前的市场形势。

（3）学会发现并选择投资机会。

（4）致力于管理好伴随着投资的风险。

在开始介绍这一方法之前，我要先说明是什么帮助托尼和我确定我们需要清楚地介绍这一方法。这源于我们教导和训练个人投资者成为全世界范围内更好的投资者这一工作。根据我们的观察，我们俩一致认为，如果你把个人因素剔除投资策略之外，那么该投资策略便不再适用于个人，它需要由内而外地构建。

一、我从与1000名个人投资者的合作中所学到的

我曾多年担任交易者和投资者的教练。在这些年当中，我曾与1000多人一对一地合作。在与他们相互交流的过程中，我曾不断地探索更好的、能够很快学会并轻松运用的投资方法。在教导这些投资者并向他们学习的过程中，有两个问题曾不断地涌现：每一个投资者都不相同；每一个投资者在运用投资策略时都面临着一种复杂的个人挑战。这种挑战来源于这样一个事实：即使投资于同样的标的，也没有任何两个投资者会得到完全相同的结果（参见范·撒普、道尔·雷伯恩·巴顿、斯迪文·舒哥德《财务自由的安全策略》，麦格劳希尔出版社，2004年，第229页）。我的经验让我相信，成功投资更多的与投资者而不是投资本身有关。

投资是一种个人活动，要想高效投资，你需要把你自己作为因素计入在内，这样做最简单的步骤有两个：第一，明确你的投资目标；第二，确定你的个人风险容忍度。

一旦了解了自己的特质，投资者就可以将自己的投资策略简化成符合其投资目标和个性的投资活动。现代市场提供了许多有用的

工具，它们都可以被精心制作成简单的策略。市场上从不缺乏好的投资理念和有效的投资工具。但是，当个人投资者试图实施某种并不符合其投资预期或个人目标的策略时，其投资结果便会与其预期相距甚远。

关于这一点，最简单的例子就是股市当中的分散化买入并持有的投资理念。一种常见的投资理念就是，你应当把自己的资金投资到大量股票上，然后静观其变，让这些股票上涨。此时即使某一只股票表现疲软，另外一只股票也会表现强劲，使你的收益最终达到平均水平。

这一策略有一个弱点：整体市场的波动。2000 年至 2010 年期间，整体市场曾先后两次从高点下跌 40%或更大幅度。在这两次下跌当中，价格走势都促使许多投资者卖出变现，以至错过了随后 3 年当中出现的部分或全部上涨行情。

许多人认为这些人本可以或本应该继续持仓，而不是在市场上进行抛售，这一观点有两个问题：第一个问题是，股市下跌会与以下情况一起出现：国民经济不景气；失业率上升；人们陷入财务危机。在这种时期，一些投资者需要提取他们的存款，或者只是单纯地无法忍受价格波动。他们可能更喜欢买入并持有，但此时他们无法这样做，因为他们需要资金来解决生活上的困境。或者或许他们心里清楚应当继续持仓，但却在价格下跌到了过低的水平，超出了他们的风险容忍度时，没有继续持仓。他们将自己的投资标的全部卖出，只为减轻自己的痛苦。

第二个问题甚至更加严重。即使一个投资者没有面临亟须撤回资金的问题，并且以某种方式成功地克服了自己对于市场价格（下跌）的恐惧，他最终却将面临这样一个令人不悦的事实：过去 10 年当中的赢利平淡无奇。过去 20 年当中，市场一直不尽如人意。它似乎走高了大约 17 年，然后便似乎只在一个有限的区间内上下运动，就像自 2000 年以来的最高价的表现一样。在趋势向上的年份，分散化买入并持有或许看起来像是一个好主意，但一轮长期的震荡市场可能会导致为退休储蓄资金的人遭受大量的损失。

以上两个问题均表明，对投资者来说，简单的买入并持有策略充满了意想不到的困难，因为该策略本身是建立在投资者永远不需要对市场做出任何回应这一理念的基础之上的。作为人类，当事物在我们面前运动变化时，我们不习惯坐视不管。我们逃离或斗争的本能会发挥作用，我们会自然而然地想要做出回应——当市场快速地朝着对我们不利的方向运动时，我们会想做点儿什么。

有太多的投资者还未了解现代市场所提供的优势。但是，如今所有投资者都迫切地需要发现这些优势。他们的账户不会进行自我管理。自 1987 年开始，人们便开始逐渐地越来越需要投资方面的信息。当法律开始鼓励企业提供各种储蓄计划时——这些计划要求人们管理自己的投资，投资者便发现自己已经没有选择的余地，必须让自己接受投资教育。

多年以来，托尼和我一直致力于帮助个人和机构学习成功的交易与投资方法。我们认为，一套好的投资体系应当具备两个主要特点：第一，简单；第二，足够强大，能够帮助你实现自己的投资目标。此外，我们同样还认为，我们必须帮助你了解如今的投资者可利用的优势，以及如何在一套简单、强大，但却十分灵活，可以根据各种不同的投资目标进行调整的投资策略中运用这些优势。

本书中所介绍的投资策略是从与许多个人投资者进行的大量谈话中发展而来的。这些谈话有着同样的问题和答案，都是托尼和我这些年以来听到过的以及回答过的。我们从这些谈话中所了解到的东西促使我们能够从一个独特的视角来写作此书。我们希望为你提供一些投资理念，帮助你更好地了解自己必须具备什么样的知识和能力——不管是你自身还是在市场上，以此帮助你获得你想从生活中获得的东西。

人们很难改变自己的旧习惯。旧习惯的养成是基于某些根深蒂固的信念，而这些信念的形成是有原因的——不管其原因是什么。要想质疑、评价或改变这些信念，或许比人们所想象的更加困难得多。单就这一事实说明了为什么对于某些人来说，要让自己的行为发生深刻的变化会如此困难。致力于改变你的习惯会很艰难，会令人很不愉快，并且通常都是徒劳无功的。

人们不喜欢改变自己的信念，但如果你改变了自己的信念，你会发现你的行为紧接着就会发生改变，其速度要比改变信念的速度快得多。这是我和绝大多数成功的学生的经验。那些能够改变自己对自身和投资所持有的毫无价值的信念，采纳更有价值的信念的人们，经常可以轻而易举地找到成为更加成功的投资者的方法，更不用说成为更加快乐的人了。

我希望你在本书中所学到的东西，将帮助你让自己所持有的对投资和自身的信念发生积极的变化。为此我想与你分享一次谈话，这次谈话发生在我和其他两个人之间。它是我基于自己多年以来与许多人实际所进行的谈话改编出的，希望谈话中的两个人物能准确地反映出你对于投资可能会有的一些担忧和疑问，也希望由此对话将有助于阐明我已经在本章当中提出的观点——如今的个人投资者有着可利用的显著优势。

二、我从这两个人身上了解到的

他们分别叫作查理和丽塔，是公公和儿媳的关系。他们曾邀请我共进午餐，请我在投资上为他们提供帮助。他们坐在我的对面，等待着我回答他们所提出的问题。那是我经常听到的一个问题，但是我停顿了片刻，思考着如何最好地回答。然后我摘下眼镜，并把眼镜拿在手中当作道具。

“是这样的，”我解释道，“当你们问我什么样的投资策略可以让你们获利最多时，我必须以一种适当的方式来帮助你们找到答案。一些人或许会宣称，投资应当依据某种严格的公式来进行，这样你所需要做的就只是依据正确的公式来分配自己的资金，然后转眼之间便可以从投资当中获利。这在理论上听起来不错，但现实生活中，情节极少是这样发展的。这里的问题不仅在于市场可能会出现周期性的崩跌，更大的问题在于生活中发生在你身上的事情也会发生在其他人身上。你永远也无法判断自己何时可能需要暂时彻底地离场。”

查理抬起他的下巴，丽塔微微侧过头。他们看起来对我的话充满了怀疑，但却十分感兴趣。

“投资因人而异，”我继续说道，“对我适用的不一定对其他人也适用。如果你们问我如何改善自己的视力，我就把我的验光眼镜递给你们，你们会因为我给出这样的建议而认为我很愚蠢。然而，投资者却经常在懒得检验某一项投资建议是否符合自身目标的情况下，就采纳这项建议。你需要先对该建议进行检验。一旦这样做了，你就会在市场上有了优势。此时不管发生什么，你都可以清楚地知道应当如何反应。”

“只是清楚我自己的目标就是一种优势?”查理问道。

“是的，”我回答道，“太多投资者带着很高的预期，突然改变自己的目标，最后得到的都是令人失望的结果。”

“我也曾这样，损失了一大笔钱，”丽塔手指滑过手中餐巾纸的边缘，喃喃地说道。

“另一方面，如果清楚自己的目标，你就更容易知道如何坚持自己的游戏计划。经过一段时间，这会是一个重大的优势。”（乔尔·格林布拉特，《为小投资者量身定制的投资秘笈：通向长期投资成功的新路线》，纽约，兰登书屋，2011 年，第 145～146 页）。

当时查理 60 多岁，是一个鳏夫。他曾经事业相当成功，是电信行业的一个经理，因此为自己积累了大量的储蓄。2007 年，他的退休储蓄已经接近 100 万美元，他当时正打算两年之内提前退休。然而，2008 年的到来让他的账户价值发生了变化，与之一起发生变化的还有他的退休时间表。我能看得出他在思考我说的话，但与此同时，他漫不经心地双手向后环抱着他那满是白发的头。他带着丽塔一起加入我们的谈话，是因为她擅长计算机，并且已经同意帮助他打点一切，以便他可以更好地管理自己的投资账户。

“两年前我赔掉了一半的储蓄，”他重申道，“我的目标是提前退休。那时候清楚我的目标似乎并不会让我有什么优势。”

“不要把你的生活目标与投资业绩目标混淆。在生活中，我们所有人都有自己想要的东西，为了得到这些东西，我们需要清楚自己愿意承担什么样的风险，或者甚至需要做出什么样的牺牲才能让它们实现。你的投资目标并不是有钱时你想用这些钱去做什么，而是你打算用这些钱在什么样的界限范围内进行操作。你需要确定自己愿意冒多大的风险，以及打算设法实现多大的收益。”

查理对此思考了片刻，然后探身向前。

“所以你的意思是我需要清楚自己不愿意遭受多大的损失。”他说道。

“完全正确，”我回答道，“如果在确立目标时你没有弄清楚这一点，你就不知道何时应当做出反应。当市场状况变化时，你就会因恐惧而不知所措。”

“我想我曾经就是如此，”他继续说道，“我当时听到了关于金融危机的新闻，但却不知道如何是好。我只是继续持仓，期望出现最好的结果。”

“可是你能做什么呢?”丽塔摊开双手强调道，“市场有涨有跌，我们对此无法控制。”丽塔加入这次讨论有她自己的原因。她当时担任一些大公司的营销顾问。尽管才30出头儿，但她十分擅长自己的工作，在走过了从企业家到商业领域的一段崎岖小路之后，她已经可以获得很高的报酬。她的退休金终于开始显著增加，但她却根本没有时间学习投资。听说她的公公认识一个人，可以提供一种简单的投资方法，她便渴望着加入这次谈话。

“你说得没错，你无法控制市场。”我回答道，“但是你却可以控制自己的选择。而且，如今的个人投资者可以做出比以往任何时候都要好的选择。”

“什么样的选择?”丽塔问道。

“你可以选择要么把自己的资金投向更加安全的地方，要么投向有更多机会的地方。”我回答道。“人们总是能够选择这只或那只股票，但是一直到几年前，关于如何战略性投资，都没有太多极佳的选择。而如今，战略性投资却已经变得十分简单。”

“所以你的意思是，如果我基于自己的游戏计划，知道何时应该对市场做出反应，那么只要我知道一些安全的地方，我就可以把自己的资金投向这些地方?”查理思考了片刻才继续说道。“学习如何找到这些安全的地方要花多少钱？我必须去上商学院的课吗？我太老了，无法再回学校上课。”

“哦天哪!”丽塔翻着眼叹了口气。“管理我自己的资金?我不知道。多加一件事情到我那儿排得满满的时间表当中都会是一个挑战。还有乔，还有孩子，还要考虑他们的时间表……”她瞥着自己的智能手机，摇头说道。

丽塔平时忙得快疯了。我知道我必须让这件事尽可能地简单，她才会想去做。

“而且，”查理补充道，“此时市场已经停止下跌。或许我应该只是按兵不动，我的账户正在回升。虽然还没有回升到以前的水平，不过……”

我咬了咬嘴唇。

“哎呀，该死的，我不能按兵不动，”他接着说道，“我必须保护好我目前所拥有的一切，以免2008年那种灾难性的一年再次让我遭受损失。”

“没错！我也不想再遭受任何损失了，”丽塔也插话说道，“但是我还想让我的资金增加。所以我必须进行投资，是吗?我不能只是持有现金。”接下来她又补充道，“说到现金，我一直听说联邦储备委员会正在实施……”她一边说一边寻找合适的词语来表述。

“量化宽松政策?”查理问道。

“量化宽松政策!”她附和道。“我看到互联网上说，他们越是这样做，就越表明可怕的通货膨胀一定会很快就出现。我的意思是……我用担心这个吗?”

“这就是很棒的一点，”我兴奋地对他们说道，“如今你不必害怕面临这样的情况了。事实上，针对你所有的担心，答案就是你可以采取某些行动来应对市场上的波动。市场为你提供了便利，让你能够轻松接触到你所想要的几乎任何一种金融投资选择，国内股票、国外股票、政府债券、公司债券、市政债券、商品期货、不动产、外币，你全部都能接触到!”

他们俩都一脸茫然地看着我。

“那这对我们有什么帮助呢?”丽塔问道。

我想告诉他们，他们可以将这些选择整合到他们可适应任何市场状况的游戏计划当中。我想说明他们可以进行的投资选择，以及其中一些选择可以如何帮助他们为惨淡的市场局面做好准备。但现实是，这些话题并不适合一开始就进行讨论。

基于我多年的经验，我知道首先必须帮助他俩了解更加重要的东西——了解他们自己的个人投资简况，然后依据其目标创建投资计划。我向查理和丽塔表示，我想帮助他们实施我所说的“赢利大师法”。

“赢利大师法要求你们转动四把钥匙来开发自己的投资潜能。”我说道，“这些钥匙将为你们打开通往制胜投资策略的大门。”

“这些钥匙属于一种个人特性，它们描述了作为一个投资者，你是谁。”我继续说道，“这种特性会随着时间发生改变。确定每一把钥匙可以帮助你看清作为一个投资者，你需要对自己的投资组合做些什么。当你清楚作为一个投资者，你是谁，以及整体市场形势如何时，你就可以知道你是需要为自己的资金寻找机会，还是只需要为其寻找安全的投资场所。”

“这些钥匙使你能够享受到技术更新、成本降低以及可接触到更多投资选择等优势，进而使你能够遵循一套适应于你繁忙的生活方式的策略。最后一点，但并不是最不重要的一点：这些钥匙将赋予你力量，让你能够识别出市场状况的变化并对其做出反应。”

三、赢利大师法的四把钥匙

“当你确定了自身投资的四个关键因素时，你就能够选择一种可以帮助你利用金融创新产品的投资策略——这些产品一直在不断地为投资者提供帮助。”我继续说道，“如今，在投资者可投资的所有投资工具当中，你应该能够发现安全的投资工具，或充满了机会的投资工具。但是，为了利用好这些工具，你将需要知道自己正在寻找的到底是什么样的投资工具，也需要知道一旦找到这种工具，你要如何运用它。这四把钥匙将帮助你弄清楚这一点。”

重点提示：抗通货膨胀的投资产品的确存在。用来保护你自己免受通货膨胀影响的最简单的投资产品，是一种叫作“通胀保值国库券”的东西。你甚至不必对它有太多的了解就可加以利用。你只需要像买入一只股票一样买入这种基金。托尼之后将对ETF进行更多的说明，而这里的总体思想是，这类基金（交易代码TIP）将投资于债券，以获得固定收益，但是还可以保护你免受通货膨胀和美元走软的影响。

丽塔拿起一支笔，打开面前的笔记本。我确信，如果她能够学习并运用我将向她介绍的东西，她将不会失望。而查理则在我说话时倾身向前。

第一把钥匙：明确自己的投资目标。“首先你需要明确自己的业绩目标。这些目标要随着你进入不同的人生阶段而发生改变。尤其是随着时间的变化，你将会希望选择自己可以忍受的账户波动幅度。将波动看作损失可能会对你有所帮助。你希望这种损失是暂时的，但当形势最坏时，它看起来会像是损失，而不仅仅是波动，因此根据这种观点来做投资计划或许是最好的。”

“要想明确自己的目标，你只需要问自己两个问题：第一，我希望规避多少损失；第二，我还有多久需要动用我的储蓄，并且不再往储蓄账户中存钱？回答这两个问题之后，你就可以把自己归类为拥有低风险容忍度、中等风险容忍度还是高风险容忍度。”

第二把钥匙：评估市场状况。“第二，你需要能够判断市场状况发生了什么样的变化。尽管市场情绪看上去就像风一样变幻莫测，但这并不表示你就无法预测市场状况的变化。”说完后我停顿了片刻，让查理和丽塔有时间消化这一观点。

“接下来我们继续以天气来做个比喻。我们不难知道，简单追踪一年四季的变化，你就能够预测温度或降水的变化。如果熟悉了云的形状，你甚至还能够预测暴风雨何时到来。同样地，如果略微了解市场是如何运作的，你就能够预测市场状况可能会何时发生变化。这将向你表明，投资者情绪何时使得市场从寻找机会转变成了寻求安全，促使你做出相应的反应。”

“这实际上是小投资者可以获得的一个巨大的优势，”我解释道，

“如果能够学会解读市场状况，你就可以在必要的时候相当迅速地调整自己的投资组合。”

丽塔举起她的一只手。“解读市场状况？你是说真的吗？”

“我知道这听起来可能很复杂，”我回答道，“但是不要担心。我可以向你说明如何快速、轻松地解读市场。你会惊讶于自己的学习速度有多快。”

第三把钥匙：选择投资机会。“第三，你需要根据自己的风险容忍度和目前的市场状况，确定什么样的机会适合你。某些状况对一个投资者来说可能是机会，但对另一个投资者来说可能并非如此，认识到这一点很重要。”

查理看向丽塔。“所以丽塔和我所做出的选择可能会不同。我的职业生涯即将结束，而她和乔正处在其职业生涯的中期。”

“是的，”我回答道，“在一起探讨赢利大师法时，我将帮助你确定你或许可以从什么地方发现最适合你的机会，但你的投资选择可能会与丽塔的选择截然不同。但不管你们两位的选择是什么，你们都需要转动该方法的第四把钥匙。”

第四把钥匙：管理好自己的风险。“最后，你们需要清楚自己打算如何管理自己的风险。市场实在太反复无常了，你不能坐等结果。”

“因此你认为灾难预言者可能是正确的？”丽塔看起来十分担忧。“你也认为我们可能会看见整个银行体系崩溃？”

“有人认为道琼斯平均指数将跌破1000点。”查理补充道，“我听说了。”

“我不想自称知道未来将会发生些什么，”我说道，“我个人认为，严重的金融灾难出现的可能性比许多投资者目前所担心的要小，但与此同时，我也认为对投资者来说，未来几年并不乐观。我们不能保证不会面临比过去两年我们所见到的熊市更糟糕的情形。”

“但是，无论未来发生什么，你都可以简单地通过管理好自己的风险来让自己做好准备，”我解释说，“你需要做的只是了解自己在单笔投资上最多可以承受多大的损失，然后在进行每一笔投资时把损失限制在该范围内。例如，假如你的投资账户上有50万美元，只承担5000美元的风险就意味着，不管发生什么，你的损失都不能超过账户资金的1%——我将随后再对此进行更加详细地介绍。”

听完我的解释之后，查理和丽塔忧心忡忡地看着我。我向他们保证，这四把钥匙当中的每一把都很容易学会和运用。我甚至给出了一些建议，来帮助他们明确在每一项任务当中需要明确的东西。随着谈话的继续，我还帮助他们明确了如何完成每一项任务。

我在进行这些说明时，查理和丽塔看起来明显更加放松了。他们告诉我，他们不再为即将付出的努力感到十分恐惧了。他们确信自己将制订出适合自己的计划——制胜的投资策略。

四、转动四把钥匙

在本章剩下的内容当中，我将介绍投资者需要什么样的信息来明确自己的目标，以转动第一把钥匙。第三章和第四章将帮助你了解如何选择一种解读市场的方法，以便转动第二把钥匙。在第三章中，托尼将对市场周期进行一些非常好的介绍，你需要听一听。而在进入第四章之后，我将向你介绍一种非常简单的方法，用来识别市场状况的重大变化。

用来转动第三把钥匙的内容将要求你学习一些关于分析公司及其股价运动的知识。但是不要担心，你不是必须成为沃顿商学院的学生才能完成这一项任务。互联网上可利用的资源是现代投资者的一大优势，并且随着时间的推移，这些资源还在不断地变得更好。

在第五章至第七章当中，托尼和我将帮助你了解可以利用哪些资源和方法来识别投资机会。当个人投资者能够判断一家公司及其股票的表现时，就能够发现投资机会。如果一家运营良好的公司的股票正在下跌，那么该公司代表的就是一次长期的机会。

托尼将向你介绍如何利用技术分析来判断股票价格相对于曾经的表现而正在上涨；我则将向你介绍如何利用基本面分析来判断何时一家公司的表现标志着其股票价值将会上升。

在第八章当中，托尼将向你介绍如何识别潜在的投资机会。这一章的内容将帮助你从许多强大的 ETF 当中挑选出能够帮助你增加投资收益的 ETF。

之后，在第九章和第十章当中，我将向你推荐赢利大师法策略，它们将帮助你实现自己的投资目标，利用好个人投资者可利用的优势。在第十一章至第十三章当中，托尼和我将向你介绍进一步完善这些策略的方法，以及如何为未来做好准备——无论未来发生什么。

我们知道你会发现这是一场有趣的旅行，但所有的旅行都要先踏出第一步，而这一步就是明确你自己的投资目标。接下来我们回到这次的谈话，与你分享我在帮助查理和丽塔转动第一把钥匙时告诉他们的东西。这是迈向制定完全符合他们个人需求的一套投资策略的第一步。

转动第一把钥匙：如何明确你的投资目标。“查理，丽塔，”我说道，“你们最好从尽可能认真地简单回答一个问题开始，你们想规避多少损失？”

“我不想遭受哪怕一分钱的损失。”查理不假思索地回答道。

“我懂你的意思，”我语气肯定地对他说道，“但是，我们所有人都知道，投资不可能做到这一点。价格有涨有跌，你必须有耐心，必须容忍一定程度的波动。”

“我知道，但是我就是不喜欢遭受损失，”查理开玩笑说道，“你继续，我懂你的意思。”

“以下是我和投资者合作时所观察到的，”我说道，“绝大多数人在看到自己的账户下跌 20%以上时，都会感到不舒服。其中一些人会恐慌并变现，但绝大多数人只是因此变得麻木，不知所措。我认识的一个投资者则干脆完全不再查看自己的投资账户。他告诉我，他不敢打开邮箱中收到的每月对账单。”

“哦，是的。嗯……我有一个朋友也这样。”丽塔不好意思地埋头苦笑着说道。

“不要感到惭愧，”我一边说一边拿出自己的一个笔记本。“当你不知道如何应对市场情绪不好的年份时，就会做出这样的事情。然而，如果你确定了自己能够容忍多大的风险，就能够利用一种策略来帮助自己做出回应。这里的重点是要确保你没有触及自身投资中的恐慌点，或者说麻木点。”我开始在笔记本上画出简图。“接下来让我画一个表格来说明你如何确定自己的风险容忍度。”

我画出了一张如表 2.1 所示的表格。

表 2.1　参考风险容忍度

个人敏感度		可接受的波动幅度（%）
≤5 年退休的投资者	低	5
	中等	12
	高	20
≤12 年退休的投资者	低	10
	中等	20
	高	30
15 年以上退休的投资者	低	20
	中等	35
	高	50

“这些只是供你参考的一般指南，”我解释道，“记住，绝大多数人的正常风险容忍度为 20%左右。如果你计算出的风险容忍度高于这一数字，就要仔细地想一想你是否正确评估了自己的风险容忍度。”

“参考这些数据，我的风险容忍度是 12%，”查理说道，“因此这表示我不能遭受 12%以上的损失？”

“这表示如果你的账户遭受了 12%以上的损失，你就会选择做出回应，”我回答道。“你呢，丽塔？”

“我的是 35%，但是这对我来说似乎有点儿高。”她回答道。

“在投资当中，什么对你来说更加重要？投资是否增长，还是投资没有出现巨大的波动？”我问道。

“投资是否增长，”她毫不迟疑地回答道，“目前的投资增长幅度太小，对我来说没有多大用处。”

“未来 5～10 年当中，你是否有可能需要这笔资金？”我再次核实她最初的评估。

“就目前来看不需要，即使发生了什么事，我想也不可能需要动用这笔资金，因为乔有一笔独立的退休金，并且他正在让这笔退休金不断增长。”丽塔透露道。

“听起来不错，”我说，“如果是这样的话，那么这35%对你来说可能是正确的数字。但是，如果调低一些让你感觉更舒服的话，不要害怕把它调低。紧张不安的投资者赔钱的速度最快，因此选择一个足够低的风险容忍度很重要，它可以让你始终不会背离投资计划当中的其他原则。”

“好的，”查理说道，“我能明白知道自己的风险容忍度为何会对我有益，但是这如何能够帮助我弄清楚自己的目标赢利是多少呢?”

“这点很容易，”我解释道，“只需要将你已经确认出的可接受的账户波动幅度减半，得到的就是你预期市场情绪良好时的年度投资表现波动范围。当市场情绪不好时，你仍然可以预期在当年年底之前赢利。”

“你的意思是，即使是在市场下跌的时候，你也有办法让自己的账户上涨?”查理问道。

“当然，但是我们要战胜自己。”我告诫道。

“我明白了，”丽塔说道，“那么接下来呢?”

接下来的几个小时当中，我都在致力于向他们介绍他们有哪些可利用的资源和工具。本书接下来的内容包括了我要与查理、丽塔或你这样的投资者分享的信息，还包括了托尼和我必须与你分享的关于市场的共同见解，以及你可利用的工具。我们将重拾明确可接受的波动幅度这一话题，如果你还没有记住，届时要确保做好简单的记录。

下一章，托尼将介绍市场是如何周期性运动的。这些周期可以显著影响市场一段时间内的行为方式。清楚自身风险容忍度的投资者提高了他们从市场周期的变化中获利的能力。接下来托尼将帮助你巩固在这一章当中所学到的东知识。

应当记住的要点

■ 投资是个人的事。

■ 不同的投资者投资于同样的资产，仍然可能在一段时间之后得到不同的结果，因为他们对市场的反应方式不同。

■ 投资者需要有适合他们自身个性和条件的清晰而简单的策略。

■ 投资者需要转动赢利大师法的四把钥匙，以此帮助他们构建最好的策略。

■ 第一把钥匙要求你明确自己的投资目标：尤其要明确你希望在投资时规避多少损失。

■ 你希望规避损失的一半是一个很好的年度业绩目标。你不会每年都实现该目标，但你的投资还会遇到一些非常好的年份，在这些年份当中，你将超额完成自己的目标。

■ 其他三把钥匙将在之后的章节中进行介绍。

个人心得 托尼

成功源于一心一意

真正的辉煌，来自于静静地征服自己。

——无名氏

如今，我们许多人都感觉自己好像生活在一个没有边界的世界当中。由于科技把每一个地方的每一个人都联系起来了，个人界限已经消失。我们的手机因各种电子邮件、短信、电话和语音邮件响个不停。

的确，各种各样的信息充斥着我们的夜晚和周末，通信从未停息，并且许多都是与工作相关的。你最后一次与某个人或某群人在完全不使用电子邮件、短信、即时通信或“请稍等，有人给我打电话”的情况下谈事，是什么时候？你会一边打电话，一边回复电子邮件吗？你会一边开车一边发短信，或一边打电话吗？

没错，发送“我爱你”或更加流行的“ILY”这样一条短信非常好。但是，持续不断的通信也会让我们付出代价。一次从事多项任务，未全身心地投入到任何一项任务当中，会分散你的精力。结果是什么呢？初衷与结果不统一，你所采取的一系列用来完成某一件事的断断续续的步骤，让你的工作量增加了至少25%。

除此之外，你会认为自己一事无成，这种内在的挫败感会刺激你的脑神经。这样的想法会消耗你的精力，增加你的负担和压力。

如果你由于同时处理多重任务而感到精疲力竭，试一试以下方法：每天早上，在你的一天开始之前，明确当天的首要任务，然后开始一天的工作，并在当天的第一个小时内让时间停下来。关掉你的手机和电子邮箱，在不分心的情况下，连续一个小时从事这项任务。清楚自己有一个时间表会让你的心平静下来，你可以在那之后再回复信息。

一天当中，将时间分配成30～90分钟的时间段来工作，事先预定好休息时间，用来回复信息。你或许会惊讶于自己的高效率和充沛的精力。

如果一心一意地工作，你会更快成功。此外，正如一位名人曾经说过的，当你全神贯注时，“整个世界都会等你”。

第三章
运动中的市场：股市如何随时间发生变化

如你所知，自然界中没有直线。在我们已知的宇宙中，一切事物都在周期性地运动。月亮围绕着地球转动，而地球又围绕着太阳转动。一年之中，春夏秋冬四季交替，十分精准。潮涨潮落，水从海洋和湖泊上蒸发，被暖气流带到空中，然后很快再次降落到地面。而作为人类，我们则经历着从出生到青春期，到成年，再到去世这样的生命周期。

周期被定义为一组重复性事件重复出现的时间间隔，天文学、生物学、宇宙学、地质学、地球物理学、历史学、音乐学、社会学、商品学和经济学等领域的专家一直在研究和观察周期。

的确，周期决定了我们这个世界的运作体系。在金融市场上，周期首先被发现于商品期货市场，交易者注意到，农产品的价格每一年都会在大致相同的时间涨跌。毫无疑问，这样的价格形态与天气的季节性变化相一致，因此农产品当时以及现在的周期性运动也就合情合理了。

一、分析投资机会——站在高处看千变万化的风景

假设你可以站在宇航员的有利位置，从高空中观察股市的总价值。透过云层向下看，市场的地形将会在你的下方延展开来，其中

本章作者：托尼

有沙漠、丘陵、高山、悬崖、山峰、山谷，连绵起伏。

工业化国家的经济状况就是如此，扩张（“繁荣”）与收缩（“不景气”、衰退、萧条）交替循环出现，我们把这样的循环称之为“商业周期”。

商业周期的伙伴，“股市周期”，领先商业周期大约6～9个月。股市周期为何会领先于商业周期呢？因为——请始终记住这一点——股市是一种前瞻性的工具。

在图3.1中，你可以看到一张曲线图，它显示了商业周期和股市周期是如何随着时间发展的。

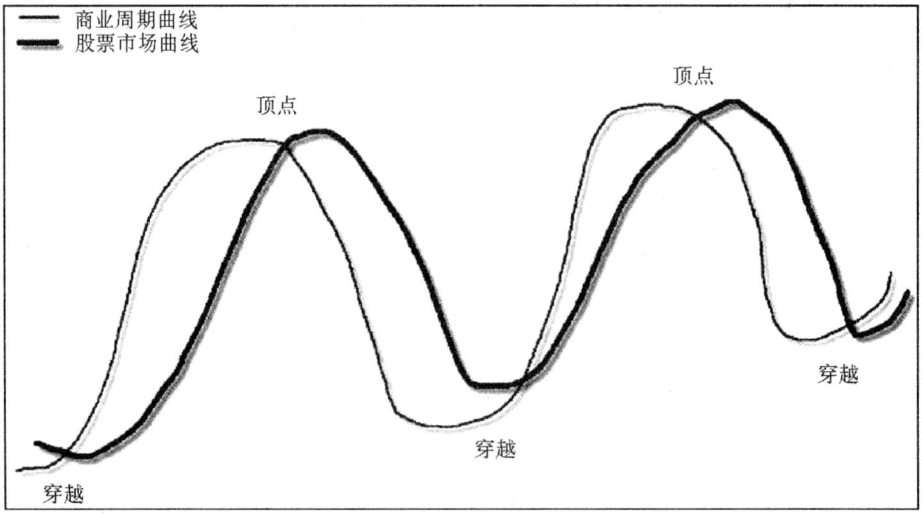

图3.1　商业周期与股票市场曲线对比

繁荣时期，我们享受着商品和服务旺盛的需求所推动的增长期，此时公司蓬勃发展，购买更多的设备，雇佣更多的员工，失业率下降。人们有钱购买“任何自己想购买的商品”，例如家居装饰品、汽车、游轮度假。繁荣时期或者说扩张时期通常持续大约40～48个月，即长达4年。

重点提示：股价随着对价格走势的未来预期的变动而变动。

通常情况下，在经济扩张的起步阶段，利率都保持在一个较低的水平。利率可以被定义为“货币的成本”。货币廉价可以诱使企业借款，以购买更有效率的机械设备和技术，从而生产出更多的商品和服务。结果是什么呢？企业获得更高的收益，而更高的收益会促使企业的股价上涨。此外，低利率还可以鼓励消费者进行更多的购买，低利率意味着更低的房贷、车贷和信用卡支付。

然而，所有的好事最终都会有尽头。到现在，或许你已经猜到了，此时“周期”就出现了。换句话说，有起必有落。

经济“繁荣”之后几乎都会跟随着经济“不景气”。想象一个大的橡皮气球，里面充满了空气，有一个人走过来，把一枚很小的大头针插进了气球中，此时气球或许不会立即瘪下去，但是如果这个人继续用针刺穿气球，在它身上刺出很多针孔，那么它迟早会瘪下去。此时你再想一想经济收缩。

刺穿经济扩张的“大头针”以许多种形式出现，其中最主要的形式是通货膨胀。通货膨胀被定义为“商品和服务的价格上涨”，当过多的货币追逐过少的商品时，就会引起通货膨胀。还记得我们是如何享受在经济增长时购买房屋、汽车和度假服务的吗？当我们不断地消费这些商品和服务时（气球正在膨胀），提供这些商品和服务的各大企业就会提高它们的价格。结果就是：通货膨胀。

重点提示：“产品的产量决定了一个国家的生活水平，而经济学研究的就是人们对土地、劳动力、资金和其他进入产品生产的资源做出的使用决定所产生的影响。”（托马斯·索维奥，《经济学入门》，第三版，纽约：基础图书出版公司，2007 年，第 2 页）。

此外，刺穿经济和金融市场锋利的大头针可能会在几乎没有预兆或毫无预兆的情况下出现，我们将其称之为“外生冲击”。经济学家把外生冲击描述为造成经济冲击的破坏性事件，例如战争、流行病、与金融相关的灾难和与天气相关的灾难。雷曼兄弟破产（2008 年 9 月）、英国石油公司漏油事件（2010 年 4 月）、日本大海啸

（2011 年 3 月）、新加坡毁灭性洪灾（2010—2012 年）——所有这些事件都摧毁了成千上万个生命，对商业和全球供应链产生了影响。

如果大量大头针刺穿我们的经济气球，气球就会开始泄气或者说萎缩。在这样的经济萎缩期间，我们消费者会减少购买。而为了鼓励消费者进行消费，许多公司会降低商品和服务的价格。这将导致它们减少对设备的购买以及裁员。毫无疑问，当它们的销售额减少时，其收益也会减少，而收益减少将导致它们的股价下跌。

重点提示： 美国总统选举周期为 4 年，它可以影响股市的周期曲线。

这样的收缩或者说不景气——它们可能会导致经济衰退，甚至是萧条——的平均持续时间为 11 个月（经济扩张持续的时间比经济紧缩持续的时间长，很高兴知道这一点，不是吗？这就是为什么我们说股市偏好上涨）。

作为自身投资组合的管理员，看一看图 3.1 中的曲线，你立即就会知道，作为一个聪明的投资者，你应当在市场上行时（扩张时期），而不是在市场顶部（顶峰时期），或市场下行时（收缩时期），介入新的股票头寸。

接下来我们看一看形成周期的上升运动和下降运动，以及推动这些市场表现的“野兽”。图 3.2 展示的是一张标准普尔 500 指数 18 年期图表——标准普尔 500 指数是美国股市的一个关键的基准指数。

注意标准普尔 500 指数过去 18 年所刻画出的周期。注意它是如何先向上冲刺（扩张），然后再向下重挫（收缩）的。这样你便可以清晰地看到随着时间的推移，股市是如何创造出了波峰和波谷，形成了周期。

看到 2000 年和 2007 年的两个波峰了吗？价格先是形成了这两个波峰（或“山顶”），然后逆转了上行路线，之后带上绝大多数股票，开始以深俯视的角度俯冲。这就是为什么戈登和我建议你对账户中的头寸设置保护性的止损指令，或做好风险管理的理由了。此外，你还可以看到，上山的过程很有趣，并且有利可图，但是下山

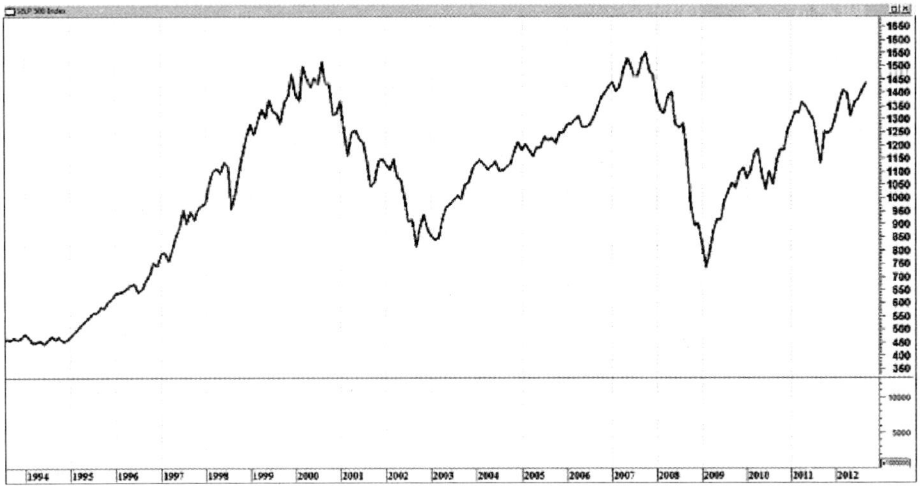

图 3.2　标准普尔 500 指数 1995—2012 年的表现表明了美国股市的周期特性

的过程却可能有损你的财富。

二、野兽的本性

18 世纪末，曼哈顿岛的南端（纽约）主要是被马、奶牛和猪占据着的农场。

1783 年，美国独立战争结束。1789 年，新成立的美国国会发行了将近 8000 万美元的政府债券，这些债券和其他一些债券、股票、大宗商品存单和仓单被出售给公众，创造了一轮新的令人兴奋的市场。

当时许多投资者通过购买各公司所发行的股票凭证，帮忙为新的美国各大公司筹集了资金，这些凭证代表的是投资者的股东权益，因此也就为公司的债务提供了保证。

在纽约市，交易者们每个工作日都会聚集在华尔街 68～70 号的美国梧桐树下买卖这些证券。1827 年，纽约商品交易所大楼落址华尔街和汉诺威街，为纽约股票和交易董事会（现为纽约泛欧证券交易集团）提供了场所。1842 年，纽约场外交易所（后变为美国证券交易所，现在是全美证券交易所）开始营业。当时，两大交易所都执行了严格的交易规则来管理股票交易，而华尔街也开始演变为全球金融市场的中心。

纽约市和华尔街金融区很快便占领了农场，但关于动物的引用保留了下来：公牛、熊、猪、绵羊。一句市场老话说道："牛熊都挣钱，只有猪被屠杀。"

公牛利用它们的犄角向上将对手顶起，以此来攻击对手。因此，如果你是一头"公牛"，或者说你正感觉市场"像公牛一样"，也就是你认为股市即将上涨。你便会买入并持有股票，期待它们的价值上涨。

熊利用它们的爪子向下将猎物扑倒，以此来追逐猎物。如果你是一头"熊"，或者说你正感觉市场"像熊一样"，也就是你推测市场将会下跌，股票的价值将会下跌。于是，你卖出股票。

因此，我们把正在上涨的市场称为"牛市"，把正在下跌的市场称为"熊市"。当市场从一个长时间内的重要低点爬升了 20%或更大幅度时，我们就将它称之为牛市。另一方面，当市场从一个长时间内的高点下跌了 20%时，我们就将它称之为熊市。

那么"猪"指的又是哪些人呢？你猜对了。猪指的就是那些贪吃者，他们贪婪地吃着巨大的、危险的头寸，不考虑自己的目标和风险管理。当市场转而对他们不利时，这些猪无可避免地嚎叫着被屠杀。

重点提示：当市场从前一个高点下滑了 10%，我们将这一运动称之为"调整"。

绵羊会带着羚鼓尾随任何人。如果你听见某家金融网上的某个市场专家说："买入 Whizzy Widgets，它将涨到天上去！"你要知道，此时绵羊将在不做功课的情况下疯狂地买进。问题是，当市场反转，可能将他们残杀时，这些可怜的咩咩叫的绵羊将由于对 Whizzy 股票没有足够的了解，而无法做出有效的卖出仍是继续持仓。于是，他们的账户遭到抢劫。

你应当何时进场：你可以从图 3.2 中看到，也已经从我们之前的介绍中了解到，公牛们可以一口气支配市场至少四年。在牛市期间，只要市场价值继续扩大，你——聪明的投资者——就会希望装上你的牛角，留在市场当中。毫无疑问，牛市是最容易获利的时期。

戈登和我认为，当熊市抬头时，骑着它一路向下并不是什么令人自豪的事情。从对风险管理最有利的角度来看，我们建议你与经纪人一起，为投资组合当中所保留的每一笔头寸设置保护性的止损指令。我们将在随后的章节中向你介绍如何设置止损指令。重要的是要保住你在牛市当中获得的赢利。这样，你便可以不像那些无知的投资者一样，在熊市中眼睁睁地看着自己的头寸遭受损失，无助而目瞪口呆。相反，你可以惬意地在场外等候，直到潜在价值极高的机会再次出现。

我们将为你介绍几种方法，用以判断某一天是多头还是空头正在占支配地位。然后你便可以评估市场机会，分析投资风险，以及在有常识性的计划的情况下采取行动。

三、与市场统治者斗争——他们是谁，他们如何驱动市场

十足的金融市场统治者是贪婪而又恐惧的。你想一想就会知道，这两种强大的情绪迟早会参与到你所能想到的每一种情形或事件当中。

贪婪和恐惧从一开始就统治着全球的金融市场。这没关系。没有这些情绪，价格就不会波动，赢利也无法入袋。

牛市代表着运动中的贪婪，以及我们所能想到的所有情绪变化，从乐观到狂热。乐观、希望、贪婪和狂热驱使市场上涨。我们人类越强烈地希望拥有某种东西，我们愿意支付的价格就越高。

熊市则出现在恐惧之后。当公牛们在一轮长期上涨的市场中太过纵情狂欢，邻居们（熊）便会打电话报警。随着警报声越来越靠近——即市场的波动幅度越来越大，紧张不安的公牛们开始四处逃

窜。嗅着公牛们的疲弱，熊们靠近了。它们咆哮着，已经准备好战斗，很快便捣毁了公牛们举办派对的地方。接下来各大市场丑闻不断出现，地动山摇，价格摇摆不定。公牛们的不安加深，演变成了恐惧，恐惧又演变成了恐慌。最后，剩下的公牛们也逃离派对，将手中的一切卖出，以减轻自己的负担。

你，聪明的投资者，将会在操作的过程中，在不同的时期认识到这些情绪。你将不会向它们屈服；相反，你会好好利用它们。你将冷静而自信，把终极贪婪因素——狂热——看作一种潜在的从正在获利的头寸中兑现赢利的时机。你会把恐慌所驱动的市场看作供你研究即将出现什么样的机会的大好时机，然后满怀希望地等待完美的入市时机的出现。此时你没有贪婪和恐惧。相反，你将依据一套符合于市场走向的周密计划来采取行动。

四、不断变化的情绪：需求与供给

假设你最喜欢的乐队 Rockin'Rascals，这周末将来到你所在的小镇。他们将于周六晚上在当地体育馆演出，目前门票即将售完。而你刚刚得知此事，疯狂地想买到门票。

你打电话给体育馆售票处："我要两张 Rockin'Rascals 的演出门票。"

"好的，"一个急匆匆的声音回答道，"我们只剩下两张 E 区的门票了。你打算使用哪种信用卡？美国运通卡，威士卡，万事达信用卡，还是发现卡？"

"等等，"你说道。你已经去该体育馆看过多次比赛和演出。你知道 E 区的座位是最次的——看台顶部的最后一排。"你们没有更好的座位了吗？"

"没有了。而且现在有其他电话打进来。你可以稍等一下吗？"

"请别挂电话。E 区的票多少钱一张？"

"每人 89。"

你吃惊得下巴都快掉下来了。"什么？你在开玩笑吧！"

“没有。就是这个价。你能稍等吗?”

“等一下。你们肯定还有其他便宜一些的座位。”

“没有了。这就是体育馆里仅剩的两个座位。这样吧，如果你想找票贩子买一些更靠近舞台的票，你大可一试。但是价格甚至会更贵——你会被敲竹杠。至于这两张票，现在要不要随你便。”此时你脑中嗡嗡作响。“我还要接听其他人的电话，有人想要这两张票。你要还是不要?”

此时你内心十分纠结。多年以来你一直想看这支乐队的现场表演。你听说这可能是他们最后一年表演。如果你不花钱买票，可能永远也不会再有机会看到他们的表演了。“好吧，好吧。我要了。以下是我的信用卡账号……”

人类本性就是如此，我们想要仅剩不多的东西，不屑理睬还有很多的东西。最终，需求和供给影响了我们的情绪——贪婪与恐惧，以及所有处于这两者之间的情绪。

正如某场演唱会的门票供给减少可以促使我们愿意支付比平常更高的价格，某一只有吸引力的低价股的短缺也会促使投资者以更高的价格买入（贪婪）。那些已经持有该股的投资者可以要价更高，因为人们普遍认为该股的价值会上涨。这意味着几乎没有人卖出。结果呢？供不应求。毫无疑问，那些买入该股的人确信，未来该股的价格将继续上涨，或者说其价值将继续扩大。

此时，如果是当地一支经常在该体育馆表演的乐队（供给充足）安排了一场演出，票价可能就会很合理。为什么呢？因为你或许甚至演出当晚还能在门口买到很好的座位。这些门票供给充足，需求很少。售票方（体育馆售票处和票贩子们）无法要求比市场价更高的价格。

当市场多头们认为他们所持有的某一只股票的价值未来不会上涨时，他们或许会卖出（恐惧）。由于该股的价格仍然稳定在目前水平，因此需求一定会吸纳进入市场的股票供给。

然而，如果供过于求，那些持有该股而又害怕其价值可能会缩水的多头们，就必须以更低的价格卖出，以便吸引买方；他们必须以“促销价”卖出股票。该股的价格将进一步崩溃的警报驱使卖方把越来越多的股票抛售到市场上（供给）。价格持续下跌，直到新的买方出现，吸收供给。

五、我们如何衡量市场——主要指数

如果你不熟悉股票市场的术语，你或许会想：“在谈及市场时，你的衡量标准是什么?”

美国股市的三大指数是有名的经济风向标。所有的主要报刊和互联网浏览器的主页上都会谈论这些指数，各大广播新闻的广播员及各大主要的新闻网都会报道这些指数，它们构成了全球的新闻头条。

道琼斯工业平均指数，或我们所称的“道琼斯指数”，是全球最知名的股票组合。事实上，如果有人跟你说：“今日市场大幅上扬。”此人所指的很可能是道琼斯指数的走势。

作为最悠久的市场指数，道琼斯指数于 1896 年由查尔斯·道创造（此外，查尔斯·道还是《华尔街日报》的创建者）。该平均指数最初只包含 12 只股票，目前组成该指数的是美国工业领域的 30 只占支配地位的佼佼者。你或许立即就可以说出其中的一些名字，包括美国电话电报公司（股票代码 T），可口可乐（股票代码 KO），国际商用机器公司（股票代码 IBM），以及微软公司（股票代码 MS-FT）。

道琼斯指数属于价格加权指数。这表示每股价格最高的成分股所占权重大于每股价格最低的成分股所占权重。目前，国际商用机器公司的每股价格是道琼斯工业平均指数当中最高的。如果该科技巨头的股价大幅上涨，它将推动道琼斯工业平均指数也上涨。

重点提示：通用电气（GE）是自道琼斯工业平均指数 1896 年创造以来唯一一只至今仍然留在道琼斯指数中的公司。

然而，我们当中那些就连吃饭、睡觉，甚至呼吸时，都在想着市场行为的人们，他们在谈及“市场”时，指的是标准普尔 500 指数。“标准普尔 500 指数”通常都被看作美国股市的一个主要的基准指数。此外，市场参与者们还把它看作“宽基指数”。

该指数于 1957 年由金融服务公司标准普尔公司编制，它覆盖了美国境内的 500 家公开上市交易的领导型公司的股票（如今标准普尔 500 指数包含了几家已经在美国境外进行整合的美国公司）。这些公司覆盖了一大批行业，其中包括能源、工业、金融、公用事业、非必需消费品、必需消费品、医疗保健、基础材料。该指数包括了被认为是家喻户晓的公司，例如富国银行（股票代码 WFC），麦当劳（股票代码 MCD），以及宝洁公司（股票代码 PG）。

标准普尔 500 指数是一种市值加权型指数。这表示各公司在该指数中是按照其规模，而不是股价被赋予权重的。以下是我们计算一家公司的市值的方法：流通股的数量乘以当前股价（“流通股”指的是一家公司面向公众公开发行的股票）。

接下来我们以通用电气（GE）为例。目前，通用电气有 106 亿股普通股在市场上流通，每股价格为 20.07 美元（106 亿×20.07 美元=2123 亿美元）。因此，通用电气目前的市值为 2123 亿美元。毫无疑问，它不只是道琼斯工业平均指数的一员，巨人般的、跨行业经营的通用电气还是标准普尔 500 指数和其他主要指数的一个组成部分。

重点提示： 只要满足指数入选标准，一家公司就可以出现在不只一种主要指数中。

此外，其他一些主要指数也在交易日内成为了人们关注的焦点，其中包括纳斯达克综合指数。该综合指数由在纳斯达克交易所——仅次于纽约泛欧交易所的世界第二大股票交易所——上市的 5000 多只股票组成。纳斯达克市场创立于 1971 年，代表的是“全国证券交易上自动报价系统协会”，是一个完全采用电子交易的交易所。

与标准普尔 500 指数一样，纳斯达克综合指数也是一种市值加权型指数，因此其波动取决于指数中最大的公司的股价波动。在该综合指数中，科技类公司占统治地位。你将听到财经新闻网上那些接受采访的人们将它称之为“以科技股为主的指数”。

纳斯达克 100 指数包含了纳斯达克综合指数中 100 家最大的（以市值衡量）非金融公司。你一定知道这些公司——苹果公司（股票代码 AAPL）、英特尔公司（股票代码 INTC）以及谷歌公司（股票代码 GOOG）。

我们刚刚所讨论的每一种主要指数都代表着美国股市这块蛋糕上略微不同的一块。作为一个聪明的投资者，你应当时刻了解道琼斯工业平均指数和标准普尔 500 指数的大体动向。而那些投资于科技股的投资者则自然应当随时掌握纳斯达克综合指数或纳斯达克 100 指数的涨跌。

道琼斯指数、标准普尔 500 指数、纳斯达克综合指数和纳斯达克 100 指数被认为是最重要的市场指数。然而，市场上还存在着其他许多追踪美国股市特定板块的指数。一些人追踪的是罗素 2000 指数，该指数由 2000 只小盘股构成。标准普尔中型股 400 指数则由中盘股构成。诸如此类。

“好吧，”你说道，“我了解大概情况了。股价按照周期上下运动。牛市上涨；熊市下跌。”你打着哈欠继续说道：“但我为什么要关心主要指数去往何方呢？”

你要关心，是因为在牛市当中，有五分之三的股票都会随着标准普尔 500 指数上涨。在熊市当中，有五分之四的股票都会随着标准普尔 500 指数下跌。因此，当经济正在扩张，利率较低，资金充足时，你所持有的股票——如果选择正确的话，其价值将一定会随着这一美国股市的基准指数一起上涨。

但是，如果我们前面所提到过的外部冲击突然出现，给市场当头一棒，怎么办？为了保护你的赢利，你应当检查好你的保护性的止损指令所在的位置，做好风险管理。为此，你应当时常留意标准普尔 500 指数的表现，注意它是在健康地上涨，还是正在下滑。之后你将为自己能这样做感到庆幸。

接下来请继续阅读。在第四章中，戈登将会使你解读市场情绪和行为方式的能力更上一层楼。他将向你介绍一个关键指标和两个确认指标，它们将为你提供线索，帮助你判断即将出现的行情。此外，他还将向你介绍我们的红绿灯信号，它们将告诉你何时应当考虑买进股票和ETF，何时又应当退到安全区，或者甚至是离场。尽情享受吧！

应当记住的要点

■ 周期被定义为一组重复性事件重复出现的时间间隔。

■ 周期出现在我们整个社会的各种研究和学科当中。

■ 在金融市场上，周期首先被发现于商品期货领域，因为谷物的价格随季节的变化而涨跌。

■ 工业化国家的经济扩张与收缩交替出现。

■ 作为一种前瞻性工具，股市周期通常领先商业周期6～9个月。

■ 市场“牛们”认为市场将从当前水平上涨。“熊们”认为市场将从当前水平下跌。

■ 牛市可以被描述为主要指数从最近的低点上涨了20%或更大幅度的市场。熊市则指的是主要指数从高点下跌了20%或更大幅度的时期。

■ 道琼斯工业平均指数包含了30只美国工业领域最大、最有名的巨头。该指数是价格加权指数；指数中价格最高的股票所占的权重最大。

■ 标准普尔500指数包含了美国500家市值最大的公司。该指数覆盖了服务于美国和全球经济的一大批行业。它有时被称之为“全球市场指数”。

■ 纳斯达克综合指数包含了在纳斯达克证券交易所上市的大约5000只股票。

■ 纳斯达克100指数包含了纳斯达克综合指数中市值最大的100只非金融股票。

■ 在牛市中，五分之三的股票跟随标准普尔500指数上涨；在市场低迷时期，五分之四的股票跟随该指数下跌。

个人心得 托尼

个人信仰决定人生方向

当你的自我价值上升，你的净资产也会随之上升。

——马克·维克多·汉森

在我们的潜意识深处，各种思想在我们的个人信仰体系上流淌。这些信仰体系“幕后操纵着我们”，指引我们做出各种影响生活的决定。

我们可以把我们的个人信仰体系网比作计算机的操作系统。微软视窗系统或其他类似的系统在我们看不见的地方运作着，为我们每天使用的程序提供支持。如果视窗系统发生故障，我们的计算机就会“崩溃”，导致我们的商业活动和个人活动出现各种混乱。

我们的个人信仰亦是如此，它们在我们的生活中起着无形但强大的作用。这些信仰体系形成了我们对于自己的看法。事实上，我们在外部生活中所做出的许多决定，都是基于我们的个人信仰和实现这些信仰的无意识的欲望。

我们是在童年时期形成大部分信仰的。是否曾有一位权威人士告诉你，你既聪明又诚实，能够实现自己所追求的任何目标？如果你当初选择相信这些话，今日你一定会表现出这些特质。相反，是否有人告诉你，你既懒惰又马虎，不配拥有好的东西？如果有的话，那么你很可能会不知不觉地把这些特质带入成年。此时它们静静地躺着——但并非不发挥作用，很可能会妨碍你所做的决定和你所采取的行动。

我们所有人都需要经常“整理”或者说更新我们的个人信仰体系。如果你喜欢，可以把这种过程称之为“大脑春季大扫除”。去到一个不会受打扰的安静的地方，把影响你的行为方式的思维过程进行分类整理。你可以准确地找出自己每天坚持但却限制了你的成功的思想或信仰吗？你是否总是关注自己的不足、无效率或容易受挫的自尊心？要知道这些心态现在对你没有帮助，也从未对你有所帮助。放弃这些心态，转而拥有成功、能干和自信的心态。

此外，每天早上花几分钟回顾一下新的积极的心态。每当你发现自己有了“以前的”想法，就用新的想法代替它们。

当新的个人信仰体系稳定之后，它们将对你的人生产生更加积极的影响，你将在通往成功的旅程中更加轻松地前进。

第四章
解读市场情绪

股市按趋势运动。正如托尼在第三章中所介绍的，股市上行一段时间，再下行一段时间。这是一个驱使许多投资者尝试获利的显著事实。当投资者看见价格上涨，他们会希望这种趋势继续。在过去的一个世纪中，股市曾有几次显示出其上涨时间要长于下跌时间的倾向。

那么到底是什么促使价格有这样或那样的趋势呢？多年以来，许多专家耗费了大量的时间和金钱来设法回答这一问题，至今却仍然存在分歧。以下是我所持有的观点，用以帮助我利用价格趋势。我认为，价格按照趋势运动最大的原因是，大多数投资者都采取了以下两种市场态度中的一种：他们要么决定寻找机会，要么决定寻求安全，这凌驾于其他所有关于价格模型的基本原理和计算之上。

这也是用来转动赢利大师法的第二把钥匙——评估市场状况的核心见解。当绝大多数投资者都开始寻求安全或寻找机会时，他们会创造出特定的市场状况。这些状况会暗示出接下来一段时间内，市场趋势将会上升还是下降。这就是其中的大秘密，仅此而已。

我知道一些人可能会抗议说这样的“秘密”太过显而易见。他们或许会坚持认为价格变化真正的因果关系比这要深奥得多；他们或许会坚持认为价格变化必须用复杂的数学公式来建模。但是，由于并不是所有的投资者对市场的了解和看法都相同，因此任何用来确定投资趋势的深奥复杂的公式都将最多只是粗略估计。我认为有

本章作者：戈登

一种更加简单的方法，该方法对那些只能在忙碌的生活中挤出时间的个人投资者具有重要价值。

该方法首先需要考虑，正常情况下其他投资者的行为是什么样的。研究表明，一般投资者偏好持股 3 年左右（波士顿，达尔巴投资顾问研究公司研究与通讯部，2010 年，《投资者行为数量化分析》）。在投资者这种偏好出现的早期就识别出变化使我能够预测趋势将继续，因为投资者在未来 2～3 年内都会坚持自己的观点。如果我能够通过分析简单的价格数据，来判断投资者对于机会和安全的偏好近期是否发生了变化，那么假设我能够判断未来 2～3 年内的整体市场状况可能会如何，不就很合理了吗？我的经验表明这一假设是有价值的。

在与 1000 多个个人投资者进行过一对一的合作之后，我创建并完善了一种简单的方法，你可以利用该方法来更好地预测市场趋势。我将该方法称之为“解读市场情绪”。

一、转动第二把钥匙：通过解读市场情绪来估计市场状况

要想解读市场情绪，你需要做的只是每月查看一次三个指标。事实上，在绝大多数月份，你只需要查看一个指标。为了查看第一个指标，你需要查看市场价格与其移动平均线的相对位置。这听起来或许很乏味，其实并不一定。如今，制图软件让这一工作变得十分简单，它可以将移动平均数连成一条位于价格上方或下方的曲线。然而，当市场价格穿越了该平均线时，你就需要查看另外两个指标，以确认是否有重大的趋势变化正在进行。另外两个指标中的第一个是波动率，第二个是投资者安全寻求行为。

一旦能够解读这些指标，你便能够理解市场情绪将会形成我所说的“红绿灯”信号。我会在本章中介绍这些信号，也会在随后的章节中介绍如何利用这些信号。

我经常被问及如何区分短期的价格下跌和市场趋势的大规模转变。我承认，在价格变动的早期，我们很难将两者进行区分。但这

就是为什么我会开发本章中所介绍的方法，用来帮助自己和他人有效且足够准确地解读市场，弄清楚以上两者的区别。我希望了解如何解读市场情绪之后，你能够为自己解答上述问题，并知道如何应对。当你知道如何识别这三种指标所形成的这些信号时，你就准备好了以一种能够增加自身收益的方式依据这些信号采取行动。

二、市场何时发出“红绿灯”信号

市场情绪表明了投资者是否有兴趣承担风险。我想说在这样的时期，投资者正在寻求增长（growth）和机会（opportunity）。我用这两个单词的首字母组成了（GO）“绿灯”这一词汇，它表示市场正处在乐观情绪之中，即愿意承担新的风险的情绪。当市场已经为风险做好准备时，它就会发出“绿灯”信号。

当投资者偏向于为自己的资金寻找安全的场所时，另外一种信号就出现了。我喜欢用“红灯”这个词来提醒自己市场只想进行安全的交易。当市场正处在一种悲观情绪之中时，就会显示出各种特征来表明。相较于风险，投资者更喜欢安全。当市场想要的更多的是安全而不是风险时，它就会发出“红灯”信号。

不过，为了识别这些信号，你需要回顾我之前所提到过的指标：移动平均线、波动率、安全寻求行为。接下来我们来一一对这三个指标进行讨论。

三、指标 1：12 月移动平均线

第一个指标是平均价格。当想到计算一组数据的平均数时，你很可能会想到把它们全部加起来再做一些除法，但在涉及股市中的价格时，计算平均数稍微复杂一些。价格随时间而变，因此你所计算出的平均数不是单独的一个数字，而是一个每天都会发生变化的数字。这个不断变化的数字就是我们所说的移动平均数。

托尼将在下一章当中介绍更多关于移动平均数的内容，而就目前来说，你知道移动平均数是用图表上的一条线来表示就足够了。这条线时而上升时而下降，像一个永远忠诚的高尔夫球童一样，尾随于市场本身的价格之后。有时它会追上球手，但通常情况下它都落后于球手。

接下来我们来看一看移动平均数如何在股价图表中被展现出来。在这个例子中，我们将使用标准普尔 500 指数的收盘价，把这些收盘价绘制成一张折线图。这表示我们将查看每月最后公布的收盘价，然后简单地把这些价格点连成线。尽管在一个月之内，市场价格的确会上下波动，但在这个例子当中，我们只考虑每月的最终收盘价。

我将向你展示两张图——第一张是市场价格本身的曲线图，第二张是带有移动平均线的同一张价格曲线图。图 4.1 绘制出了标准普尔 500 指数每月收盘价的连线。图 4.2 与图 4.1 是同一张图表，只是加入了移动平均线。

图 4.1　标准普尔 500 指数的收盘价图

注意图 4.2 中是如何绘制出一条平滑得多的移动平均线的——可以比喻成追随在后的球童。这条线以一种补偿的方式延伸，在趋势上升期间低于股票价格线，在趋势下降期间又高于股票价格线。这条特定的移动平均线追踪的是过去 12 个月的平均价格，因此它是一条每月收盘价的 12 月移动平均线。

图 4.2 带有 12 月移动平均线的标准普尔 500 指数收盘价图

我发现这是一个非常有用的指标。仔细地看一看该图，你就会注意到，当市场价格突破这条移动平均线时，接下来通常都会出现趋势的改变。在过去 10 年当中，这一指标在帮助投资者判断市场状况何时已经改变方面一直极其有用。

如今，随着时间的改变，市场的行为方式的确已经不同。过去所发生的从来不是一张完美的路线图，无法准确表明未来将发生什么。对这一主题进行了多年的研究之后，我至今仍未能发现任何绝对正确、绝对能够赢利的指标。不过，一种指标无需完美亦能有用。

研究标准普尔 500 指数史上每月的收盘价与这些收盘价所形成的 12 月移动平均线的相对位置，你会发现一些有趣的细节。自 1928 年开始，该指标在大约 60％的时间里都指示出了趋势的变化。剩下 40％的时间里，出现了价格突破了该移动平均线，结果又在第二个月或第三个月跌回了相反方向的情形。使得该指标值得注意的是，当判断正确十分重要时，它是如何准确地指示出了十分重大的行情。如图 4.3 所示，在四个明显的转折点处，标准普尔 500 指数的价格干净利落地突破了 12 月移动平均线。如果当时你了解该信号，就能够及时地做出反应。

图中的四个箭头指出了过去 10 年中最关键的转折点。注意 2000 年，价格是如何恰好在市场趋势的顶部收盘于移动平均线下方

图 4.3　标准普尔 500 指数的收盘价突破 12 月移动平均线的四个关键转折点

的——当时正逢大量投资者都认为在投资领域中“这一次将会不一样”。还记得互联网的出现是如何使得每个人都认为这是一个非常了不起的历史时刻的吗？这的确是一个了不起的时刻！对于投资者来说，互联网是有史以来最大的技术上的恩惠，正如托尼在前一章当中所指出的，它一直被看作是一种积极的外部冲击。但是，这并不表示投资者不能保持清醒。当时，当市场看似已经判定上涨幅度足够大时，投资者便开始寻求安全，而不是机会，他们把自己的资金撤出了市场。当价格向下突破移动平均线时，这便是一个标志，表明投资者的想法即将发生巨大的变化。天哪！结果的确如此！

接下来还有其他三个信号。后来，2003 年，在经济衰退的底部，价格再次向上突破了移动平均线，标志着趋势反转，市场开始上涨。2007 年，由于次贷危机爆发，价格再次向下突破了移动平均线，标志着投资者开始寻求安全。截至 2009 年，这种寻求安全的行为放缓。这一年，价格向上突破移动平均线，标志着投资者再次开始寻求投资机会。

12 月移动平均线指标是一个容易发现、容易理解的信号，它可以在市场趋势即将改变时向投资者发出警报。然而，如果单独使用，该指标存在着局限性。如图 4.4 所示，其他还有三次，该指标形成了一种拉锯式的行情——市场先是改变了趋势，但很快又与最初的趋势保持一致。

图 4.4　价格突破 12 月移动平均线并未导致趋势改变的三次例外

这些规则的例外表明，观察信号的人需要多进行一些评估。你如何能够判断 1998 年市场会从一轮急速的下跌中恢复过来，继续走高呢？投资者又如何能够知道 2010 年那一次空前的单日价格波动[①]——即所谓的闪电式崩溃——最终其实非常小，小得实际上可以忽略不计呢？为了更好地了解如何评估每一次信号，投资者需要稍微多一些信息。这就是为什么我会使用另外两个指标来帮助自己解读市场情绪的原因：波动率和安全寻求行为。

四、指标 2：波动率

波动率指的是价格的正常波动。价格每天都会上下运动——有时或许看似胡乱地运动。而价格上下运动的幅度就是我们称之为“波动率”的度量工具。解读波动率使你能够收集到更多与市场情绪相关的信息。

不时有人问我，他们为什么需要了解如何度量波动率。这一问

① 2010 年 5 月 6 日，美国股市离奇暴跌近千点。

题的答案引出了一个故事。解读这些度量工具非常像你和一个隐形人同时在森林里行走时，你去追踪这个隐形人的足迹。想象你正紧跟在他的身后，能够在他留下足迹之后立刻看到这些足迹。但是，你看不到这个人，也不能与他交流，你只知道他已经走过什么地方。我们把这个隐形人的足迹称之为“路线 1”。

现在想象你在跟踪他的足迹时，突然发生了变化——他的足迹开始朝着另外一个方向延伸。我们将这个方向称之为“路线 2”。如果只看足迹，你或许无法判断他为什么改变路线。但是，“为什么改变”对于预测他接下来的足迹将会继续沿着路线 2 延伸，还是会恢复到路线 1 十分重要。例如，假设他在新的方向上行走了两三步之后，你可以环顾四周，看到他正前往哪个方向。毫无疑问，进一步的信息可能会对你看待这一突然变化的方式产生巨大的影响。

为了进一步阐述这一类比，假设你的确环顾了四周，并且注意到附近有一个女人手拿一张地图（此时你或许在想，这一假设不符合常理。毕竟，什么人竟然会停下来询问自己应当去往哪个方向？请继续跟着我的思路，原谅这其中的滑稽。我即将阐述很重要的一点）。

如果你能够察觉到此人只是暂时改道，他这样做或许只是为了在陌生的环境中消除自己心中的疑虑，那么你很可能会预测此人将回到之前的路线 1。为了继续阐述这一类比，我们再假设他在那个女人附近徘徊。他在那里徘徊得越久，你越会开始预测他可能根本不会回到路线 1。难道不是吗？

最后，我们假设此人突然朝着路线 2 的方向前进。他的足迹不仅继续发生着改变，并且明显离原来的路线越来越远。此人正在奔跑！你问自己这是为什么？你环顾四周，发现他似乎并没有跑向前方的任何目标，但是当你回头看时，却像是看到了一头正在充电的熊！在这种情况下，我们很容易就能预测他可能会在新的路线上前进一段时间。

我们无法准确判断市场上的所有投资者，也不能总是知道他们的想法。但是，如果我们环顾四周，留意细节，就可以很好地预测某一次趋势变化是否会继续。

波动率有助于判断投资者只是需要消除疑虑，还是已经完全惊慌失措。正如那位隐形人在奔跑时，其足迹会越来越偏离原来的路线一样，当投资者感到恐惧时，市场价格也会下跌得更加迅速。但是，即便如此，并不是所有投资者都会同时感到恐惧。当那些容易恐慌的投资者最早开始卖出时，总是会有其他一些投资者急切地买进自己发现的低价新股，因为他们认为自己即将买到便宜货。

这些动态创造了波动率。波动率上升是一个极好的表明市场情绪正在发生变化的信号。作为市场情绪变化的一部分，市场的价格表现将会与其近期的表现明显不同。前一章托尼提醒过我们，市场受贪婪和恐惧支配。但绝大多数投资者所不知道的是，在市场的价格表现中，这两种情绪如何被度量。就像跟踪足迹这一类比中的一样，重要的不只是方向，还有市场运动的速度。

记住，市场情绪是其参与者对于寻求机会还是安全的整体态度的体现。市场最棒的地方就是，空谈对价格没有影响。到最后，头条新闻也无关紧要。只有投资者停止谈论，开始采取行动时，价格才会发生变化。价格的任何运动都表明有人做出了决定。因此，仔细估量价格的波动和波动率，我们就可以发现机会，从这些强有力的情绪影响中获利。

市场通常都会首先通过波动率的变化来发出趋势变化的信号。我喜欢把波动看作是买卖双方的意见不一致。买方认为价格即将走高，而卖方则认为价格即将走低。这种分歧加剧了市场的波动。然而，波动开始加剧，并不一定会改变价格趋势，其部分原因是信息的传播和分歧的扩大需要一段时间。买卖双方的分歧必须扩大到足够大的范围，直到很大一部分市场参与者都改变了自己对未来的看法，并开始根据自己的看法采取行动。

度量波动率。投资者之间的意见不一致可以通过度量某个时间段内的最高价和最低价之间的差价来量化。取该时间段内的差价的平均值会更加有用。个人计算和网络数据传输出现之前，人们实际上已经开始设法追踪这一信息。为了能够度量这一信息，他们耗费了大量的时间，用完了大量的铅笔、纸张和橡皮擦。

这是现代投资者所具有的又一个优势。科技已经使得追踪这类数据变得十分简单。解读波动率就像追踪一条记录平均真实波幅（ATR）的曲线一样简单。股市在即将到达顶部之前，其最高价与最低价之间的差价会明显扩大。平均真实波幅追踪的就是这一指标，它显示了买卖双方分歧扩大的证据。

重点提示：经纪公司所提供的绝大多数制图工具都可以在月线图表上显示平均真实波幅（Average True Range，ATR）。然而，尽管也有少数几家免费网站追踪平均真实波幅，但绝大多数网站并没有这项服务。认真的投资者和交易者可以在摩塔股票分析软件上找到平均真实波幅，该软件由益昆斯国际软件公司制造，托尼和我已经习惯用它来为本书制作图表。

当投资者紧张不安或是感到恐慌时，他们基于恐惧所采取的行动会导致价格迅速而剧烈地变化。但是，当这些投资者平静下来之后，他们的恐惧也随之消失，波动率也开始下降。因此，投资者开始寻求机会时，波动率降低。这经常是在发出价格的上升趋势已经开始的信号。一旦你清楚自己想要了解什么信息，就很容易在查看价格图表时识别出这些信息。接下来我要向你展示一些例子，说明你如何能够识别出波动率的变化，以帮助你预测价格趋势的变化。以下图表将把价格的走势与这些价格的平均真实波幅进行对比。

波动率变化的例子。我来向你展示一个波动率变化的例子：2000 年的市场顶部。事后来看，这次市场变化很容易就能发现，但是在当时，它却出乎意料地难倒了许多人，如图 4.5 所示。

图 4.5 清楚地表明了当价格朝着某个顶部上涨时，波动率是如何上升的。顶部曲线描绘的是标准普尔 500 指数自 1991 年 11 月到 2001 年 3 月期间每月末的收盘价。如图所示，价格呈上升趋势，平均真实波幅（ATR）亦是如此。平均真实波幅的上升领先价格顶部的出现至少 3 年。这给了一般投资者大量的准备时间！但是，这并不是该图表中你应当注意的唯一一点。

猛一看，你或许看不到该图表上出现于 1997 年的微妙变化，但仔细查看你便会发现，1991—1995 年，平均真实波幅略微下降。

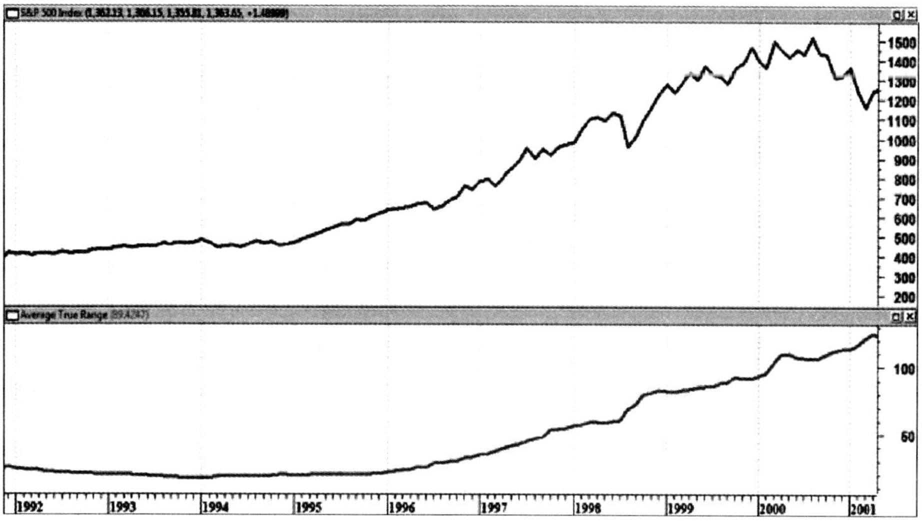

图 4.5　2000 年，市场价格上涨到最高点期间，标准普尔 500 指数的波动率是如何上升的——即买卖双方的分歧扩大

1996 年，平均真实波幅上升；而 1997 年，平均真实波幅更加迅速地上升。价格很长时间都没有到达其顶部，但平均真实波幅的变化标志着重大的变化于这一年开始出现。1991 年底至 1997 年底，市场在波动幅度没有明显上升的情况下上涨。1998 年，市场情绪开始发生变化。买卖双方的意见不一致开始扩大，就在这时，平均真实波幅的上升速度开始变化，图表上显示出价格曲线更加像锯齿状。

值得注意的是，艾伦·格林斯潘，当时的美国联邦储备银行主席，于 1996 年底在一次演讲中表示，市场正表现出“非理性繁荣”。在那之后不久，买卖双方的分歧明显扩大（平均真实波幅证明了这一点）。两年以后，价格趋势变化，投资者经历了一轮几十年未见的熊市。接下来发生的状况如图 4.6 所示。

现在注意平均真实波幅是如何从 2002 年开始明显下降的。就在绝大多数投资者感到恐慌并退出市场时，买卖双方的分歧使得市场第二次显著下跌。2003 年中，就在价格开始上涨时，平均真实波幅迅速下降。这标志着市场情绪已经再次发生改变，投资者可能已经

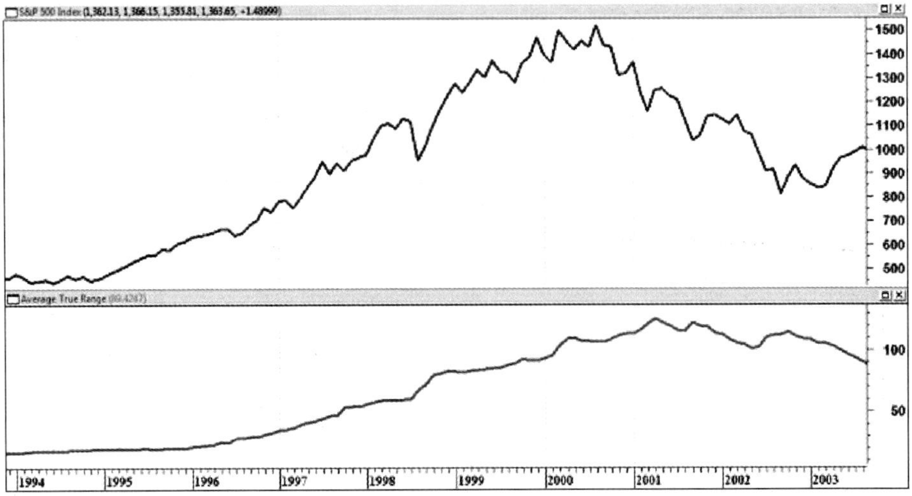

图 4.6 当市场从熊市转变为牛市时，标准普尔 500 指数的波动率是如何不断下降的

再次开始寻求机会了。

当绝大多数市场参与者意见一致，都想把自己的资金投向股票并长期持股时，股市中便出现了价格的上升趋势。这种意见一致自然会促使价格波动幅度下降。理解这一点之后，你就更容易明白波动幅度下降为什么会发出价格趋势即将从下降变为上升的信号。一旦知道应当了解什么信息，你就更容易发现这些信息。接下来我们看一看分别发生在 2007 年和 2009 年的两个例子，如图 4.7 所示。

我希望这些数据向你展示的一些例子表明了波动率变化是如何证实价格趋势变化的可能性的。然而，尽管对投资者来说，观察波动率的变化很重要，但是，如果单独使用，该指标不足以准确指示出趋势的变化。为了解决这个问题，你需要第三种指标，一种我称之为安全寻求行为的指标。了解市场上一连串重复发生的事件，可以帮助你理解这一指标。这一连串事件遵循这样一种模式：首先是越来越多的市场参与者开始感到不安，然后是他们根据这种不安采取行动，改变自己的投资策略。

当市场参与者们对于是否继续持股开始意见不一致时，便会反复出现以下两种情况：首先，价格波动幅度上升；其次，市场参与

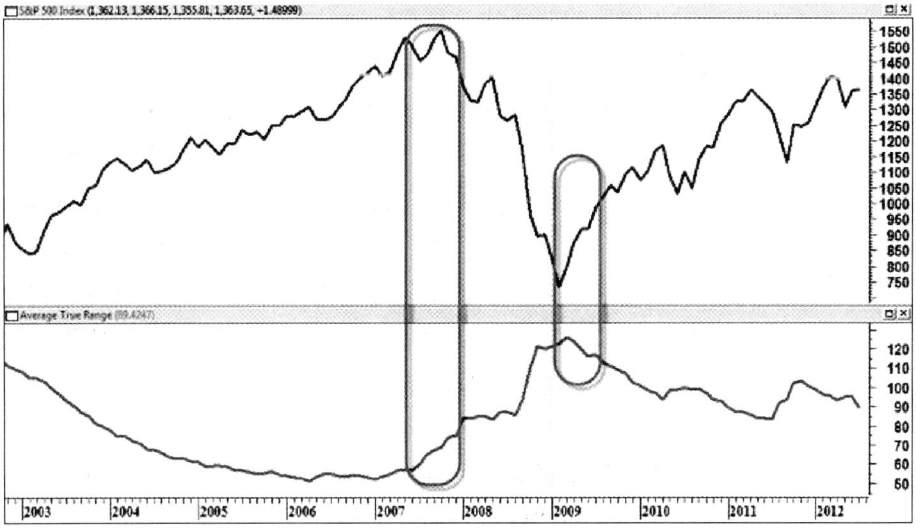

图 4.7 另外两个关于趋势变化之初的波动率变化的例子，一个发生在 2007 年的市场顶部处，另一个发生在 2009 年的熊市底部处

者将其资金撤出股市，投向其他地方。此时他们可以把自己的资金投向许多可能的场所，但当他们明确选择了某个他们估计会帮助自己规避风险的场所时，就会发出市场情绪改变的信号。这第三种指标加上波动率的变化，将为投资者提供一种极其可靠的预测趋势变化的方法。

五、指标 3：安全寻求行为

你可能会担心，观察和追踪市场上的安全寻求行为可能意味着跟踪一大堆数据。毕竟，投资者有许多选择。设法追踪所有的资金去向可能会成为一项复杂而耗时的工作，你需要一种方法来简化这项研究。这就是为什么指标 3 聚焦于一个可作为领头羊指标的领域：公用事业。

由于一个最重要的特征，公用事业股在投资领域十分有名：它们派发的股息多于绝大多数股票所派发的股息。此外，它们常常长时间显示出更小的波动性，或者至少绝大多数投资者是这么认为的。由于这些老一套的预期仍然存在于许多个人投资者和专业投资者的头脑中，因此相较于对那些设法寻找机会的投资者来说，公用事业股一直是那些设法寻求安全的投资者的最爱。公用事业股所提供的公认的可预测程度，常常使得它们成为更具吸引力的安全投资品种，而非潜力增长品种。因此，当相较于其他股票，投资者整体开始偏爱公用事业股时，这就发出了信号，表明大批市场参与者正在设法规避风险，为自己的资金寻找一个相对安全的场所。这使得公用事业股成为了一个追踪安全寻求行为的绝佳代表。

度量安全寻求行为。追踪安全寻求行为需要你评估公用事业股相对于整体市场来说表现得如何，这或许要比你想象得简单。幸运的是，对我们这些“以简单就好为宗旨”的投资者来说，存在着一只历史悠久的单一指数，即公用事业股指数的表现。你已经听说过道琼斯工业平均指数，但是另外还有一种与它相似的指数，可以满足我们的需求。道琼斯公用事业平均指数追踪的是 15 家大型公用事业公司股票的平均价格，这一鲜为人知的指数将在我们追踪安全寻求行为的过程中充当一种绝佳的度量器。

你需要做的只是留意道琼斯公用事业平均指数是否正在比标准普尔 500 指数上涨得更快。完成这项工作最直截了当的方法是，简单对比这两种指数在图表上的曲线，判断哪种指数看起来正在以更快的速度上涨。当你发现公用事业股正在比整体市场上涨得更快时，就可以基本确定市场参与者正在追求可预测性，而不是资金增长，他们普遍都在设法规避风险。

安全寻求行为的例子。当投资者想要找到更加安全，或者至少是稍微更加容易预测的投资标的时，其中许多人都会选择购买公用事业股。图 4.8 就是一个显著的例子，显示了这种行为是如何恰好出现在 2000 年的市场顶部。

在图 4.8 中，上部曲线代表标准普尔 500 指数，底部曲线代表道琼斯公用事业平均指数。你将注意到，在接近该图中心位置的标记部分，道琼斯公用事业平均指数（DJU）开始迅速上涨，而此时

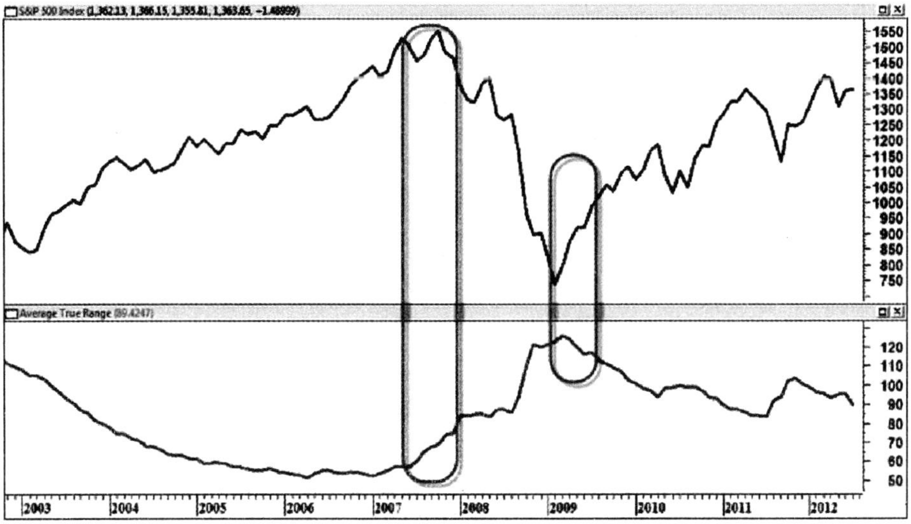

图 4.8　公用事业股（下部曲线，交易代码 DJU）是如何恰好在整体市场（顶部曲线，交易代码 SPX）从 2000 年顶部开始下跌前跑赢整体市场的，整体市场又是如何恰好在形成一轮多年的上升趋势前跑赢公用事业股的

标准普尔 500 指数的波动黯淡无光。这恰好发生在整体市场形成一轮多年的下跌之前。你还将注意到，2009 年情况出现了逆转，此时道琼斯公用事业平均指数的表现黯淡无光，标准普尔 500 指数则开始强劲上扬。这就发出了明确的信号，表明整体市场即将出现一轮多年的上升趋势。4 年之后，再次出现了同样的例子。注意图 4.9 是如何演示恰好 4 年之后，该市场表现再次戏剧性地出现。

在该例子中，你可以看到，2007 年，就在道琼斯公用事业平均指数（底部曲线）形成一轮快速的上涨时，标准普尔 500 指数（顶部曲线）是如何开始掉头向下的。就在标准普尔 500 指数开始一轮长期的下降趋势之前，市场参与者再次通过持有公用事业股来寻求安全。这一次，继资金流向公用事业股之后，标准普尔 500 指数出现了 80 年以来最差的年度表现。但是，这一信号又同时向我们表明，熊市可能已经结束，来得快去得也快。截至 2009 年 5 月，整体市场明显正在以比公用事业股更快的速度上涨，市场参与者没有再

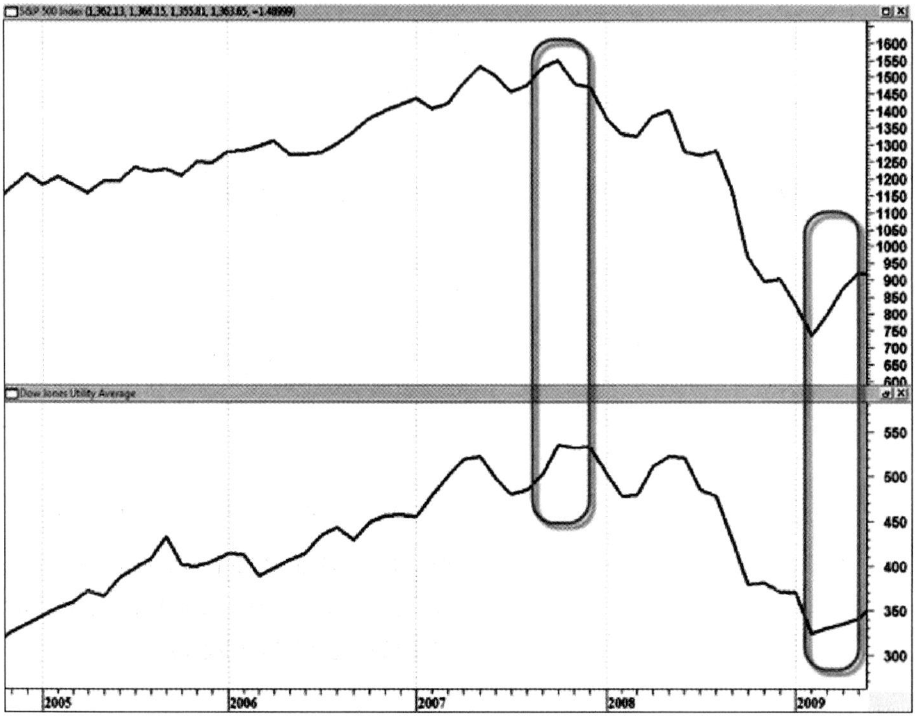

图 4.9　2007 年底，就在市场开始一轮新的下降趋势之前，道琼斯公用事业平均指数是如何跑赢市场的；2009 年，就在市场开始一轮新的多年的上升趋势之前，它又是如何比市场表现得更差劲的

设法寻求安全；相反，他们正在寻求增长的机会。

正如目前你可能已经认识到的，很多时候，当我们解读这三种指标中的一种时，发现该指标表明趋势即将发生重大变化，但市场却仍然保持着原来的趋势。然而，如果这三种指标同时发出信号，表明市场情绪即将发生变化，信号应该是非常可靠的了。

六、识别红绿灯信号

市场情绪表明投资者是否有兴趣承担风险。当市场正在寻求机会时，它所发出的就是绿灯信号。另外一种信号则表明投资者何时偏向于为自己的资金寻求安全的场所。当市场追求更多的是安全而不是风险时，它所发出的就是红灯信号。

第一种指标，12 月移动平均线，是你应当留意的关键信号，之后的两种指标可以确认该信号。如果这两种信号中没有一种信号与移动平均线被突破同时出现，你就可以耐心等待趋势恢复。你要寻找的是各指标同时发出信号。首先你要寻找价格突破 12 月移动平均线，然后再寻找确认性的红灯信号或绿灯信号。

当市场上买卖双方的分歧扩大，同时大量市场参与者积极寻求安全，市场所闪现出的就是红灯信号。此时市场情绪已经演变为不安，因而不是买入股票的好时机。但是，当这种情形刚刚出现时，市场的每日波动率已经上升，它或许不会立即掉头向下。说明一些投资者可能来迟了一步，他们可能会在价格下跌时开始做多股票。

这些反应迟钝的投资者促使价格的波动率继续保持在较高的水平，同时也抑制着价格陷入下降趋势，至少暂时如此。但最终会有越来越多的人开始抛售手中的股票，急忙买进大家认为安全的公用事业股。这就是为什么我在使用指标 3 安全寻求行为红灯信号前，喜欢先进行两个月的观察。

在过去的 80 年里，90%的情况下，一轮长期的下降趋势开始之前都会先出现波动率的上升和买入公用事业股——红灯信号，练习识别红灯信号是一项至关重要的技能。为了让你首次尝试培养这门技能，请查看图 4.10 和图 4.11，看一看你是否能够识别指标 2 和指标 3 联合发出的信号；看一看你是否能够判断这些信号之后可能会出现价格的上升趋势还是下降趋势。

我先来为你分析第一个信号。这是一个绿灯信号，出现在临近 1993 年年底的时候。图 4.10 中的第一组箭头指示的就是临近 1993 年年底信号出现的时间。此时，标准普尔 500 指数（上部的窗口）正在上涨，平均真实波幅（中间的窗口）正在下降，道琼斯公用事业平均指数（下部的窗口）的表现落后于标准普尔 500 指数。

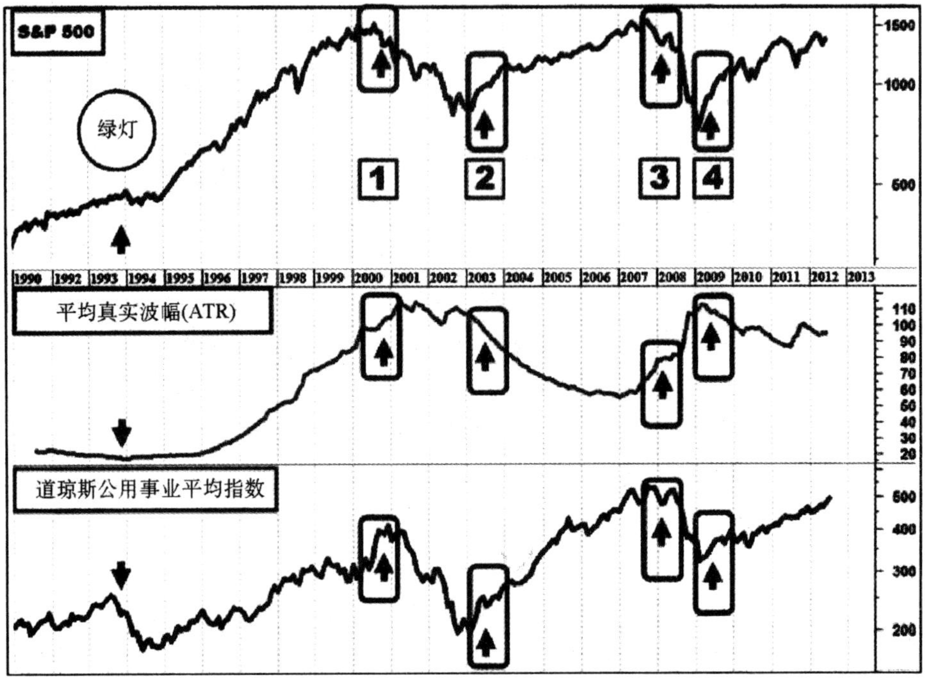

图 4.10　关键指标给出重要线索表明市场接下来的动作的五个时间点。第一个是一个绿灯信号，其他的呢？

注意位于 2000 年底对准方框 1 的箭头，它们显示的是市场趋势正向下（如上部窗口中所示），平均真实波幅曲线正在向上倾斜，而公用事业股（如下部窗口中所示）保持在高位。如果你认为这表明市场已经准备好寻求安全，你的看法是正确的。方框 1 是一个红灯信号。此时市场正处于悲观情绪之中。但是，市场还未处于下降趋势中，它们只是即将开始下跌。接下来发生的事已经被作为 2000 年互联网泡沫的破裂载入史册。

再来依次考虑方框 2、方框 3、方框 4，看一看你是否能够识别出每一个位置上的关键指标正在向你表明什么？图 4.11 揭示了这些位置上的市场信号，你可以看一看自己对于这些图表上的分析与你在前一幅图中所评估的结果是否一致。

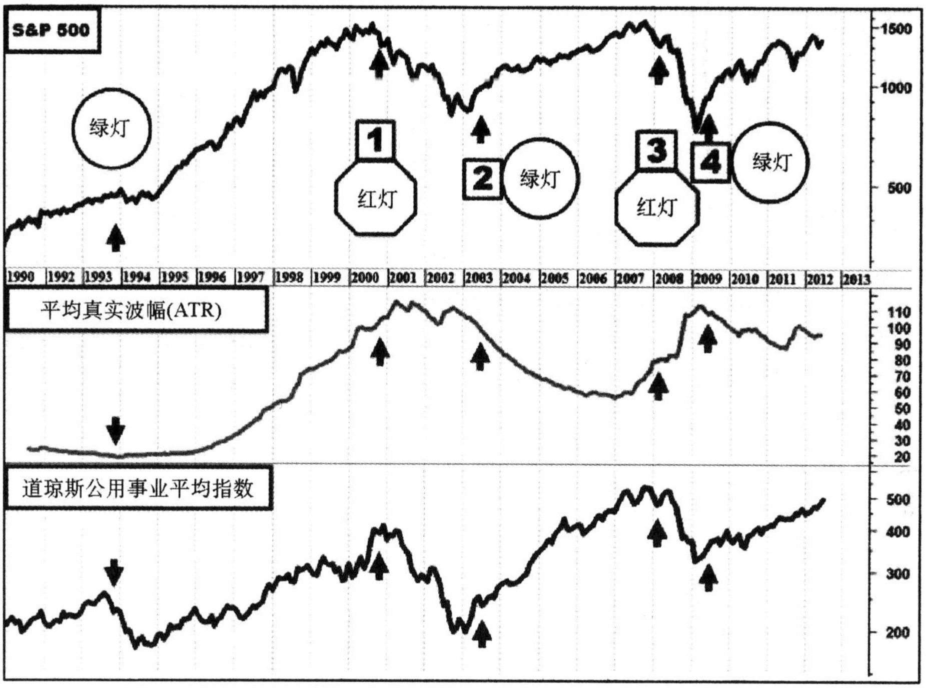

图 4.11　剩下几次中，市场的关键指标所发出的关于市场情绪和可能的未来方向的信号

你的判断如何？你的答案对了吗？接下来我们一一进行分析。在考虑方框 2 时，你不必进行太过复杂的分析。你所看到的就是，在这段时间内，整体市场已经开始上扬，平均真实波幅正在下降，公用事业股尽管当时也在上涨，但其上涨的速度不如其他股票。这个现象给出了一个线索，表明市场正在偏爱寻求机会而不是安全，因此这是一个绿灯信号。当年是 2003 年，继该绿灯信号之后出现的是一轮 4 年的上升运动。

接下来我们把注意力集中到方框 3，我们在此处识别出了一个与方框 1 有着相似特点的信号。此时，标准普尔 500 指数已经开始下跌，而平均真实波幅之前一整年都在上升，且此时仍在继续上升，但道琼斯公用事业平均指数却已经停止不前。要确认信号，我们只需要了解这些信息。

记住，指标 3 并不是道琼斯公用事业平均指数必须上涨，而是它必须比标准普尔 500 指数表现得更好。因此，如果道琼斯公用事业平均指数上涨，就必须比标准普尔 500 指数上涨得更快；如果下跌，就必须下跌得更慢。在这个例子中，道琼斯公用事业平均指数正在横向波动，而标准普尔 500 指数的成分股则实际上正在大幅走低。如果与同一时间正在上升的平均真实波幅相比较，这就发出了一个十分及时的红灯信号，它恰好与指标 1 标准普尔 500 指数向下突破 12 月移动平均线同时出现。

该信号可以帮助你保护自己的资金免受不久之后出现的快速下跌的影响。与绝大多数市场参与者所经历过的下跌相比，这次下跌异常快速而剧烈。相比之下，即使是互联网泡沫的破裂也显得很温和。

在方框 4 当中，出现了一个及时的指向标，它为那些能够发现它的投资者发出了明确的信号。2009 年初，当投资者还在因为 2008 年的市场崩溃所遗留下来的痛苦和不确定性而感到眩晕时，市场指数已经迅速反转。这次反转很迅速，市场回应也十分强有力。但是一直到 5 月底，市场才闪现出或许是整整 10 年以来最好的绿灯信号。该信号也恰巧出现在标准普尔 500 指数向上突破 12 月移动平均线之前。

重点提示：如果你发现基于过去的图表很难识别出红绿灯信号，不要担心，托尼和我为你开发了一个网站，www.investtowin the book.com，该网站上标出了目前的红绿灯信号，你只需要快速查看一下，就可以判断目前的市场情绪正在向我们表明什么。

5 月份之前的两个月，标准普尔 500 指数均快速上涨，并跑赢了道琼斯公用事业平均指数。与此同时，平均真实波幅指标明显正在下降。一轮新的上升趋势即将开始。该绿灯信号出现之后的 2 年内，标准普尔 500 指数的上涨速度，比 20 世纪 30 年代大萧条后的任何时候回升都要快。

七、综合分析各指标

之前我曾说明，指标1——12月移动平均线，是用来观察市场趋势变化的一种优秀而简单的方法。此外我还曾说明，单独使用指标1的问题是，它很有可能是虚假信号，它可能只是价格行为的暂时波动。但是，既然已经了解红绿灯信号是如何发出的，你就应该明白，你有办法过滤掉许多虚假信号。具体步骤如下：

第一步：留意市场突破12月移动平均线。

第二步：评估市场是否闪现出了与第一步相呼应的红绿灯信号。

第三步：如果出现了绿灯信号，就要根据你认为即将出现一轮新的上升趋势这一预期来进行投资。如果出现了红灯信号，就要根据你认为即将出现一轮新的下降趋势这一预期来进行投资。如果标准普尔500指数的价格已经突破12月移动平均线，但随后既没有闪现出绿灯信号，也没有闪现出红灯信号，就要预期之前的趋势即将恢复。

这些步骤形成了一个简单的流程，你可以每月遵循一次，用以解读市场情绪。这样做可以有效帮助你适应市场可能出现的任何状况并为之做好准备。图4.12显示的是综合使用三种指标的情形。这将给你一些指示，向你表明过去10年当中你本应当如何解读市场情绪。

综合使用各指标来帮助你解读市场情绪，是我所知道的帮助你为下一步重大的价格趋势变化做好准备的最佳方法。综合使用波动率指标和安全寻求行为指标可以形成一种有效的提示。如果再结合12月移动平均线进行评估，它将发出一种强有力的信号，帮助你适应市场情绪。每月查看一次这些图表只需要一两分钟。如果你不知道如何很好地解读图表，不要担心，下一章托尼将向你介绍必要的图表解读基础知识。

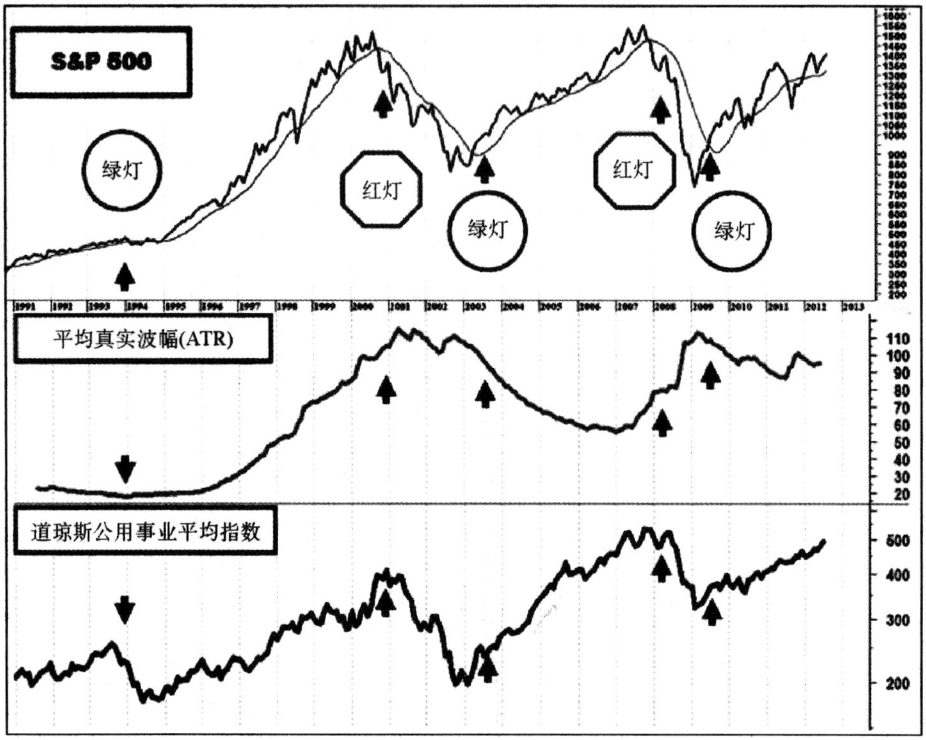

图 4.12　综合使用三种指标将帮助你识别趋势变化，过滤虚假信号

应当记住的要点

■ 12 月移动平均线可以发出有用的信号，指示出潜在的趋势变化。

■ 真正的市场趋势变化，更多的是由投资者寻求机会还是安全的偏好来决定。

■ 在如何对市场做出反应方面，投资者表现出一种不断重复的模式，即如果他们的投资标的正在上涨，他们就会动作缓慢；但是，如果他们的投资标的正在下跌，他们就会动作更迅速，会创造出更大的市场波动率。

■ 投资者可以利用平均真实波幅（ATR）来度量波动率。平均真实波幅上升暗示投资者正变得更加紧张不安。

■ 投资者会表现出偏好寻求资金增长或资金安全，这种偏好可以通过比较一般股票（通过标准普尔500指数来追踪）与公用事业股（通过道琼斯公用事业平均指数）的表现来发现。

■ 综合使用平均真实波幅，比较公用事业股与一般股票的表现差异，可以提供绿灯信号（表明投资者正在寻求资金增长和机会）和红灯信号（表明投资者正在寻求资金安全）。

■ 如果标准普尔500指数突破了12月移动平均线，同时或不久之后又出现了红灯或绿灯信号，接下来可能就会出现重大的市场转折点。

个人心得 托尼

建立自己的优势
认识自己表示了解自己的知识和能力。

——梅南德

我们每一个人都天生具有独特而宝贵的特质与天赋，其中一些人童年时受到了鼓励，发现了这些天赋并将它们运用到成功的事业中。然而，许多人即使意识到了自身的优势和天赋，却是在多年以后。

我们的社会倾向于关注人们的缺点，正像人们经常会在工作场合说，“她本来可以在那个领域表现得更好”。

我们绝大多数人都愿意接受挑战，克服自身的缺点，或许我们决心变得更加体贴、更加富有同情心以及做事更加有效率。一旦我们尝试着扭转自己的个人缺点，好消息是，行为治疗师最近的发现——当一个人致力于发挥自身优势时，他将拥有几倍的发展潜力。

想象这样一种情形：在工作场所和所在的社区，你都以“善交际”而闻名；你是一个非常优秀的经理，你领导下的员工表现突出。但是，技术方面的东西却让你十分头疼，详细报告和电子表格会让你长时间感到痛苦。

此时考虑到你的投资回报率，你最好把时间花在什么地方？你是应当额外花时间学习如何熟练制作电子表格，还是更为聪明地（更能实现个人抱负、更有生产力、更有利可图）花时间开始新的项目、建立新的团队以及力争获得更高的领导职位？很明显，后者是更加明智的选择。

正如前面所提到过的，我们许多人一生当中都在做着各种平常的事：上学，就业，成家，努力建设成功的人生。如果我们利用一部分时间来建立自己的优势，将会获得更多的快乐，更多的成就感，以及更多的成功（和真正的快乐）。

你是否曾经花时间去发现和挑选出自己独特的、积极的特质和天赋？你是否曾经瞄准自己最好的特质，并花时间来发挥这些特质？

在《优势识别器 2.0》一书中，作者汤姆·拉思说道：“我们的研究表明，每天有时间关注自身优势的人忙于其工作的可能性是其他人的 6 倍，而最终其整体生活质量极好的可能性是其他人的 3 倍以上。”（汤姆·拉思，《优势识别器 2.0》，纽约：盖洛普出版社，2007 年，第 3 页）。

或许你是一个了不起的组织者、优秀的交流者或正直的激励者，或许你有“特殊的园艺技能”，或者小孩子都很喜欢你，或者你可以奔跑得像闪电般迅速，不论你擅长什么，都要知道你可以建立自己的优势和天赋，促进你个人的成长潜力，巩固你的家庭，以及支撑你的社交网和社交团体。

第五章 你的投资优势

当你——聪明的投资者——开始研究一只股票是否可以作为潜在的投资标的时，你将遇到两种基本的分析方法：基本面分析法和技术分析法。

假设你决定购买一辆新款的二手汽车，并且已经看中一辆，正在考虑是否购买。分析一家公司的基本面可以被比作查看该汽车的内部结构。就像检查汽车的发动机及其零部件，以确保它干净且保养良好一样，当你查看一家公司的“数据”时，要查看该公司的财务信息，例如资产负债表信息、收益状况和价格比率（戈登将在第六章当中为你介绍评估公司基本面快速而有效的方法）。

接下来我们继续检查该汽车。检查内部结构之后（或者雇一个技工替你检查），你要绕着车身走一走，看一看是否有凹痕或其他任何表明该汽车曾发生过事故的痕迹。同样地，就像查看汽车表面是否曾经发生过事故的痕迹一样，你也可以通过查看价格图表来发现股票价格目前正在上涨还是下跌。此外，我们还可以查看股价的历史表现，判断股价是以一种有序的方式逐步上涨（可取的投资标的），还是倾向于像一只奔跑中的袋鼠一样，不规律地直上直下地运动（不可取的投资标的）。

技术分析是一门解读价格图表的艺术和实践。一图抵千言，浏览某一只股票的价格图表时，你可以看到其价格曾经走过的路线。而知道价格过去的表现可以帮助我们预测它接下来可能会去向何方。

本章作者：托尼

这是一种令人愉悦的感觉。

重点提示：技术分析认为，一家公司的所有基本面信息都会反映在其股票价格的行为当中。

“托尼，等一等，”此时你或许会眨着眼说道，“我是很聪明，但是学习‘技术分析’？这不是那些有很多时间的讨厌鬼做的事情吗？”

未必。解读价格图表并不像听上去那么困难。如果解读价格图表听起来很吓人，那么试试回答以下问题：你能看着绘制在白色背景上的黑色线条的图表，判断黑色线条是在上升还是下降吗？当然能。所以，你能够解读价格图表。

价格图表很棒的一点就是：哪怕只是能够部分透彻地解读价格图表（黑色线条是在上升还是下降?），你也能够获得大量的赢利，以及节省下大量的资金。你在本章当中所学到的东西将使你与绝大多数投资者截然不同，他们会在对市场的内部运作没有充分了解的情况下进行买卖，而你则会了解市场，评估市场状况，这就是本书赢利大师法的第二把钥匙，也是你使用指标解读市场不可分割的一部分。

一般来说，参与金融市场有两种人：交易者和投资者，他们参与市场都是为了获利，其区别在于他们用来获利的期限：交易者想要在几分钟到几个月不等的时间内获利，他们希望在“时机好入市”，在股票或市场表现得不好时跳出市场。相反，投资者则打算连续几年，有时甚至是几十年，一直持有其股票头寸（记住我们在前一章讨论过的麦当劳的例子）。

好，现在回到交易者身上。没错，市场上的确存在一些赢利十分可观的短线交易者，但你不会在新闻媒体上看到他们的名字。他们不会在媒体上曝光，他们的策略也不会向他人透露。那些把交易期限限定在几分钟到几天不等的交易者，没有时间仔细看完许多页的公司基本面信息，他们需要的是准确的信息，并且是快速地使用。

这表示，这样的交易者不是阅读多少页的文字（公司基本面信息），而是查看股票的价格图表。他们会评估股价过去的表现，或许会评估股价当年的路径，以及股价目前的表现。从去年这个月到目前，股价是否上涨？如果上涨了，是否按照有序模式上涨？它目前正在上涨还是下跌？交易者认为，他/她所需要知道的一切信息都反映在了股票的价格行为当中。正如华尔街上的一句老话："价格就是真理。"

重点提示：价格图表在大屏幕上向我们展示了人类的情绪。乐观、贪婪、兴奋、焦虑、恐惧和彻底的恐慌——全部都会显示在一只股票或指数的价格图表上。

现在我们回到投资者身上。一般来说，投资者都会查看一家公司的基本面信息，这是股票经纪人多年以来的操作方式。他们告诉我们："如果一家公司的基本面很好，其股票就会在经历时好时坏的市场之后存活下来，甚至是大幅上涨。"或许的确如此，或许并非如此。

我们已经了解到，发达国家的经济按照牛熊市周期循环运行。扩张性和紧缩性的市场都会对股价产生影响，即使公司基本面很好，股价仍然可能会急剧下跌，这取决于经济下滑的严重程度。那些已经连续数月参与市场的人知道，在严重的市场衰退时期，即使是表现最好的市场参与者也会被甩出市场。然而，有了我们的风险管理策略，你就不必再成为那些心力交瘁的人，在市场衰退时期眼看着自己投资组合的价值下跌30%～50%。

除此之外，如果经济报道正使你感到不安，你希望了解股市对这些报道做何反应，那么此时拿出一张标准普尔500指数或道琼斯工业平均指数的价格图表，来解读市场的情绪和行为方式不是正好吗？这样你就可以做出与你的投资期限和风险参数相一致的明智决定。

让我这么说吧，在购买股票之前，详细考察目标公司的收益状况是十分明智而必要的。此外，在已经证实该公司的基本面良好之后，我们还建议你花几分钟的时间来查看该股票的价格图表，它将向你表明该股票目前是否正处于一种有利的买入环境当中。

我们认为，当你把自己辛苦挣来的钱砸向某一股票头寸时，最好利用基本面和技术面的优势，促使你最有可能获得潜在的高额赢利。因为此时你所做出的买入、卖出或继续持仓的决定，是基于可获得最明智、最全面的信息。

在开始查看图表之前，我们先来简单讨论一下在任何特定的时间，任何一种金融资产最重要的组成部分——价格。

一、价格：宇宙世界的主宰

想象有一条像龙卷风一样的能量隧道在空中旋转，在隧道的顶部，全球的地缘政治事件、经济状况、供需力量和利率迅速地旋转，它们成漏斗型转入隧道的中心，形成了行业趋势、收益与投资者心理，随后漩涡收紧，盘旋着向下，直到所有的要素都汇聚成一个点：价格。

重点提示：在华尔街，个人交易者和投资者被称为“傻钱”。一般来说，“傻钱”都会在市场顶部买入，底部卖出。而拥有大量研究和信息分析的金融机构则被称为“智钱”。尽管这种定义可能是准确的，你也不要感到受伤。只要花费一点儿精力，做一点儿功课，我们也可以像“智钱”一样聪明。

价格是某一事物在某一特定时刻大家都认同的价值，它是一种共识。价格代表的是买卖双方目前都接受的一种对价值的看法。

正如我们之前所提到的，股市是一种前瞻性的市场，作为投资者，我们根据自己对公司未来可能的发展状况来买卖股票。

或许你一直持有博西银行的股票，并且已经在该股票上获得了可观的赢利，然而，现在你听说该银行正在走向一个不稳定季度，因此，你打算兑现博西银行股票目前的赢利，寻找更好的股票。

相反，此时我则已经观察博西银行一段时间，认为其收益将会增长，股票将会走高。

在股市以外的世界中，只要买卖双方达成一致，卖方通常都会收到与该商品价值对等的资金。在金融市场上亦是如此，当我在向你购买股票时，将向你支付由博西银行的基本面信息和其账面价值确定的金额。

但投资并非如此。不管我们说的是一件艺术品、一部高级轿车、一套珍贵邮票，还是一只股票，我们买入时都期望自己能够做出明智的选择，以便我们的投资标的会升值。

这表示，如果我从你手中买入博西银行的股票，我将以高于其基本面和账面价值（账面价值＝支付所有债务之后所剩下的普通股的价值）的价格买入，即溢价买入（假如博西银行的收益为负，基本面也令人望而却步，那么该股目前的交易价格或许会在其基本面价值的基础上打折。如果是这样的话，我就不会想要这只股票）。

重点提示：金融领域的破产可以引起股市重挫，它导致的经济低迷所持续的时间要长于其他领域（例如科技领域）的破产所导致的经济低迷。这是因为金融机构代表的是一个国家经济健康的“心脏”。

由基本面所确定的一只股票的实际价格，与投资参与者预期它未来将出现的价格之间的差异就引起了价格波动。市场参与者对未来价值预期的贪婪和恐惧程度驱使股价走高或走低。

二、如何绘制简单的折线图

在查看报纸、书籍和其他媒体上的股票价格图表时，你会注意到，这些图表上的历史价格走势以三种基本的图表样式体现：折线图、竹线图和蜡烛图（其他样式包括点状图、即时图以及其他样式的图表，我们将另外找时间学习）。

以下带有“*X*”“*Y*”坐标轴的坐标图，适合刚刚接触价格图表的市场参与者。

在图 5.1 当中，“*X*”坐标轴（就像阅读这句话一样，从左到右看）表示时间（日、月、年），通常都是延伸于图表的底部。

“*Y*”坐标轴表示价格走势和成交量，它们在纵轴上上下移动。

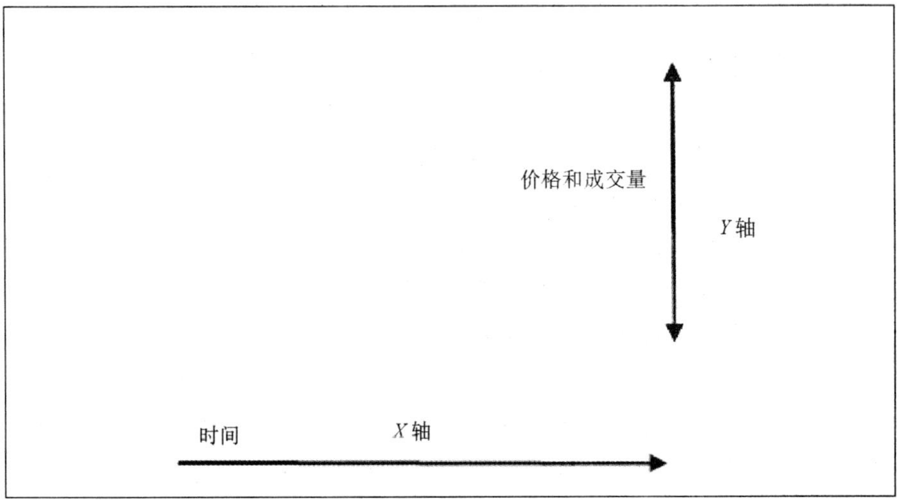

图 5.1 价格图表，基本的 *X*—*Y* 坐标图

折线图是最容易解读的图表。在绘制一只股票（或其他金融资产）的日价格折线图时，我们记录的是该股每天的收盘价（在美国，股票的收盘价指的是股票交易所每个工作日于东部时间下午 4：00 关闭时所记录的最后一笔交易的成交价）。

如果我们正在像计算机和制图软件出现以前的技术分析师们一样绘制价格图表，我们就要拿出笔，在纸质的价格图表上描出一个点，用来表示该股每个交易日所发布的收盘价。然后，我们把这些点连成一条线，最终的这条线会显示出价格是在走高还是走低。

下面的两张图（图 5.2 和图 5.3）分别是通用电气和迪斯尼的日折线图。

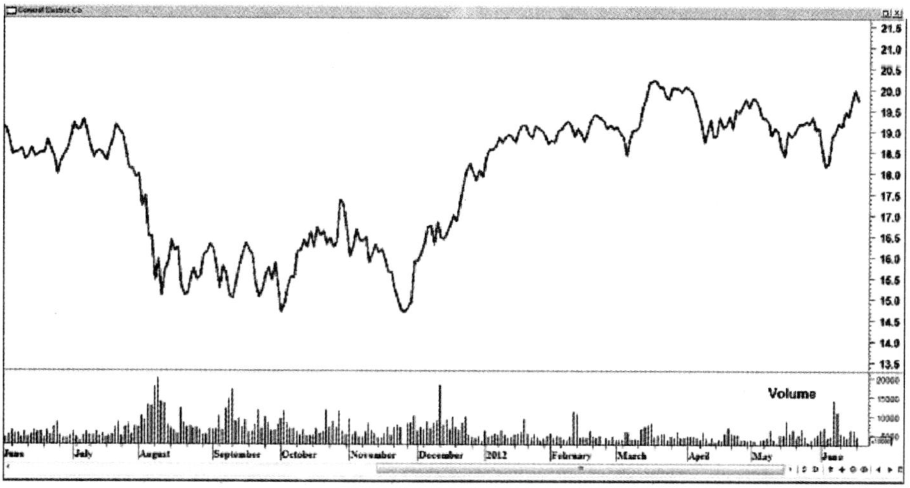

图 5.2　通用电气 1 年期日折线图

你所看到的这张价格折线图连接的是该股的每日收盘价。注意图表最右侧那一列所列出的价格，它们给出的是折线图的参照价。在价格的下方，你可以看到成交量线，它记录的是每日成交量。成交量的下方显示的是成交量出现的月份和日期（时间）。

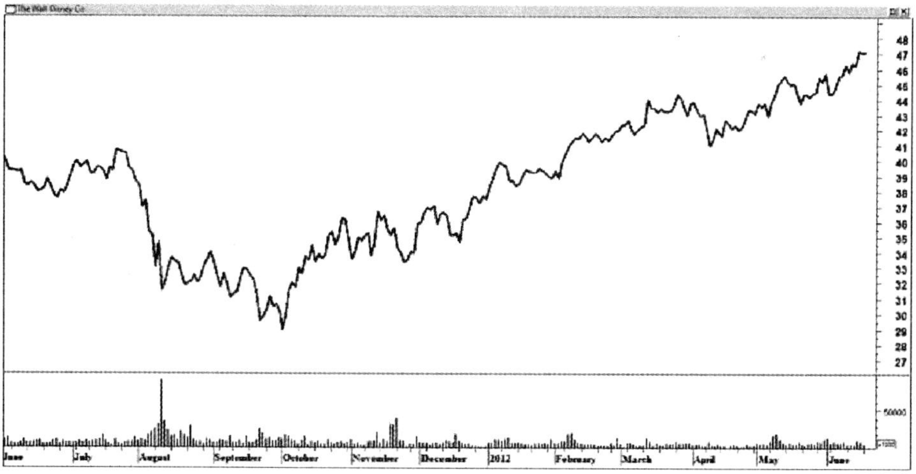

图 5.3　迪斯尼的日折线图

注意，自图中所示年份的 10 月份到次年 6 月份，该股的价格从大约每股 29 美元的低点上涨到了每股 47 美元。对这只道琼斯成分股来说，是十分可观的赢利。

你可以看到这两只股票的价格是如何随着时间变化的。在牛市及公司前景乐观期间，股价欢快地走高。当看涨者和看跌者基本上以同样的速度买入卖出时，股价便小幅震荡。在市场紧张或公司不安时期，股价则会急剧下跌。

周折线图则是连接每周五的收盘价（即市场玩家们所熟知的“周收盘价”）而成。

重点提示：在金融市场上，“收盘价”十分重要。不管你参考的是日收盘价、周收盘价（星期五收盘价）还是月收盘价，这一特殊的价格都会向我们透露许多关于市场情绪和行为方式的信息。想象一下：收盘价＝股票的当日最终价。如果投资者对于一只股票未来价值的预期下降，他们就会在当日/周/月/季度收盘之前卖出手中的股票。

图 5.4 和 5.5 分别是通用电气和迪斯尼的周折线图。通过连接每周一个价格（星期五的收盘价），我们可以查看更长时间内的价格走势（较少的收盘价占据较少的空间）。

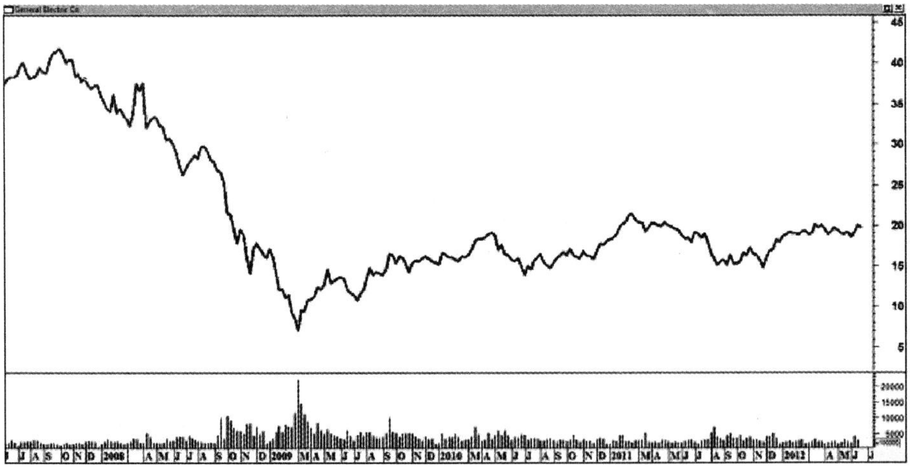

图 5.4　通用电气周折线图

现在你可以在图表上看到 5 年内的价格走势，而不是 1 年内的价格数据，这使你能够更多地了解通用电气的历史价格。

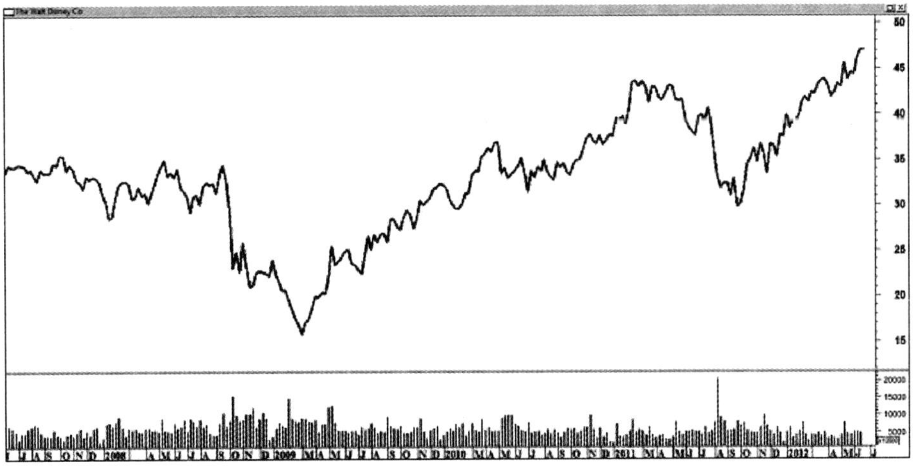

图 5.5　迪斯尼周折线图

看一看上面一张通用电气同一时期的图表，然后再看一看迪斯尼与通用电气在价格强弱上的差别。尽管通用电气于 2009 年成功地从其熊市低点反弹，并且于 2012 年反弹了 1 倍以上，但迪斯尼从 2009 年的低点反转之后到目前的高点，却上涨了 200%以上。

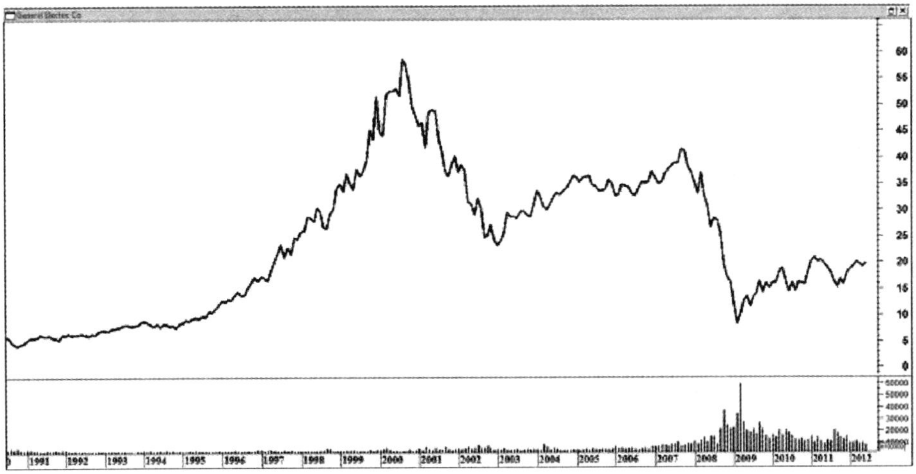

图 5.6　通用电气月折线图

这是一张耐人寻味的图表。这家庞大的跨国公司的股价先是从 1991 年的 4.60 美元上涨到了 2000 年的 60.50 美元。随后与绝大多数股票一起，在 2000—2002 年的熊市当中吐回了巨额涨幅。接下来在一直持续到了 2007 年的牛市当中再次表现强劲，然后于 2008 年再次大跌。2009 年后，我们又看到了我们在之前在周折线和日折线图上所看到的价格走势压缩图。

月折线图连接的是一只股票每月最后一个交易日的收盘价。图5.6和5.7显示的是分别是通用电气和迪斯尼的月折线图上的价格运动。

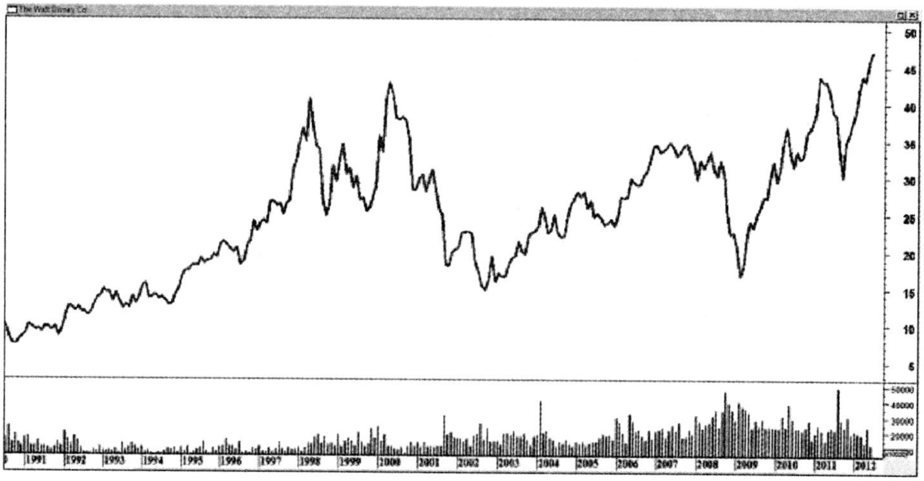

图 5.7　迪斯尼 1991—2012 年月折线图

注意迪斯尼的价格走势和成交量与前一张图表中通用电气的价格走势和成交量有何不同？尽管迪斯尼与通用电气分享了同样的牛市，经受了同样的熊市，但你可以看到这只媒体娱乐股在市场情绪和行为方式方面的表现有何不同。每一只股票的交易状况各不相同，都有它自己的“个性”。你查看的价格图表越多，你就越会认识到不同股票不同的“个性特点”。

季度折线图连接的是每个季度的收盘价，年度折线图连接的则是每年最后一个交易日的收盘价。

重点提示：对于那些股市新手来说，以下关于季度的内容是你需要了解的。在商业和金融领域，每年有4个季度，一年有12个月，每个季度就包括3个月。第一季度，即“Q1”，从1月1日持续到3月31日；第二季度，即“Q2”，从4月1日持续到6月30日；第三季度，即“Q3”，从7月1日持续到9月30日；第四季度，即最后一个季度“Q4”，从10月1日持续到12月31日。

在图5.8和图5.9中，你将分别看到通用电气在季度折线图和年度折线图上的价格走势。

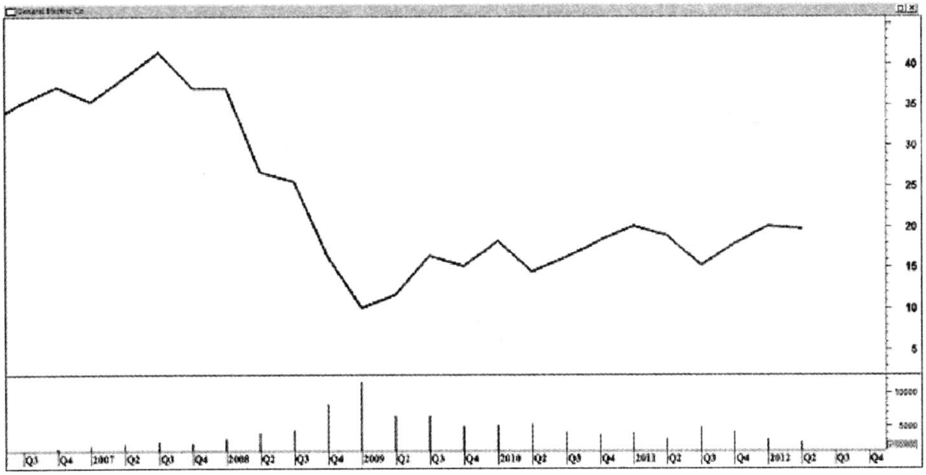

图 5.8　通用电气 2006 年第三季度至 2012 年第一季度的季度折线图

图解：该时间跨度内显示了通用电气从一个季度到下一个季度的价格走势。图中显示的是从 2006 年第三季度最后一天（9 月 30 日）至 2012 年第一季度最后一天（3 月 31 日）的价格（收盘价）。

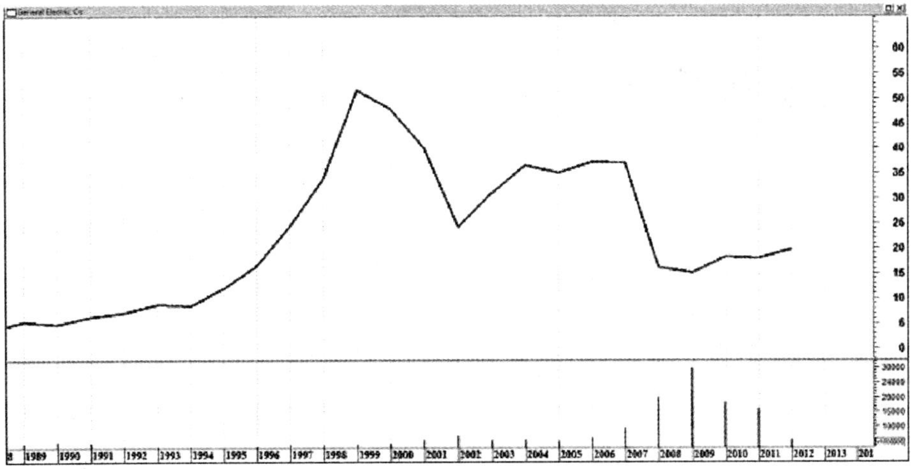

图 5.9　通用电气 1989 年至今的年度折线图

比较年度折线图与季度折线图，你会发现时间周期的重复。尽管对投资者来说，能够解读“时间跨度较大的图表”是一种优势，但只要能够解读一只股票 20 世纪 90 年代或 2000 年至今的价格表现，你就有了足够的信息来分析它目前的强弱。

为达到我们在本书中的目的，我们主要将使用日、周、月折线图，这些是最容易运用到制图程序和制图软件中的时间周期。此外，这些图表已经可以向我们表明一只股票的价格走势了。

三、竹线图快速入门

在本书中，戈登和我将使用折线图（刚刚已经讨论过）和日本

图 5.10　技术分析师们在竹线图上所使用的价格线

每一根价格线可能代表一只股票一天、一周、一个月、一个季度或一年（或我们所使用的任何一种价格周期）的价格走势。垂直线总是代表股票这一时间周期内在高低点之间的价格运动。价格线左边的水平线代表股票的开盘价，价格线右边的水平线代表股票的收盘价。在第一个例子中（左边），我们可以看到，该股（或我们所使用的任何一个时间周期）开盘于 19.25 美元，在该交易日内的某个时间，该股下跌到了最低价——或者说低点 19 美元，最高价 20 美元。该股当天收盘于 19.65 美元，高于开盘价 19.25 美元。在第二个例子中，我们注意到，该股当天开盘于 19.80 美元，随后价格下跌到了低点 19 美元，上涨到了高点 20 美元。然后，该股当日低收（即收盘价低于开盘价）于 19.20 美元，导致当日出现了损失。

蜡烛图（下一步将进行讨论）。此外，我也不能忽略被称作“竹线图”的经典价格图。在蜡烛图取代绝大部分的竹线图之前，竹线图是技术分析师们所使用的标准度量图。你可能会不时看见竹线图，此时你会希望知道如何解读这样的图表。

图 5.10 显示了竹线图上的线是如何绘制的。垂直线代表的是股票一天（日竹线图）、一周（周竹线图）、一月（月竹线图）等等的价格走势。查看图表下方的说明，了解竹线图的含义。

图 5.11 是通用电气的一张日竹线图，注意竹线图看起来与折线图有何不同。

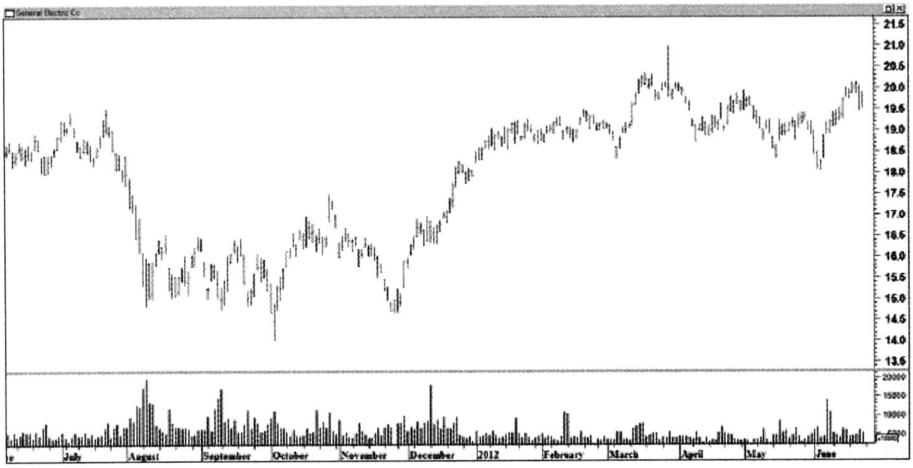

图 5.11　通用电气日竹线图

每一根价格线都显示了“HLOC”，即我们在市场上所说的每天的高点、低点、开盘价、收盘价。

接下来我们来讨论蜡烛图。蜡烛图可以帮助我们更加清晰地查看价格表现，推测其他市场参与者们的想法。

四、蜡烛图如何在图表里大放异彩

尽管折线图对一只指数或股票的历史价格进行了直观且容易解

读的描述，竹线图传递出了指数或股票的基本信息，但日本蜡烛图却为价格走势增添了更多引人关注的细节。只要你知道了解读蜡烛图的基本要素，蜡烛图也是很容易解读的（当然，如果你已经知道如何解读蜡烛图，就可以跳过这一部分内容）。

日本蜡烛图要追溯到早期的大米交易商，那是在 10 世纪的日本。我们要感谢我的好朋友，市场专家和教育家史蒂夫·尼森，是他把古老的日本蜡烛图书籍翻译成了西方的语言，并因此把这种令人着迷的图表技术引入了西方。史蒂夫喜欢说，蜡烛图帮助照亮了我们通往成功交易与投资的道路。我们将在本书中介绍蜡烛图的基本要素，如果你想更进一步的了解信息和学习工具，请登录网站 candlecharts. com。

如果解读准确，蜡烛图可以发出对我们投资者极其有益的信号。

● 基本的蜡烛图可以揭示市场的“情绪和行为方式”，表明市场是乐观的还是悲观的。

● 蜡烛图可以发出早期的价格反转警告信号。例如，一只股票的价格即将从下降趋势反转为上升趋势（我们将在之后的一个章节中学习趋势）。你将在随后的图表中看到这样的例子。

● 最后，我们解读蜡烛图的能力可以帮助我们管理风险。例如，在价格出现了一轮长期的上涨之后，如果我们看到一根长长的黑色实体的蜡烛线，该信号可能是在提醒我们价格正在走弱。尽管我们可能会，也可能不会因此而兑现赢利，但是知道自己可以获得信号，警告我们价格即将出现反转，是一件很美妙的事情。正如我们所知，管理风险对于成功投资来说至关重要。

五、如何绘制蜡烛图

一根蜡烛图，或者说“蜡烛线”——单独的一根蜡烛图有时被称作“蜡烛线”，只是一根价格线——“被美化”的价格线，我们把这根线的开盘价和收盘价之间的范围填充成一个长方形，就把一根价格线变成了一根蜡烛线。这个长方形被称为“实体”。当蜡烛线的最低价从实体向下延伸，或最高价从实体向上延伸时，我们用一根延伸线来表示，该延伸线被称为“影线”。图 5.12 显示了蜡烛图是如何由竹线图上的最高价、最低价、开盘价和收盘价形成的。

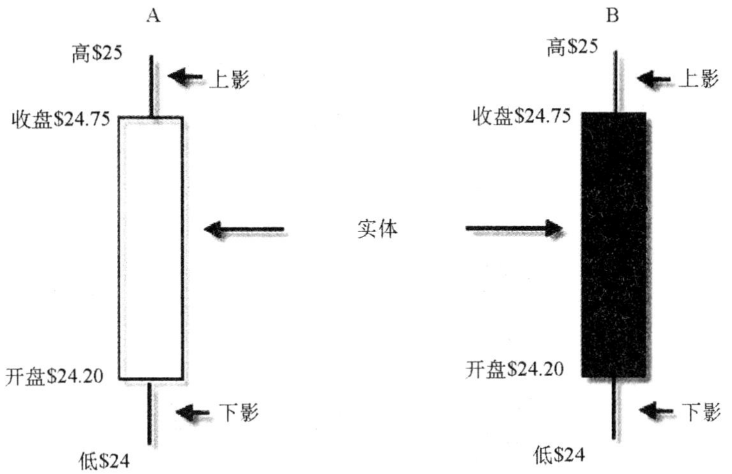

图 5.12　两根带有最高价、最低价、开盘价和收盘价的蜡烛线的例子

如图所示，蜡烛线“A”的收盘价高于开盘价，因此实体是透明的，或者说白色的。蜡烛线“B”的收盘价低于开盘价，因此实体是黑色的。或者，一些网络经纪人或制图软件把白色的或坚挺的蜡烛线绘制成绿色，把黑色的或疲软的蜡烛线绘制成红色。

请注意，当蜡烛线的收盘价高于开盘价时，我们就把实体绘制成透明色或白色；当蜡烛线的收盘价低于开盘价时，我们就把实体绘制成黑色。用蜡烛图代替竹线图还有一个好处：如果你跟我一样，40 岁出头，那么黑白色的蜡烛线可以让价格趋势更加清晰可见。

接下来我们看几种基本的，但十分有用的蜡烛线形态，它们可以帮助你预测市场目前的“想法”。尽管存在着许多种蜡烛线形态有待我们研究（你可以在网站 candlecharts.com 上发现这些形态），但是这里我们只讨论图表上最常见的蜡烛线形态。

长长的白色实体的蜡烛线：实体的开盘价等于或接近当日的最低价，收盘价等于或接近当日的最高价。在这段时间内，投资者看涨这只股票。

长长的黑色实体的蜡烛线：实体的开盘价等于或接近蜡烛线的顶部（当日的最高价），收盘价等于或接近蜡烛线的底部（当日的最低价）。此时我们便知道投资者看跌这只股票，正在卖出。

（影线）或长或短的白色实体或黑色实体的蜡烛线：整根蜡烛线的开盘价等于或接近于收盘价，表明买卖双方处于胶着状态，尤其当蜡烛线的上影线和下影线都很长时更是如此。

图 5.13 展示的是我们刚刚所讨论的基本的蜡烛线形态。

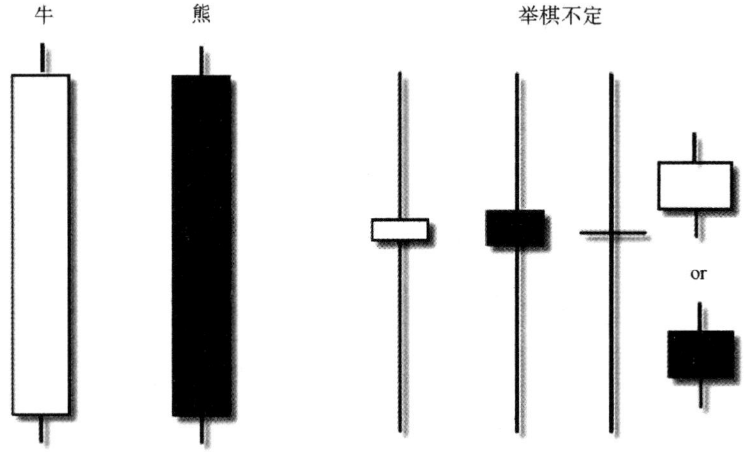

图 5.13　基本的蜡烛线形态和它们所发出的信号

左边第一根蜡烛线表明行情坚挺——大量买方推动价格上涨，促使蜡烛线的收盘价接近其最高价。然而，第二根蜡烛线却表明熊方正在大规模出动，促使蜡烛线的收盘价接近其最低价。接下来的三根蜡烛线表明市场参与者们正举棋不定，牛熊双方谁也不能战胜谁，使得收盘价无法接近于最低价，也无法接近最高价。最右边的两根短短的蜡烛线表明价格区间狭窄，再次向我们表明牛熊双方都无力促使价格运动到更高的高点或更低的低点。

接下来我们分别看一看以日、周、月为时间跨度的蜡烛图。

图表的时间间隔：顺便提一下，请记住，不管我们是在讨论竹线图还是蜡烛图，“日”竹线图（“日”蜡烛图）上单独的一根线（蜡烛线）展示的都是每一个交易日的交易情况。

在周蜡烛图上，一根蜡烛线代表的是形成一周的 5 天之内的价格的集合。这表示，周蜡烛图由这 5 天的最高价、最低价、周一的开盘价和周五的收盘价形成。

在月蜡烛图上， 根蜡烛线代表 个月的价格走势的各数值。因此，蜡烛线上的最高价指的是一个月的最高价，最低价指的是一个月的最低价，开盘价指的是一个月的第一个交易日的开盘价，收盘价指的是一个月的最后一个交易日的收盘价。

图 5.14 是微软公司（MSFT）的一张日蜡烛图。你可以从中看到长长的白色实体的蜡烛线（大量的买盘，或者说需求）是如何推动价格走高的。在接近图表最右边的地方，你可以看到更多黑色实体的蜡烛线（收盘价低于开盘价表明了卖盘的出现）的出现是如何驱使这个软件巨头走低的。

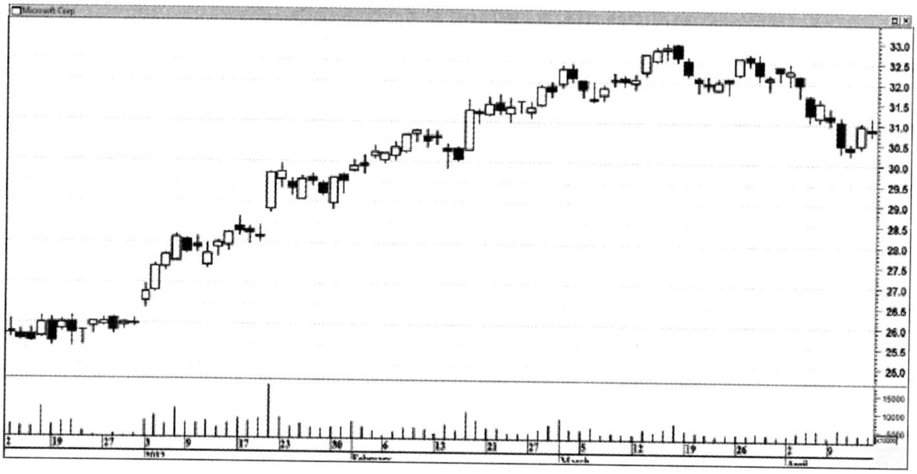

图 5.14　微软公司时间跨度大约为 4 个月的日蜡烛图

注意，一根蜡烛线代表一个交易日。还要注意长长的、透明的（或者说白色的）蜡烛线是如何推动微软公司的股价从 25 美元左右（图表的左边）的水平一路上涨到了 33 美元（3 月中旬）。之后价格又开始表现疲软，更多疲软的或者说黑色的蜡烛线开始出现。当我们发现蜡烛线上的收盘价等于当天的最低价时，我们就意识到“软件先生”（交易者们对微软公司的别称）的价格需要休整了。

图 5.15 是洛斯公司（LOW）的一张周蜡烛图。同样地，你将注意到白色的蜡烛线（收盘价高于开盘价）推动价格走高，黑色的

蜡烛线驱使价格走低。

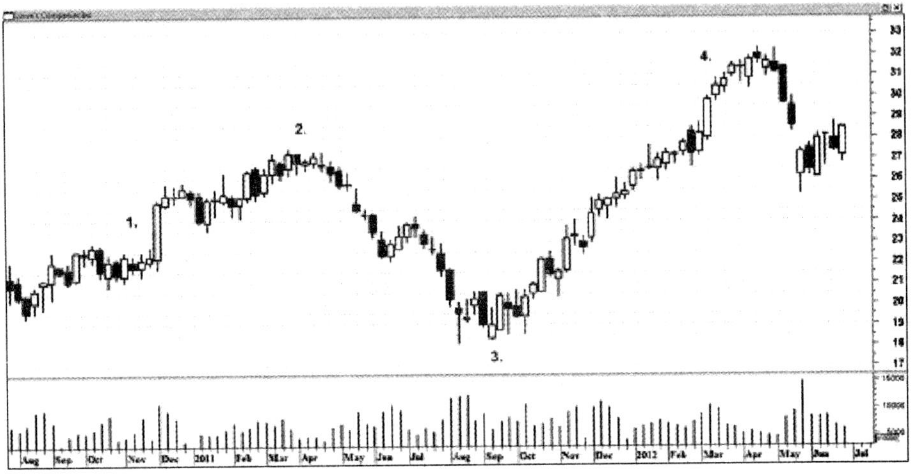

图 5.15　洛斯公司（LOW）时间跨度大约为 2 年的周蜡烛图

1. 从图表的左边看起，你可以清晰地看到这家家居装饰连锁公司是如何挣扎着从 8 月份逐步走高到次年 4 月份的。在此期间，黑白蜡烛线交替出现。注意 12 月份出现的长长的白色蜡烛线，这蜡烛线表明了强烈的看涨，帮助推动洛斯公司上涨到了更高的价格。2. 注意此处的蜡烛线是如何变“短”的，即价格区间收窄，表明市场参与者们对洛斯公司感到更加的举棋不定。随后，价格下跌。3. 在 8 月，我们看到了不断向下的黑色蜡烛线，这是一个看跌信号。8 月末，在这轮下跌的底部，我们看到了最后一根长长的、看跌的黑色蜡烛线。当空头们无法再推动价格继续走低时，蜡烛线便开始反转；9 月，出现了看涨的白色蜡烛线，多头们占据优势，长长的白色蜡烛线促使洛斯公司从下降趋势反转为上升趋势。4. 注意由大量强劲的白色蜡烛线推动的上升趋势。洛斯公司从夏天的 18 美元的低点上涨到了次年春天的高点 32 美元，涨幅接近 70%。然而，当我们看到长长的黑色蜡烛线于 5 月份出现时，我们就知道洛斯公司的价格狂欢结束了，至少暂时结束了。

图 5.16 是道琼斯成分股国际商用机器公司（IBM）的一张月蜡烛图。图中你可以清晰看见白色的或者说透明的月蜡烛线是如何推动 IBM 公司的股价走高的，而黑色的或者说看跌的蜡烛线又是如何驱使 IBM 走低的，尤其是在 2008 年经济衰退的熊市期间。

总结：尤其是在月蜡烛图上，只要绝大多数蜡烛线都是透明的，或者说白色的，且价格持续走高，说明大部分人正在获利。但是，当一根长长的黑色蜡烛线出现，促使价格下一个月开始下跌时，你或许就应当评估自己的风险，开始更加密切地监视价格运动，以及

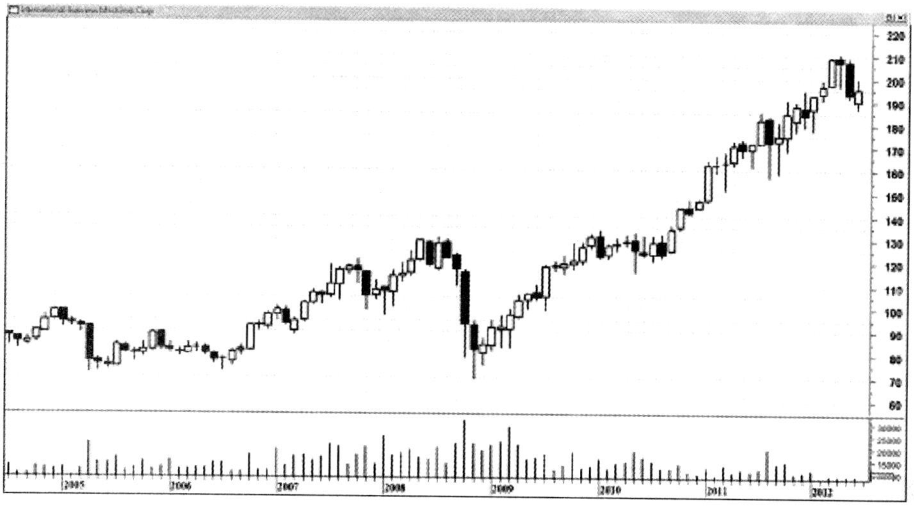

图 5.16　IBM 公司始于 2005 年的月蜡烛图

你可以清晰地看到这个科技巨头是如何先步履蹒跚地进入 2007 年，然后上涨到 130 美元附近的各个高点的。注意这些高点处出现的黑白相间的蜡烛图，表明了交易者的困惑与举棋不定。市场对举棋不定没有耐心，因此（紧接着雷曼兄弟的破产）出现了长长的黑色蜡烛线，IBM 公司 2008 年与市场一起急剧下跌。接下来注意 2008 年至 2009 年初的急剧下跌期间出现的最后两根黑色蜡烛线，它们有长长的下影线。这两根下影线向我们表明，买盘即将出现。之后的 2009 年 3 月，第一根短短的白色蜡烛线出现了，促使下降趋势反转成了上升趋势。自 3 月份开始，IBM 公司从 70 美元附近的各个低点上涨到了最近的 210 美元附近的各个高点，3 年之内为那些早期介入该股的投资者们提供了 200%以上的赢利。

调整自己的计划，以确保自己的赢利不受影响。

研究这三张图表（图 5.14、图 5.15 和图 5.16）之后，你将更加擅于识别蜡烛图所发出的信号，这一技能将帮助你成为一名更加成功的投资者。

重点提示：一张图表的时间间隔越大，它所发出的信号越强烈。换言之，月蜡烛图上的信号（例如长长的黑色蜡烛线）比周蜡烛图上的信号更强有力。周蜡烛图上的信号比日蜡烛图上的信号更具影响力。

六、你最好的获利之友——趋势

在之前的章节中，我们讨论了股市周期循环这一主题，以及我们如何在图表上发现它们的循环模式。接下来，让我们装上马鞍，骑着这些周期，奔向令人兴奋的赢利。

查看图 5.17 时，你将会看见一种周期形态。但是，这一次我们为这一周期的各个阶段，贴上了标签，对它们进行区分：1. 筑底或吸筹阶段；2. 上升趋势或上涨阶段；3. 顶部反转或派发阶段；4. 下降趋势或下跌阶段。下降趋势或下跌阶段一完成，该周期便会重新开始。

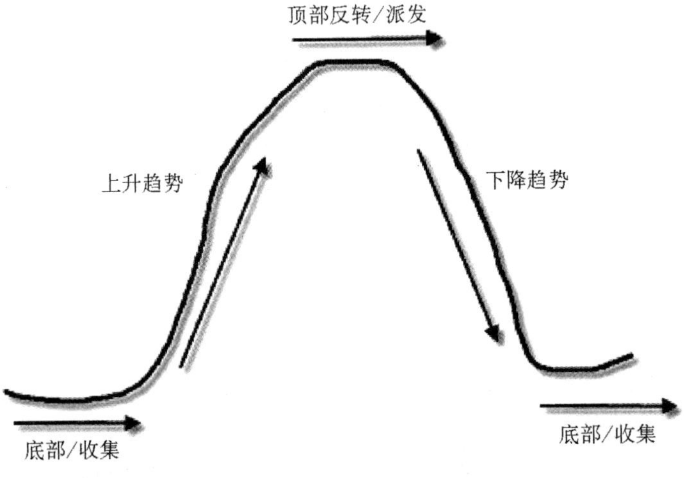

图 5.17　股价的周期形态

这张图显示了一个理想化的价格周期。当然，股价及其趋势不总是严格按照相同的规则有序运行。但是，只要利用这一形态，进行足够多的练习，你就可以学会如何识别各种时间间隔图表上的筑底、上升趋势、顶部反转和下降趋势。趋势识别是聪明的投资者可利用的一种极好的知识工具。

以下你需要了解的关于周期每一个阶段的内容：

● 筑底或吸筹阶段：在之前的章节中，经济与商业周期的图表将这一阶段的周期标为“波谷”。如果我们当时查看的是道琼斯工业平均指数或标准普尔 500 指数的图表，并且发现波谷很深，这很可能表明衰退即将到达底部。如果我们当时查看的是一只股票的波谷，我们就知道许多因素都可能会导致价格继续下跌到更低的低点，或许甚至会下跌到几年前的低点。此时或许是经济收缩（例如失业、生产放慢、就业放缓），也或许不是股价下跌的影响因素。然后，我们就要考虑行业挑战，例如需求不足（油价下跌或房屋价值下降）。最后，一家公司还可能会由于管理不善、缺乏创新或十分糟糕的局面，例如“会计违规”而遭遇基本面恶化。如果该公司经受住了挑战，其股价就会开始“筑底”。这表示价格会横向波动，或者说在一个相对狭小的区间内上下波动。价格区间越狭小、越有序，价格向上突破时，上涨空间越大。在筑底阶段，多头正在买进，空头正在卖出。而由于他们买卖的步调一致，因此价格以一种步履蹒跚的方式横向波动。在筑底阶段（价格可能会横向波动几周，甚至几个月）的某一时刻，如果投资者发现该公司的基本面和前景得到改善，多头们或许就会开始买入更多的股票。投资者的预期取决于这样一种假设：如果此时买入，他们是在以一个很便宜的价格买入。他们期望股价未来会上涨，该股的价值会增加。如果这只股票大幅上扬，那太好了！他们发财了（当然，除非该股价格跳水。一般来说，我可能会等到该股向上突破 12 月移动平均线再买入，以免因过早买入而焦虑不安）！

● 上升趋势或上涨：在图表上，趋势上升指的是价格形成一系列越来越高的低点和高点。请记住这一定义。把它写在一张便利贴上，放在你能看到的地方。为什么呢？因为作为成功的投资者，上升趋势是我们的重要战场。上升趋势呈现的是你我都想投资的机遇之地！上升趋势或者说上涨代表的是一轮价格周期的第二阶段。如果有足够多的买方在筑底阶段买入了足够多的股票，卖方就会开始要求越来越高的价格。结果呢？该股价格上涨，趋势上升。只要价格在图表上持续地创出越来越高的高点和低点，该股价格“被抬高”，卖方就可以要求更高的价格。

重点提示：股市不喜欢波动和不确定性，正如人们会逃到室内躲避暴风雨一样。当牛熊双方的意见不一致且太过激烈时，投资者就会卖出手中的股票，逃往更安全的投资品种，如债券。

● 顶部反转或派发：我们假设最近 2 年奇异无线电公司（Whizzy Wireless）的股价已经上涨 2 倍。它已经在一轮上升趋势中从每股 10 美元的底部价格上涨到了每股 30 美元。目前，该股正在横向波动，正在其最高价位上摇摆不定。无论是由于经济环境过热，行业衰退，还是由于投资者认为奇异无线电公司的股价和基本面估值已经过高，其结果都是买方已经停止狂热地买进。一段时间之后，股价开始下滑，此时看好该股而没有买进的人们开始介入，价格再次暴涨。同时，那些一直持有奇异无线电公司的惊慌失措的投资者在回调期间发现了另一次以更高价格卖出的机会，于是他们赶紧卖出，价格再次跳水。接下来由于牛熊双方的意见不一致（戈登在第四章当中讨论过这种牛熊双方的意见不一致，它会引起股价波动或宽幅摆动），奇异无线电公司的股价先是摆动到目前的高点，然后又下跌到前次波动的低点，波动幅度变得很大。此时可怜的奇异无线电公司很可能遭遇“反转”，即滑向下降趋势。股票经历的这种顶部反转形态（想一想价格顶部）——就像奇异无线电公司此时正在经历的一样，属于“派发”阶段。“智钱们”或者说机构投资者（他们推动市场运动）此时或许正在悄悄地卖出数百万股，以兑现赢利。这些职业投资者无意恋战，无意找出哪一方——牛方还是熊方——会赢得这场战争。他们会十分感谢你，并兑现自己 200%的赢利，然后去寻找其他机会。此时你要知道，如果你遵循我们在之后的章节中所介绍的策略，你的头寸或许就会在这一阶段“因止损指令被自动卖出”。你就会像那些“智钱们”一样，自动卖出手中的奇异无线电公司股并获利。这真的非常明智。

● 下降趋势或下跌：如果股票正在遭遇大量的派发，紧接着便开始陡直下跌，那么该股就进入了下跌阶段，或者说进入了下降趋势。图表上的下降趋势指的是价格形成了一系列越来越低的高点和低点。焦虑不安的卖方想要尽快出脱手中的股票，被迫以越来越低的价格卖出。一旦价格已经下跌到了投资者已经完全卖出的位置——用市场术语来说就是“卖盘已经耗尽”——股价便会开始横向波动（不停地上下窄幅波动），表明新的底部即将形成。之后另一轮周期循环便开始了……

能够解读简单的底部、上升趋势、顶部反转形态和下降趋势最大的好处之一就是，你可以通过查看“价格图表”来了解市场“正在想什么”。只要稍加练习，识别底部、上升趋势、顶部和下降趋势的能力就可以让你远远胜过一般投资者。此外，这一能力还可以帮助你做出明智的计划，管理自己的风险，以便将赢利最大化，损失最小化。

图 5.18 显示的是美国电话电报公司（T）史上所经历的一轮标

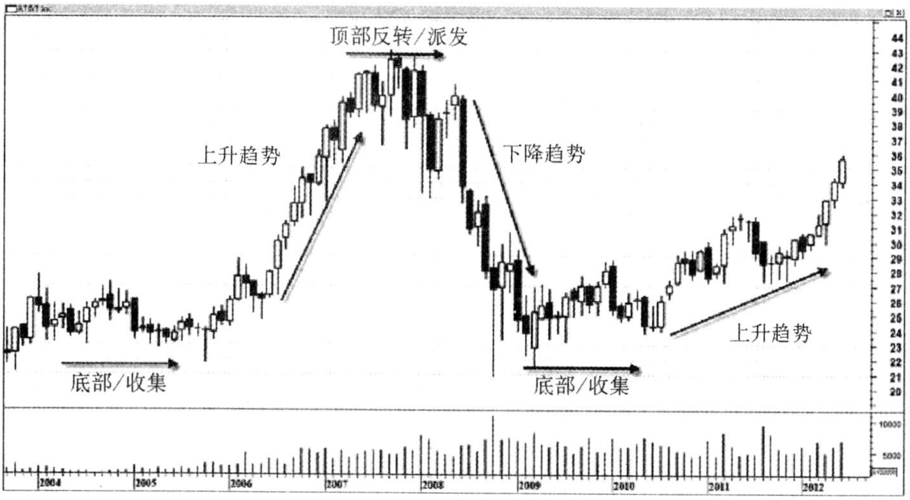

图 5.18　美国电话电报公司（T）的月蜡烛图及其 4 年的价格周期

毫无疑问，如图所示，先是大量强劲的白色蜡烛线促使这家电信巨头从 23 美元爬升到了 43 美元，然后是疲软的黑色蜡烛线影响了美国电话电报公司的股价，促使它回跌到了 31 美元。既然我们喜欢美满的结局，那么请注意，电话电报公司的股价下跌之后，本轮周期就算结束了。之后又形成了一个新的底部，该公司很快又开始了一轮新的行情，进入了另外一轮上升趋势，为投资者提供了另外一次获利机会。

准的周期。

接下来，让我们拿出显微镜，将视线转向周蜡烛图。图 5.19 显示的是美国电话电报公司的一轮上升趋势。在这轮趋势中，它的股价几乎翻倍（从 22 美元上涨到了 43 美元）。此时你可以更加详细地查看这轮上升趋势，你为什么要关心查看得是否详细呢？投资偏好和投资风格，这就是为什么。一些投资者一周查看一次自己的头寸，其他一些投资者则更喜欢查看月蜡烛图。在市场有可能出现颓势的时期，为了更加密切地注视市场的动向，那些通常喜欢查看月蜡烛图的投资者可能会想要查看周蜡烛图。

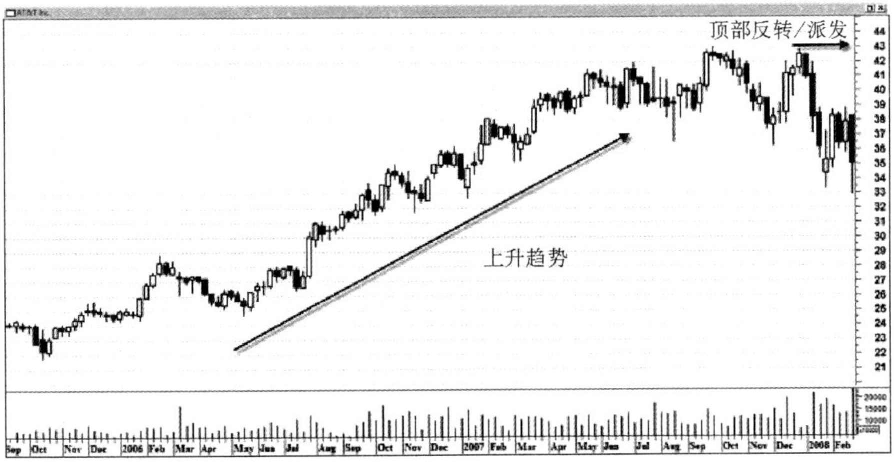

图 5.19　美国电话电报公司（T）价格走势周蜡烛图，对图 5.18 中的上升趋势的一个更加详细的展示

注意该股是如何一步一步地从图表最左边的各个低点（22 美元）爬升到了 43 美元附近的各个高点。到达高点后，价格便开始经历宽幅的摆动，出现长长的黑色蜡烛线。这些就是灾难即将来临的明确信号。

接下来在即将结束关于趋势的重要讨论之际，我们来看一看美国电话电报公司上升趋势中的某一段时间的日蜡烛图。每当我们将视线从较长的时间跨度转向较短的时间跨度，例如从年蜡烛图转向月蜡烛图，从月蜡烛图转向周蜡烛图，从周蜡烛图转向日蜡烛图，都像是在把时间跨度较大的图表放在显微镜下进行观察。

许多投资者极少参考日蜡烛图进行细节的观察。但是，既然我们已经谈到这个话题，你或许会想看一看图 5.20，该图表展示的是我们已经讨论过的美国电话电报公司完整的价格周期上升趋势的一部分，这一次是在日蜡烛图上进行展示。

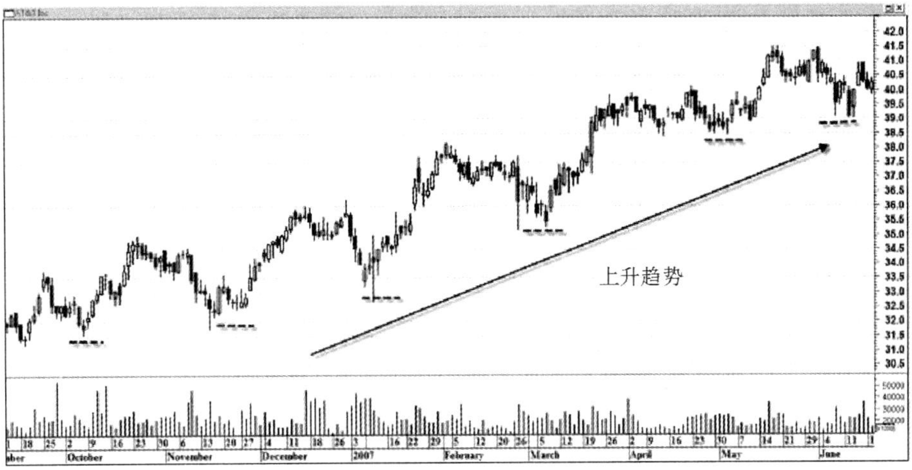

图 5.20　图 5.19 中所展示的美国电话电报公司上升趋势的一部分日蜡烛图

此时该趋势“处在显微镜”下。由于展示的是每一天的蜡烛线，因此图中的上升趋势展示了更多细节。此外还要注意，图中的价格就像一个登山者，尽管价格的确在不断走高，但它在登山期间，必须休整。我们把这些休整期称作“回调”或“回撤”。注意回调的低点（下方标注虚线的位置）是如何一次高过一次的。这符合了我们对上升趋势所进行的定义：高低点同时升高。只要我们手中的股票处在上升趋势中，我们就可以放心持有。

正如图 5.20 中所说明的，你可以在该图上看到美国电话电报公司的上升趋势是如何攀升到更高价格的，尽管它并不是直线上升。就像登山者一样，价格也必须在每一次攀爬之后进行“休整”。价格可以通过横向波动或者说“整固”来进行休整，或者也可以通过回撤前一轮上涨幅度的一小部分来进行休整。但是，为了继续保持其上升趋势，它必须继续攀升到更高的低点和高点。

重点提示：当价格在一轮上升趋势中攀升时，“低点升高”对我们投资者来说比“高点升高”更为重要。如果价格下跌到了比前一个低点更低的位置，这表示投资者并没有在买入该股，因为它下跌到了“大甩卖”的价格。这就是为什么“低点降低”，尤其是在月蜡烛图上，预示着是时候运用风险管理策略了。

七、移动平均线：信息量丰富的简单曲线

接下来我们将为图表增加几个简单的指标，以帮助我们做出更加有效与有利可图的决策。首先，我们来谈一谈我最喜欢的指标之一，移动平均线。戈登曾在第四章当中介绍过移动平均线，这里我们将更加详细地对它进行讨论。

移动平均线——正如我喜欢说的那样——就像是你最喜欢的长辈们。他们可靠而冷静，当我们向他们征求意见时，他们总是能为我们提供简单直接而有用的建议。在图表上，移动平均线是单独的一条指标线，连接的是指定时期内的收盘价的平均值。在图表上查看这些曲线与价格的相对位置，可以帮助我们判断自己的目标股票目前的“健康程度”。如果目标股票的价格正在移动平均线的上方，我们就可以说该股表现强势，通常都会走高。如果目标股票的价格正在移动平均线的下方艰难地前进，我们就可以推断该股表现弱势。最后，如果价格先是一直在某条（或某几条）移动平均线的上方摆动，之后却开始步履蹒跚，并跌破了该平均线（或这些平均线），我们就需要注意，此时我们可能需要进行风险管理了。

移动平均线所发出的信号容易解读，已经无数次地为我获利以及避免损失。一旦熟悉了这些均线，我想你也会认为它们是极好的决策支持工具。

移动平均线的定义：再次重申，移动平均线是单独的一条指标线。最终的平均线向我们展示的是股票在某一段时期内的平均价格。如果一只股票的价格正在移动平均线的上方，那么我们就知道它的价格正高于该均线上指定时期内的平均价格。此时我们就可以认为该股是“健康的”。然而，如果该股的价格正在该均线的下方，我们

就可以推断，该股的价格在该均线指定时期内的平均价格的基础上打了折扣。

如何计算移动平均数：用一只股票某一时间段内（例如 50 天）的收盘价相加的总和除以这一时间周期，便得到了一个移动平均数。如今，制图软件可以替我们计算出移动平均数。然而，如果我们打算像电脑制图软件出现以前的投资者一样，在纸质图表上手工计算移动平均数，那么在日竹线图表上计算 50 日移动平均数的方法如下：首先，我们将该股之前 50 天的收盘价相加；然后，我们用相加后的总和除以 50；这就得到了之前 50 天的平均价格。接下来我们在图表上今天所对应的位置上为该平均价格描出一个点（就像我们在本章之前的内容中画折线图所做的那样）。接下来的一天（即明天），我们要重复这样的计算：用（明天）之前的 50 天的收盘价相加总和除以 50，然后再在图表上为计算出的数字描出一个点。最后，我们把这些点连成一条线，便得到了我们想要的移动平均线。

重点提示： 移动平均线是一流的趋势线。总体来说，这类曲线为那些正在走高的健康股票提供的是一种向上的“支撑线”，但与此同时，它们也可以在表现不佳的股票走低的过程中充当“阻挡线”。只要你手中的股票正在一条向上的移动平均线的上方走高，你的头寸就是安全的。

八、你的移动平均线工具箱

如果你曾经使用过移动平均线，你可能会有自己偏爱的移动平均线。在本书当中，我们将在图表上选择性地绘制移动平均线。我们所选择的均线符合我们的投资策略和选择标准——简单而有效。

事实上，回到我们在本章开头用汽车所进行的比喻，我们可以想象自己正驾驶着新车在一条乡村公路上进行路测。我们知道，绝大多数情况下，我们是不能越过公路中间所画的中线的，只要始终在中线的右边行驶，我们就是安全的。如果行驶到了中线的左边，我们就可能引起交通事故。

同样，绝大多数情况下，只要我们手中的股票保持在我们所选定的移动平均线的“右方”（即上方），它们就是有需求，会吸引买方（前景乐观）。然而，如果它们偏离到了这些均线的下方，焦虑不安的卖方就会把股票抛售到市场上，导致价格下跌（前景黯淡）。

重点提示：许多时候一只股票的上升趋势都比下降趋势所持续的时间长。这是因为，牛市通常都比熊市所持续的时间长（谢天谢地！）。

图 5.21 是英特尔公司（INTC）的一张月蜡烛图，绘制在该价格图表中的是一条 12 月移动平均线，它是一条有效而通用的曲线，我们将把它运用到我们的进场—风险管理—离场体系中。

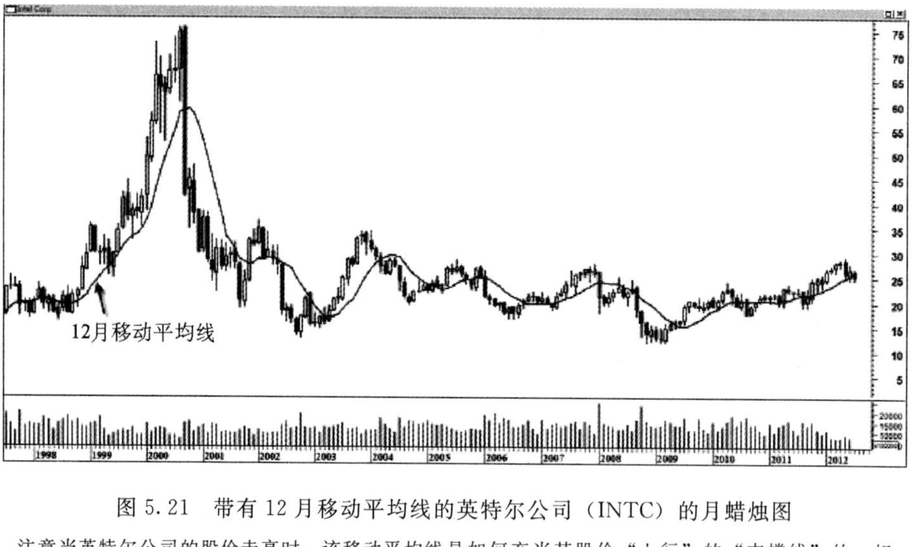

图 5.21　带有 12 月移动平均线的英特尔公司（INTC）的月蜡烛图

注意当英特尔公司的股价走高时，该移动平均线是如何充当其股价“上行”的“支撑线”的。相反，当英特尔公司走弱，跌破该移动平均线时，该均线又充当了“阻挡线”，直到该股重拾升势，再次向上突破该均线。

由于图 5.21 的时间跨度是 4 年，因此你可以看到在趋势上升的月份，该移动平均线是如何在价格的下方上升的，而在该股走低的月份，它又是如何成为价格下降趋势的压力的。我们最好停留在这条强大的移动平均线的上方。

图 5.22 是英特尔公司的一张周蜡烛图。该图表显示了 3 年多的价格走势，使用的是 14 周移动平均线。同样地，你可以看到，当股价上升，买方掌控市场时，该移动平均线是如何为价格提供支撑的；而当卖方推动价格走低时，它又是如何充当阻挡物的。如果你喜欢解读周蜡烛图，可以在自己的投资策略中运用 14 周移动平均线。

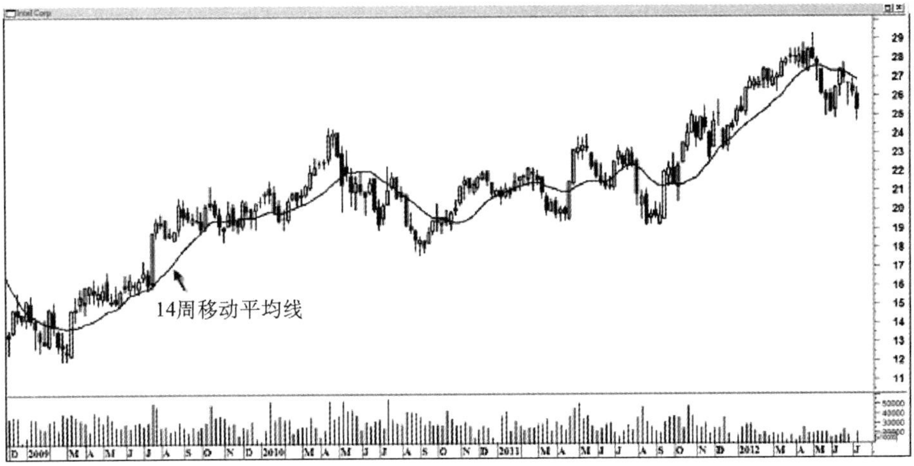

图 5.22　英特尔公司 3 年期价格走势周蜡烛图

绘制在该价格图表中的是一条 14 周移动平均线。这是一条十分通用的平均线，可以指示出这家半导体公司的股票何时正在吸引买方（价格位于该均线上方），何时正在吸引卖方（价格位于该均线下方）。

图 5.23 是英特尔公司的一张日蜡烛图，图中绘制出了两条非常有名的移动平均线——50 天均线和 200 天均线。财经网上的评论员们都会谈论主要指数（道琼斯工业平均指数、标准普尔 500 指数和纳斯达克综合指数）的这两条均线。标准普尔 500 指数跌破这两条均线中的任意一条，该均线都会引起极大的关注。

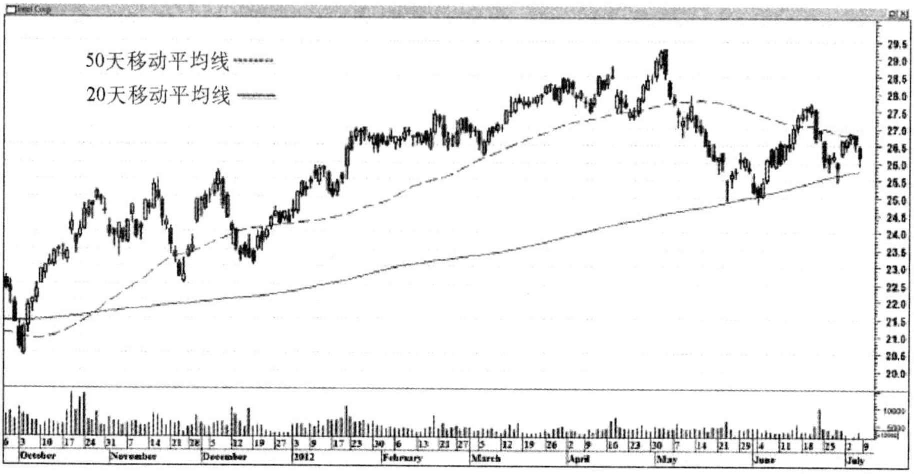

图 5.23　英特尔公司带有两条主要的移动平均线（50 天均线——虚线，和 200 天均线——实线）的日蜡烛图

如图所示，这家半导体巨头从 10 月份的各个低点（左下角）开始上涨，便迅速冲到了两条主要的移动平均线上方，并且在次年 5 月份之前，绝大多数时候都维持在 50 天均线的上方。注意 200 天均线是如何在 50 天均线的下方更加平缓地上升的。当英特尔公司跌破 50 天均线时，许多投资者都认为“这是一种警告信号”。当一只股票跌破 200 天均线时（英特尔公司目前还未跌破），这些投资者可能就会平仓。

机构交易者和投资者也会观察 50 天均线和 200 天均线。许多时候，他们都会在一只（基本面好的）股票的价格反弹到 50 天均线的上方时买入该股（他们把 50 天均线看作一张弹簧垫）。此外，这些机构交易者和投资者或许会在一只股票跌破其 50 天均线或 200 天均线时卖出该股。你们中的一些人可能会想观察主要指数和各股票的日蜡烛图，如果是这样，这两条均线是你要重点观察的。

九、移动平均线——决策支持工具

既然你已经认识到，在分析一只股票的价格走势时，移动平均线可以提供一种冷静而直接的视角，那么接下来我们就看一种依据移动平均线买卖的交易策略。我们将把注意力集中在我们刚刚所讨论的移动平均线上，并把它们当作买入股票的决策支持工具。

假设你已经锁定一只股票可能会买入，此时除了查看该公司的基本面以外（随后我们将对此进行讨论），你还会想要查看这只股票的周蜡烛图或月蜡烛图。你当然更希望目标股票正在上升趋势中运行，或者至少已经从底部开始上涨。

那么我们如何简化判断过程呢？看一看你的目标股票或 ETF 的价格是否正高于其月蜡烛图上向上的 12 月移动平均线。对于那些更喜欢使用周蜡烛图的投资者来说，看一看是否正高于其周蜡烛图上向上的 14 周移动平均线。正如之前所提到过的，在我们的方法中，我们将使用 12 月移动平均线。但是，你可以把这两条均线当中的任何一条当作进场的决策支持工具。如果该股的价格正低于你所选择的移动平均线，你可能就要考虑等到它向上突破这条移动平均线再买入（如果它能够突破的话）。

这里的重点是什么呢？重点是在建立新的头寸时，你想选择正在吸引买方而不是卖方的股票。你不想买入一只正在下跌的股票，然后在天知道会有多长的一段时间会遭受多大的损失。我已经无数次地见过这样的情形发生在投资者身上，当我还是一个投资新手时，还无法解读图表，也遭遇过这样的情形。并且我敢打赌，你一定也认识这样的人（我希望不是你本人）：他买入了一只股票，结果却似乎永远都在眼睁睁地看着这只股票在下跌，我们要避免这样的情况。如果你已经遇到过这样的情况，就需要避免再次遇到。此时我们拥有了一种移动平均线策略，它为我们指明了正确的方向。有了这种策略以后，我们就可以自由地管理自己的风险。

你应该选择哪种图表周期——月还是周？你可以每月查看月蜡烛图，也可以查看周蜡烛图，以对主要指数和你的股票及 ETF 头寸的价格走势有一个更加详细的了解，这由你自己决定。这两种蜡烛图所发出的信号相似，并且都可以使你获得优势。

图 5.24 是美国运通（AXP）的一张月蜡烛图，图中绘制出了它的 12 月移动平均线。

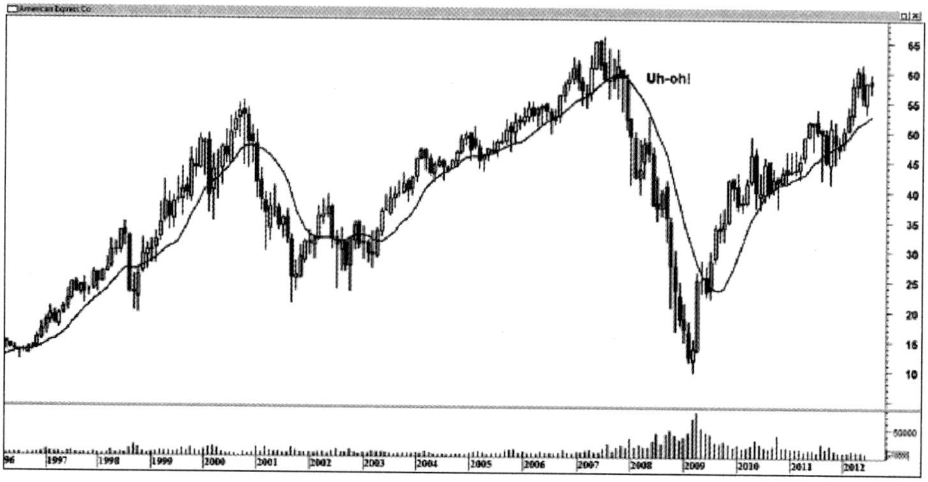

图 5.24　美国运通（AXP）大约 15 年期月蜡烛图

注意向上的 12 月移动平均线是如何指示出接下来的年份该股会走高，进而提供了一个有利可图的投资机会。相反，要为那些在该移动平均线转而向下时买入该股的投资者们感到惋惜。

你可以看到该移动平均线如何充当了一个向导，指示出价格何时走高，多头何时控制该股。相反，当价格转而下跌时，该移动平均线也以一个陡直的俯冲与之配合，表明此时不是买入这只信用卡巨头股票的好时机。事实上，当美国运通某一个月或连续两个月的收盘价低于其 12 月均线时，我们就建议平仓获利。如果愿意，我们可以继续观察该股，当价格反转向上，再次开始走高，并向上突破了 12 月均线时再次买入。

图 5.25 是美国运通的一张周蜡烛图，图中绘制出了它的 14 周移动平均线。在箭头所示部分，该移动平均线向上，该股的价格绝大多数时候高于该平均线。那些在这些上升时期买入该股的投资者获得了可观的赢利。

把移动平均线当作进场的决策支持工具可以让你的投资选择和结果更有优势。我们将逐渐介绍更多关于这种策略的内容。

由于我们已经集中讨论了“技术面”，即如何解读图表上的价格走势，因此在第六章中，戈登将会讨论“基本面构成”，他将向你介

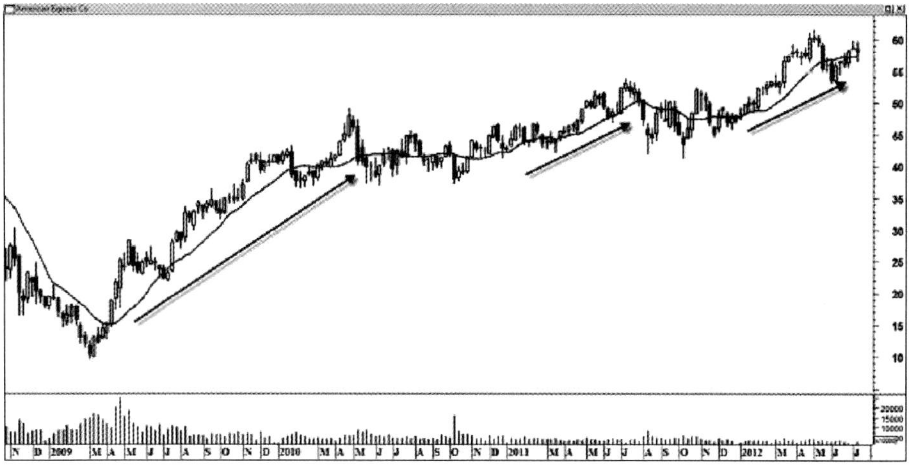

图 5.25　美国运通 3 年多的周蜡烛图

如图 5.25 所示，该移动平均线在大约 70％的时间内都是向上的。这向我们表明，美国运通吸引了买方，为投资者提供了一个绝佳的获利机会。

绍简单直接的用来评估公司收益的技术，以便你可以判断一家公司目前的强弱和未来的成长预期。

应当记住的要点

■ 研究一只股票是否可以作为潜在的投资标的时，投资者使用两种基本的分析方法：基本面分析法和技术分析法。

■ 基本面分析需要查看一家公司的财务报表。

■ 技术分析是一种解读一只股票历史价格图表的艺术和实践。

■ 一只股票目前的价格代表的是买卖双方都认可的一种对价值的看法。

■ 折线图由连接指定时期内的（每日、每周、每月）收盘价的单独折线组成。

■ 竹线图显示了指定时期内的最高价、最低价、开盘价和收盘价。

■ 日本蜡烛图也像竹线图一样，使用最高价、最低价、开盘价和收盘价，但它把开盘价和收盘价之间的范围填充成一个白色或黑色长方形，该长方形被称为“实体”。

■ 股价按照周期运行，而周期包括筑底（吸筹）、上升趋势（上涨）、顶部反转（派发）和下降趋势（下跌）四个阶段。

■ 绝大多数投资者会把上升趋势（上涨）看作自己的机遇之地。

■ 移动平均线是图表上单独的一条指标线，连接的是一只股票在一段时间内的平均价格。

■ 一般来说，当一只股票的价格正高于一条主要的移动平均线，并且该平均线正向上时，就说明该股是“健康的”，正在吸引买方。当一只股票的价格正低于该平均线时，该股就很“疲软”，正在吸引卖方。

■ 移动平均线充当的是决策支持工具。当我们的目标股票价格高于一条向上的移动平均线时，我们就可以支持自己的“买入”决定。当价格低于一条向下的移动平均线时，我们可能就要选择暂时规避这只股票了。

个人心得 托尼

能屈能伸——成功的必备技能

任何不能杀死你的，都会使你更强大。

——弗里德里希·尼采

我猜想，对我们绝大多数人来说，这都是一个充满了挑战的时期。有人开心吗？当然！有人狂热吗？当然！我们的身边充满了挑战，但对许多人来说，这些挑战实在太让人措手不及（科技几乎每18个月便更新一次）。“不知所措”的感觉潜藏在每一个角落。除此之外，个人、事业、健康和金融障碍还不时跳出来搅局。

在我的生命之旅中，我发现自己运用得越来越多的一项技巧是能屈能伸。如果能屈能伸，我们就可以很快从生命的挫折中恢复，并且把伤害降到最低；如果能屈能伸，我们就可以在走出困境之后依然保持健康与活力；如果能屈能伸，我们就会易于接受新的工作方式和与人交往的方式。换句话说，我们应对生活中的逆境，从逆境中吸取经验教训，然后带着更强的目标感前进。

面临灾难时，能屈能伸的人同样也会感到绝望、悲痛、迷茫和愤怒。但是，他们不会归咎于他人，也不会沉浸在负面的情绪当中。相反，他们会向前看，会寻找方法来解决目前的问题，这将使他们的处境变得前所未有的好。

他们希望创造“新的以及更好的”生活条件，他们也会一心一意地为之努力。最后，能屈能伸的人一直保持一种健康的幽默感。毕竟，自嘲和与他人在一起可能是最快的缓解或者甚至是彻底解决大多数不好的意外事件的方法。

我注意到，我越能屈能伸，就越能享受生活。能屈能伸的能力已经让我变得更加坚强、健康和自信。在今天这个时代，我相信能屈能伸是一种至关重要的生活技巧。我们越精通这一技巧，就会越幸福和成功。

第六章

分析公司表现：投资者应做的基本面分析

绝大多数专业投资者都只会在全面分析一只股票背后的公司之后再买入该公司的股票，而一般的个人投资者却几乎不可能像他们一样进行这项工作，即使某一个投资者有这方面的知识，他也几乎没有这样的时间。假如你也是如此，那么请继续阅读本书。本章将为那些正在寻求获利机会但却时间有限的投资者提供有用的建议。

赢利大师法指导投资者首先对自己做出判断，然后对市场形势做出判断，之后再对可作为投资机会的单个公司做出判断。而要想有效地分析单个公司的基本财务状况，你就必须集中精力于最重要的方面，否则你可能会迷失在公司报表的各种资料、事实和数据的海洋里。

图表和市场情绪分析或许可以帮助投资者回答以下问题："该股不久以后的价格可能会是什么样的?"而财务分析则有着不同的目的。绝大多数财务分析师搜罗出一家公司的财务状况图是为了回答以下问题："该股的价格应当是什么样的?"事实上，这两种分析你都需要，因为回答第一个问题之后，你就可以知道何时买进一只股票，而回答第二个问题的目的则是确定买进什么股票。

本章假设你有意愿和能力为自己的投资组合挑选个股。事实上，股票这一投资种类，在市场处于乐观的情绪之中时，表现得非常好，尤其是与债券相比。在牛市中，股票的表现常常优于债券，而风险又远远小于商品，因此，如果你认为市场可能会连续几年处在一种

本章作者：戈登

良好的情绪之中，那么把你的资金投向股票就是一种明智的选择。但是，此时股票并不是你唯一的选择。

在当今投资领域，你不是一定要买入个股才能获得股票所能提供的高收益。正如托尼将在第八章所讨论的，你可以买入交易所交易基金（ETFs），它们将使得你能够分享标准普尔500指数那样整体股票市场的收益。如果你限定自己只能选择ETFs，那么与掌握如何分析单个公司的基本面相比，分析市场情绪和解读图表的能力就变得更加重要。

托尼和我建议投资者学习如何选择个股，因为这样他们便可以让自己的收益大于仅投资指数所获得的收益。过去10年，苹果电脑公司的股票价值增长了2000%。即使有也只有极少数ETF的收益能够与这一丰功伟绩相提并论。选择一只好股便可以帮助你大幅度地跑赢整体市场。但是，在打算买入个股时，你需要一些方法来洞察这些股票背后公司的整体财务实力。

绝大多数人都认为财务分析是一项艰苦而单调烦闷的工作。通过解读资产负债表和损益表来收集信息这种老一套的做法，让人的脑海中浮现出如此沉闷乏味的画面，以至于绝大多数投资新手哪怕只是想象自己在做这样的尝试都吓得喘不过气来。然而，他们其实不必害怕自己会淹没在各种电子数据表中，溺死在各种数据中。如今，财务信息已经远比以往任何时候都更加容易获得和理解。无论身处何处，只要能够上网，投资者就能够分析一家公司的信息。几乎是分析任何一家公司，你都仅需几分钟，就可以编制出该公司的投资潜力图。事实上，只要稍加努力，你就可以快速得出以下问题的答案："如果其他投资者已经和我一样看到了这家公司的未来，这只股票的价值还会上涨吗？"哪怕只是简单看一看几个关键的细节，你也能够充分了解一家公司目前的财务状况，进而判断它的未来前景。实现这一点最简单的方法就是，关注基本面信息——它们代表一家公司所有努力汇集出的成果。这就是为什么我将在本章中介绍一种分析基本面信息的简单方法，该方法主要关注两个关键指标：成长和机会，它们被用来预测一家公司的财务前景。

一、基本面分析要完成的任务

你很可能已经听说过一些大多数投资者认为对自己并不适用的话，我指的是投资领域内像烟盒的显眼位置所标注的“吸烟有害健康”的声明。你在听闻或阅读一些讨论投资机会的内容时，经常会接触到这样的话，例如，“投资有风险，你可能会赔掉部分资金甚至是全部家当”。这些话即使不严谨，也是恰当的警示语。

在进行基本面分析时，你要完成的第一项任务就是：帮助自己找到一种方法来避免这些话里所暗含的风险。正如我在第四章提到过的，当市场情绪从寻求安全转变为寻找机会时，市场价格就会从下降趋势转变为上升趋势。在市场完成这种转变之后的时期，许多公司的股价都会远低于它们大约 1 年前的股价。在这样的时期，许多公司的商业模式都会受到严峻的考验。此时一些企业或许一两年都无法再坚持，但在那些幸存下来的企业当中，将会有一些绝佳的投资机会。而评估一家公司的基本财务状况是降低赔掉你投入个股的全部资金的一种方法。

基本面分析的第二项任务是：构建一份清单，列出你可选择的候选股。在构建这份清单时，你要列出那些符合你所确立的基本标准的股票。一旦有了这样一份清单，你就要定期——例如每月一次——查看清单以更新。在这份清单上，你应当有大约 20 只股票可供选择。如果手上有了这样一份清单并定期查看，那么随着时间的推移，你将能够识别出这些股票发生的变化。那些上涨最快的股票很可能会在市场改善时继续上涨，因此长时间留意这些股票很有用。那些进入清单之后一两个月还未上涨的股票，就可以被移出清单用新的股票替代。

完成这两项任务听上去或许要花费很长时间。在过去列出这样一份清单要花费经验丰富的专业投资者几个小时，甚至是几天时间。如今，时代发生了变化，投资工具也发生了变化。此外，如今的个人投资者还有另外一个巨大的优势，即拥有了互联网和十分精确的程序，可以在几分钟之内找到可利用的市场分析。我将在本章中带领你了解这样的程序，这将带给你一些启发，让你知道如何以一种你或许根本没有想到的更加富有成效的方法，定期进行自己的分析工作。

二、寻找绿洲——识别增长信号

投资者和分析师们就像热切的农夫，期待庄稼生长时破土而出的第一批嫩绿的新芽一样，盼着公司的增长信号。简单来说，“增长”是指一家公司取得了巨大的成功，目前营业额显著增加。分析师们花费大量的时间，设法解读一家公司的财务报表，准确判断该公司在这一报告期内（通常是3个月）实现了多大比率的增长，以及哪些方面的增长。

分析师和专业投资者们会详细查看增长的两个指标，这两个指标经常被称为“顶线增长”和“底线增长”，这种称呼参考的是资产负债表上的数据。在资产负债报表中，一家公司的收入被列在第一行，然后列出支出并抵减，而最后一行列出的是剩余利润。顶线增长指的是营业收入增长，换句话说，指的是一家公司的销售总额增长。底线增长指的是销售额减去各项支出和税收之后剩余的净利润的增长。底线增长还有一个更加常用的名称：收益增长。

收益增长。在所有的财务分析中，收益都是主要的焦点，而收益增长则是投资者要观察的最重要的指标。对一家公司来说，赚取1美元的利润都是一件大事。想象一台独一无二的机器，它庞大而复杂，有许多错综复杂的活动部件。这是对任何一家公开上市交易的公司的一种很好的类比。如果你打算查看该公司内部某一个部门的情况，你需要找到（该部门内）那些每天面临挑战的人。但是，如果你关注的是所有这些努力的总体产出，它就归结为一个数字。任何一个部门都可能出现各种巨大的问题，大到足以使该公司的内部结构出错并消耗掉赢利。当底线增长为正且大于公司上一次报告其收益时的底线增长，这就是一个信号，表明该公司及其所有部门都在有序地运行。如果收益扩大，就表示该公司有能力找到方法来让自己的表现超出自己的预期。如果你关注收益增长，就要关注代表所有努力的最终价值的关键性产出。它是你应该花时间查看的最省时的数据。

我这样说并不是在怀疑或阻止你使用其他所有的基本财务数据。毫无疑问，学习研究一家公开上市交易公司的资产负债表、损益表和现金流量表是有其价值所在的，能够把这些详细数据进行分类整理，将使你偶尔能够在问题明显体现在股价当中之前很长时间就能发现问题。不过，作为一个个人投资者，你在判断这些问题是否需要你及时做出反应时可能会有困难。

我们来看一看下面这个例子。学习如何挖掘现金流量表当中的信息将使你能够追踪两种有用指标的动态：经营性现金流和融资性现金流。如果你愿意花时间查看现金流量表，它可以为你提供有用的信息。2007 年，金融危机爆发以前，高盛集团、雷曼兄弟、摩根士丹利，当时华尔街最大的投资银行，全部都显示出了系统性问题的迹象。事后来看，通过查看这两种数据，就可以清晰发现这些问题。早在 2003 年，这些公司就开始显现出经营性现金减少、融资性现金增加的问题。这一趋势持续了 4 年，直至金融危机出现，彻底摧毁了雷曼兄弟，改变了投资银行业的未来。

那么，我为什么会不提倡查看这类数据呢？并不是我认为这类数据没有用，只是在我看来，对个人投资者来说，这类数据不够及时。这类数据提前 4 年就出现了，但在这 4 年的前 3 年期间，雷曼兄弟的股票却上涨了 132%。

然而，在它破产前 1 年，其季度收益增长下降了。这与市场情绪开始变得暴躁不安的时间相一致。这两个信号促使投资者确认了自己需要及时离场，因为股价已经开始下跌。你对基本面分析的了解越多，你的消息就越灵通。但是，对那些没有接受过财务或经济学教育的个人投资者来说，节省花在财务分析上的时间很重要。对个人投资者来说，关注收益增长是最有可能提供及时信息的分析策略。

在我看来，在分析一家公司的股票时，依赖于（使用其他基本财务数据）这一方法存在着三个隐患：市场的速度、一家公司对坏消息的自然厌恶以及虚假的安全感。

第一个隐患是市场的速度。价格趋势在每三个月发布一次的财务报表体现出实际问题之前很长时间就发生了变化。在一家公司的困境变得公众全知，在解读资产负债表的人看来显而易见之前很长时间，该公司的股价可能就已经下跌了30％或50％，甚至更多。想一想，甚至是在10年前，安然公司（Enron）的股票就在其CEO突然辞职之前，在短短的8个月之内下跌了50％。当时，该公司只发布了两份季度报告，且该公司的会计报表上没有任何信息表明该公司将在短短1年之后就会破产。无独有偶，就像安然公司的快速破产一样，2008年的雷曼兄弟破产甚至更加迅速。与此同时，更加夸张的是，安然公司的股价只下跌了一半，而雷曼兄弟的股价却竟然从每股60美元下跌到了0。信息的速度和投资者的反应让投资者根本没有时间等到下一份季度营业报告的发布。

第二个隐患是公司的管理人员对公司财务报表上出现的任何坏消息都高度敏感。在一般公认会计原则（GAAP）的框架和标准下，财务报表将把公司置于高度透明化之中。GAAP标准的宗旨就是促使公开交易的经济实体尽可能的透明化，但即使这些标准也无法就上述两家公司的商业模式所固有的问题快速地向投资者发出警告。

基于以上两个隐患的第三个隐患是，对这样的财务报表进行过度分析可能会为投资者创造出虚假的安全感。我曾听许多投资者在股价下跌并且是在持续下跌时告诉我，根据他们的判断，应当继续持仓。我曾听过许多不切实际的希望，都是关于一旦某一笔交易完成，或某一项政府政策颁布，或其他某种类似的外部事件发生，这只股票就会如何上涨。他们说，根据他们从该公司财务报表中挖掘出的数据，该公司的股票绝对值得购买；这家公司的业务很可靠；目前的下跌只是一种异常。当依赖于不适时的财务报表研究时，研究者对形势能够好转的希望经常需要他对仅仅一项事实就可以说明赤裸裸的丑陋现实视而不见，而这项事实就是：收益增长已经放缓或停止。市场上还有太多的投资标的可以提供更好的获利机会。

重点提示：我们把收益增长看作是经营效果的一个总体数据。在布拉德·皮特和乔纳·希尔领衔主演的电影《点球成金》（Moneyball）当中，有一个场景道出了关注基本面数据中收益增长的精髓所在。皮特所饰演的角色比利·比恩，全美职业棒球大联盟球队的总经理，以及希尔所饰演的角色彼得·布兰德，曾在耶鲁大学学习经济学的新上任的助手，向球队的球员们介绍他们选择一个球员的标准。他们的基本依据是：他们正在考虑的球员要有着高上垒率——一个用来衡量球员实际上垒次数与上场击球次数的比率的数据。其中一个球员指出，他的统计结果有偏差，因为球员经常在没有击中的情况下上垒。皮特所扮演的角色用一个问题回击道："他上垒次数多。我在乎他是保送上垒还是安打上垒吗?"该球员沉默不语，然后这个总经理转向他的助手寻求答案。"彼得?"他问道。这位钟爱数据统计的助手冷冰冰地回答道："不在乎。"诚然，人口统计数据和实际的人口之间存在着巨大的差距，但在投资领域，股价和股息与投资者对现实的看法和现实本身之间的差距并不高度相关。就像《点球成金》提高上垒率在棒球运动中的价值一样，我也仿效那些倡导这一理念的人：收益增长是唯一一个个人投资者最应当关注的数据。

季度收益报告的三种具体特征，可以表明出现了可吸引投资者的收益增长。第一种特征，当一家公司首度出现收益时——之前从未出现过收益或至少有一段时间未出现收益了，收益增长会吸引新的投资者。第二种特征，当一家公司连续多个季度出现收益增长时，收益增长也会吸引投资者。最后一种特征，当一家公司的收益增长超过该公司或独立财务分析师对某一季度的收益增长的预期时，其收益增长也会吸引投资者。这三种特征中的任何一种都会吸引大量新的投资者，使该公司的股价可能上涨。

衡量收益增长。一家公开上市交易的公司会向持有其股票的所有投资者报告收益。每一季度进行这一工作时，公司必须提供某种对这些投资者有意义的收益指标。由于没有任何两家公司是完全相同的，因此运用不同的指标所计算出的数据可能会在大小和重要性上差距很大。金融领域所选定的用来帮助股东简单读懂收益报告的一个特定标准是：量化每股收益。为了以这样的方式报告收益，分析师们用该季度所获得的收益除以该公司的股票数量，该指标被称之为每股收益，即 EPS。

这些动作可以吸引那些正在寻找方法来增长资金的投资者，以及那些希望资金重新增长的投资者。投资者在买入一家公司的股票时，会寻找自己所能发现的任何证据，来帮助自己判断收益会继续增长，当投资资金回到自己手中时也会出现一定幅度的增长。

另外一种常用的收益指标是用股票的价格除以每股收益所得的比率。很明显，这就是我们所说的市盈率，投资者用市盈率来确定一只股票相对于其公司所创造的收益来说有多贵。市盈率是一个很实用的指标，在基本面分析中有许多用途。

重点提示：市盈率衡量的是理论上一个投资者愿意花多少钱来分享 1 美元的年收益。例如，如果一家公司在过去的 1 年里每股收益 5 美元，其股票的价格为每股 50 美元，那么我们就可以说投资者愿意支付 10 美元来获得每 1 美元的收益。换一种方式，我们还可以用时间来表示价值。一个数值为 10 的市盈率还可以表示，理论上来说，基于目前的每股收益，投资者愿意花 10 年的时间回本。这种假设的确只是理论上的，因为公开交易的股票的股东并不基于股票参与公司利润的直接分配。一些公司以分红的形式支付股息。但是，不同公司的股息分配也不相同。不过，尽管市盈率背后的假设是理论上的，但分析师们把市盈率看作是用来衡量一家公司的价值的极其有用的工具之一。

识别每股收益增长信号。由于已经了解了上述几个定义，因此要判断什么样的增长指标对投资者具有吸引力就变得十分简单了。以下任何一种特征的收益报告都会被绝大多数投资者认为是好消息，可能促使股价上涨。

- 报告显示最近一个季度的每股收益大于上一个季度；
- 报告显示每股收益的增长持续呈上升趋势；

- 报告第一次显示出正的每股收益，或在公司长时间亏损之后第一次显示出正的每股收益；
- 报告显示每股收益连续多个季度扩大；
- 报告显示每股收益大于之前任何一次报告的每股收益；
- 报告显示前几次的每股收益的增长速度大于以往任何时候；
- 报告显示每股收益的增长额或增长率大于分析师的预期。

以上列出的所有特征中，我认为第一种特征在帮助投资者发现可能会开始上涨或继续上涨的股票时最有影响力。如果最近两个季度的每股收益都大于上一个季度，这表明该公司目前运作良好，并且取得了某种可依靠的成功。以上列出的最后一项的确会促使股票上涨，有时甚至是显著上涨，但这通常只是一种短期效应，最多只能持续几天，因为投资者会慢慢适应这种惊喜以及它所引发的新闻效应。

收益报告的另外一个重要因素是，我们希望长时间内而不是短短几天看到这样的数据趋势，我们希望看到收益持续性地增长。不过，一些公司的业务可能会有一种季节性的特征，它们总是某一个季度的赢利大于其他三个季度。针对这样的公司，你不必希望它每个季度都出现收益增长，而是应当期待看到收益逐年增长。

接下来我进行更加详细的说明。如果你打算查看一家公司的收益图，并且希望能够判断出什么样的收益才是强劲的收益，那么你应该查看些什么？图 6.1 和图 6.2 给出了一些例子。

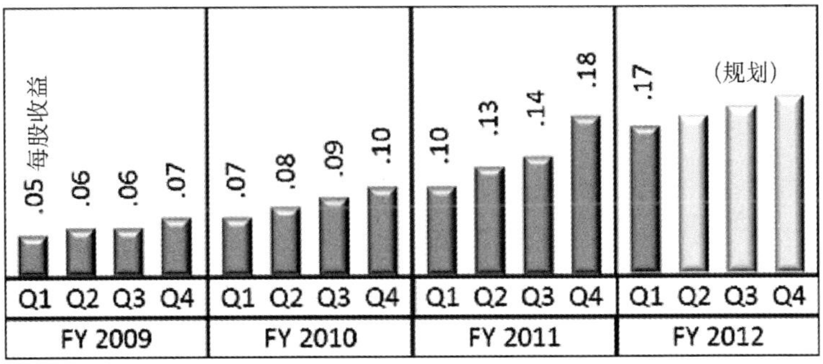

图 6.1　瑞行公司（RAX）收益图

该公司连续 3 年显示出收益稳定增长。

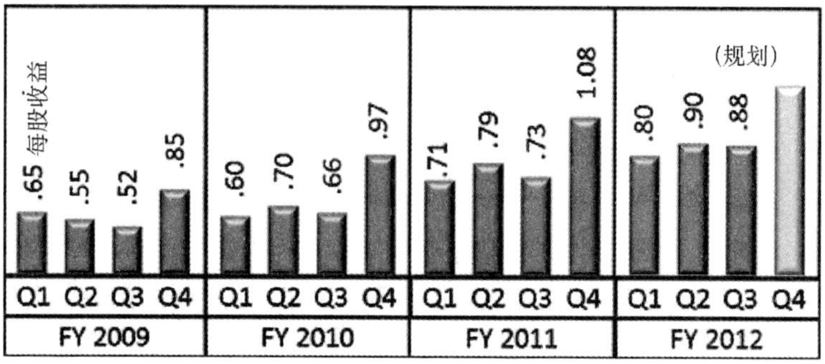

图 6.2　好市多批发公司（COST）收益图

尽管该公司总是第四季度表现强劲，但该图表的趋势是逐年上升的。每个季度的表现都优于上一年的同一季度。

图 6.1 是瑞行公司（RAX）的收益图表。这家公司过去几年的收益一直稳定增长。毫不意外，股价也一路显著上涨。图 6.2 中则是不同的情形。好市多批发公司（COST）的收益图表显示的是，尽管每年第四季度的收益明显高于其他三个季度，但收益显示出逐年上升的趋势。投资者并不会在每年的第一季度惩罚该公司，因为他们知道该公司的业务是季节性的——大大受圣诞购物的影响。

相反，收益记录糟糕的公司的图表看上去则大不相同。一些显示出收益下降的形状，其他一些则根本没有形状。投资者不可能会对一家收益逐年减少（或亏损逐年扩大）的公司有耐心。当能够获得可预测性时，投资者便偏爱可预测性，因此，如果一家公司一时出现出人意料的高收益，一时又出现出人意料的亏损，投资者将认为该公司没有吸引力。看一看图 6.3 和图 6.4 中的两个例子。

图 6.3 显示的是哈钦森科技公司（HTCH）的收益趋势图。如图所示，该公司每年都在亏损，你很容易想象出在该图所示的一段时间内（2009—2012 年），该公司的股价出现了什么样的状况。其股价下跌了 90%以上。

图 6.4 显示了一种更加难以捉摸的状况。尽管比尔巴雷特公司实际上的确绝大多数时候都在赢利，但很不幸的是，你可以清晰地看到其收益的趋势向下倾斜。股价从 2009 年一直上涨到了 2010 年，

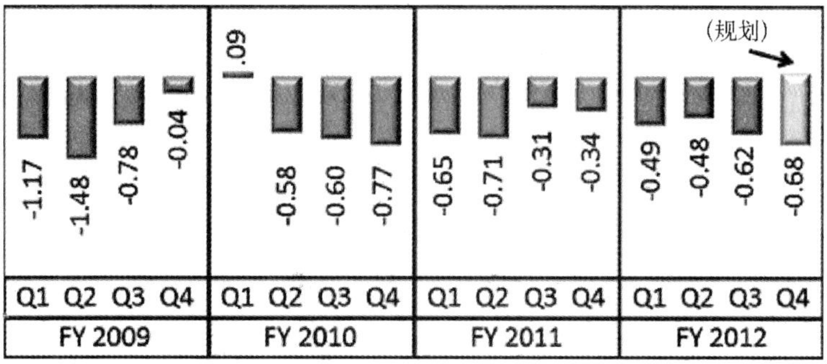

图 6.3　哈钦森科技公司（HTCH）收益图

该公司从 2009—2012 年的报告都显示它在亏损。短暂地在 2009 年抱有一线希望之后，投资者便只剩下失望。

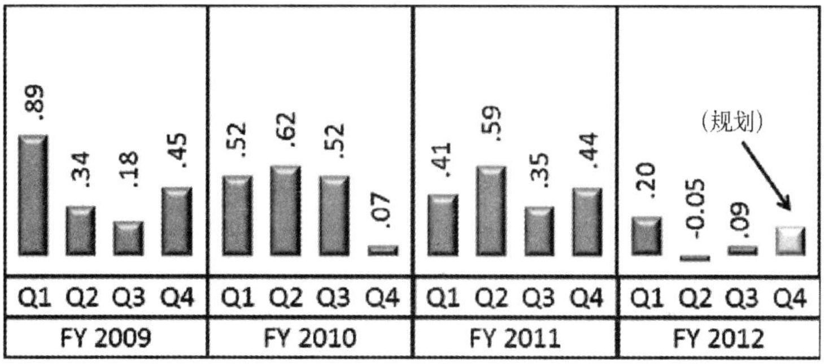

图 6.4　比尔巴雷特公司（BBG）收益图

该公司的收益起伏不定，但你可以发现其季度收益是如何走低的。

但是 2011 年，投资者失去了耐心。当该公司于 2011 年下半年报告出其收益下降时，投资者开始逃离。截至 2012 年年中，该股的股价已经下跌一半以上。

由于收益增长是我们要观察的一个关键要素，因此我们最好把上述指标中的某一个或多个运用到我们判断股票的程序当中。我将向你介绍的程序便是如此，不过，在介绍这一程序之前，我们必须先把注意力转向要观察的第二个关键指标：发现机会出现的证据。

三、守望蓝天——发现表明获利机会出现的证据

不管是在自然界还是金融领域中，最初的增长信号之后都必须紧接着出现有利的状况，才不会威胁到最近的进展。金融领域很容易就可以引用一两个来自于农业上的比喻，这不足为奇。在这两个领域中，人类都要投入大量的时间、劳动和智慧，以便利用最初的资源来创造增长。我们做出了大量的努力，不想让努力白费，所以我们必须调查所处的环境，以了解成功的可能性。投资者可以通过观察三个指标来判断成功的有利条件：市盈率与远期市盈率的对比；内部人士买入股票；机构投资者买入股票。

四、远期市盈率

分析师们用来帮助投资者预测未来收益增长的指标是远期市盈率，该数据利用几个财务分析师对公司未来1年收益的估值平均数计算得出。这些分析师不受聘于这家公司；他们完全以研究这家公司和其他一些公司为生。专业投资者们会支付大量的费用来购买这些分析师的详细研究资料，研究报告的精彩部分会披露给公众。用该股票目前的价格除以这一平均估值就得到了远期市盈率。一个好的远期市盈率应该低于目前的市盈率。由于远期市盈率的计算是基于目前的股票价格，因此我们可以认为，如果该公司的收益增长，而股价却保持目前的价格不变，远期市盈率就会小于目前的市盈率。

重点提示：比较市盈率和远期市盈率可以得出一种有趣的见解，不过这种见解要十分灵活地运用。新兴行业中新成立的公司（例如1999年创建的Ebay网、2005年创建的谷歌，或更近的2013年创建的脸谱网Facebook）将体现出非常高的当前市盈率，以及相对非常低的远期市盈率。当两者的差距非常大时（当前市盈率是远期市盈

率的2倍以上)，就表示该公司的收益将翻倍，或者，如果其收益不变，其股价就会减半，最终的结果可能是两者取其中。一条有用的经验法则是，寻找那些远期市盈率比当前市盈率低25%以上的公司。

五、内线交易：玛莎的灾难，投资者的福音[①]

在查看一家公司的基本财务数据时，其资产负债表上没有任何信息可以表明该公司正面临什么样的机遇。财务数据的目的不是展示公司的市场计划，也不是对公司经营策略的概述，因此投资者需要发现更多隐藏的证据来表明该公司正被机遇性的条件包围着。作为该公司的潜在投资者，要想发现这样的证据，我们可以看一看其他人怎么看待该公司的机遇，尤其应该观察那些更加清楚该公司未来和机遇的人，即该公司的管理层，他们被认为是内部人。

内部人包括重要财务数据出现在公开报告之前能够接触到这些数据的所有人，这包括但不限于公司的董事会成员、高级管理人员和持股10%以上的私人股东。你在新闻中所听说的内幕交易通常都是指的违法行为，但在法定期限内所进行的内线交易是完全合法的。

一些学术研究已经提出，采用简单在内部人合法买入股票时跟进的策略就可以跑赢市场，这些研究提到了时间限定，即内部人被允许在特定的时间内买入，并且必须在规定的最短时间内始终持股，这些持股要求基本上使得内部人很难为了诱使投资者高估该股而真实地或故意地买入卖出。因此，我们可以把这一原则当作我们的决策制定程序的一部分。内部人比我们更加了解公司的状况，我们可以利用他们的了解。内部人愿意用自己的资金买入自己的股票，可

① 玛莎指的是玛莎·斯图尔特，美国女性财富人物，著名女企业家。有“家居女王”之称的玛莎·斯图尔特因为涉嫌在一桩股市内线交易案中向调查人员说谎，被纽约联邦法院的陪审团宣布，对她指控的四项罪名全部成立，罪名包括阴谋、制造假文件和阻碍司法。她的刑期以每项罪名最高5年计算，最高可判20年。

能是因为他们所承担的风险是在对公司状况进行分析后的、经过计算的风险，如果我们了解他们所了解的，我们所承担的风险将与他们相同。

因此，如果内部人正在合法买入，这一买入行为就是一种证据，表明在那些比一般投资者更加了解情况的人看来，公司正面临着机遇。这是一项有用的证据，我们可以用它来帮助确定哪些股票可以进入观察名单。但是，我们不能把自己的目光局限在乐观的内部人身上，其他一些类型的投资者也可以提供类似的表明机遇出现的证据。

六、机构投资者：肩扛义务的投资者

代表其他人的利益进行专业投资的个人被称为机构投资者，他们管理着共同基金、养老基金或其他类似的投资产品。他们控制着市场上异常大比例的资金，有时或许甚至控制着投入市场的绝大部分活跃资金。

绝大多数机构投资者都为自己设定了各种规则——你会希望了解这些规则的，这些规则要求他们持有某一笔头寸 1 年以上。第一次购买某一只股票或在已有头寸的基础上增持时，他们都希望 1 年以上不必卖出。这一决定所隐含的信息十分重要。如果机构投资者开始买入或增持某一只股票，并且至少 1 年之内不太可能减持，那么他们的这种行为就是在邀请其他人与他们一起买入。如果其他许多机构投资者也进行了同样的操作，肯定是因为他们可能都看到了某种机会。

与市场上其他绝大多数个人投资者相比，这类投资者可以接触到更多的知识、研究和信息资源，因此在决心买入一只股票时，他们并不是轻率地买入，他们是利用自己最好的资源所做出的决定。因此，留意他们的行为是明智的，他们的建仓就是表明该公司正面临成功机会的证据，从而也就是表明该公司股价可能即将上涨的证据。

幸好，有一种方法让我们不仅可以利用机构投资者的买入信息，还可以利用内线交易活动和市盈率所发出的表明机会出现的证据。如今，基于互联网的搜索工具使用方便，有了这些工具，你可以在短短几分钟之内就生成一张满足这些标准的股票清单。

七、迅速开始基本面研究——市场闪现绿灯信号时应买入哪些股票

下一章，托尼将会介绍一些提供股票研究和信息的最好资源，不过，这里我想向你介绍至少一种网络资源，它可以减少你的工作量，让你只需要点击几次鼠标就可以收集到基本的财务分析，该资源就是网站 FINVIZ. com。如果你从未听说过，也从未访问过该网站，那么你会想访问它的，因为它就是你问题的答案。

你的什么问题呢？大概此时你很可能正在问你自己的问题。“每月一次，一次短短的几分钟，我要如何查看本章所提到的所有细节内容？”答案是你不必查看所有内容，FINVIZ. com 将会替你做到这一点。下面我来解释它是如何做到的。

该网站旨在帮助你以多种方式对财务信息进行快速地分类整理。你只需要遵循单一的一条路径进入该网站，就可以完成本章中所讨论的主要任务，即构建一张股票观察清单——这些股票所在公司发出了成长信号和机会出现的证据，从而可以避免任何可能的破产。该网站还有许多其他的用途，但你必须利用自己的时间来浏览该网站上的其他内容。接下来我将向你介绍如何利用该网站来完成本章要求你完成的任务。我们从该网站上的筛选工具开始。

八、筛选股票：只选择符合标准的股票

你可以花时间分析从你的亲戚那里听到的每一条热门的股票小道消息，或垃圾邮件文件夹中收到的最新一轮广告，但你可能会发

现，还是每月把注意力集中到少数几只股票上可以让你的时间得到更好的利用。以下方法将向你表明，如何针对 6000 多只股票建立一个自动搜索，只需要点击一次鼠标就可以得到一张只包括几十只股票的清单，首次设置时需要多点击几次鼠标。如果想节省时间，你可以每月简单地重新运行搜索，你也可以在其他一些网站上进行类似的操作，但在那些免费网站当中，我没有发现任何一家网站使用起来比该网站更加简便。

在 FINVIZ.com 上使用筛选工具时，在多种可设置的条件中，我喜欢设置 8 个筛选条件，一旦设置好这些条件，之后我就不用再设置了，我可以瞬间重新运行搜索。由于筛选条件以公司的成长和机遇为基础，因此我把它称之为“绿灯筛选”。表 6.1 介绍了我设置的筛选条件以及我为它们设定的参考值。看一看这些设置是否给了你一些想法，让你设置一种自己偏好的过滤条件。

表 6.1　用来在闪现绿灯信号的市场上发现成长和机会型股票的筛选条件

过滤条件	设定值	合理性
市盈率	＞0	只要市盈率为正数，该公司过去一年就没有亏损
远期市盈率	＞10	标准普尔 500 指数公司的平均市盈率是 18，市盈率低于 9 就暗示存在着某种问题。尽管远期市盈率应该低于当前市盈率，但也不能过低
季度每股收益增长率	＞10％	最近一季度的两位数增长每一次都会抓住投资者的眼球
季度销售额增长	＞10％	10％以上的收益增长意味着业务执行力很好，而 10％以上的收益增长再加上相似幅度的销售额增长，则意味着接下来有可能发生更多好事
内线交易	十分活跃，＞20％	内部人卖出的原因可能有很多，但他们买入自己公司的股票原因只有一个：他们看到了机会

续表

过滤条件	设定值	合理性
机构投资者持股	>50%	如果一家公司50%以上的股票都由机构投资者持有，你就可以断定，他们把该公司看作一个可靠的投资对象，它在可预见的未来破产的可能性很小
平均成交量	>200千	你打算买入的股票越多，这一筛选条件越重要。通常情况下，你都会希望买入一只流动性足够好的股票，以便卖出时你的交易指令不会改变股票的价格
价格	>5美元	如果买入低于某一价格的股票会让你感到不舒服，你可以设置一个更高的价格

九、明确市场处于红灯情绪之中时应买入哪些股票

正如我在前一章所提到过的，市场参与者有时处于一种悲观的情绪之中。在这样的时期，作为一个投资者，你的目标很简单：不要赔钱。此时收益增长和商业机会不再是关键因素，取而代之的是我们需要寻求的其他一些东西。在这样的时期，你可以简单地把自己的资金撤出所有股票或共同基金，然后持现金不动。但是，近几年来的量化宽松政策已经使投资者意识到，现金的价值已经无法再得到保证。

许多投资者都打算开始追逐像黄金和白银一样的商品，其他一些投资者则打算在这样的时期投资国外市场。然而，没有人能保证这些投资标的的价格会在股票走低时上涨。事实上，与股市相比，许多商品甚至会以更快的速度下跌到更低的价格。如果你能够在持续下跌的市场上实现一定量的资金增长，你就有可能跑赢市场，并且准备好在形势反转时继续跑赢市场。

在持续下跌的时期，寻找派发股息的相对安全的股票是很有用的。此时你会希望发现这样的股票：每年都会自动向其投资者派发

股息，同时不以高风险的方式上下波动。为了找出这样的股票，我建议你考虑按照以下标准或类似的标准进行筛选，我就是利用这样的筛选方式来寻求安全交易的，我把它称之为我的红灯筛选。没错，我希望这种筛选方式可以“只向我提供安全的交易”。

运用我所描述的这两种筛选方式每月将生成一张10～20只股票的清单。你可以用这些股票生成你的观察清单，并利用托尼在前一章所介绍的图表解读法来确定有利的买入点。运用第四章当中的市场情绪法，你可以在绿灯筛选和红灯筛选之间转换。这将使得你能够在工作量最小的情况下，每月生成一张新的基本面健康的股票清单。表6.2列出了用来在闪现红灯信号的市场上发现股票的筛选条件。

表6.2　用来在闪现红灯信号的市场上筛选股票的标准

过滤条件	设定值	合理性
股息率	>5%	你可以根据自己的喜好来设置这一标准的高低，但如果可能的话，你应当把它设置在足够高的位置，以便它高于通货膨胀率
机构交易	>5%	你应当希望听说机构投资者正在买入某一只股票或是交易所交易基金。在悲观时期，许多机构投资者会买入这种类型的股票
β系数	<0.5	这一筛选条件并不属于基本面研究的范畴，而属于价格的技术层面。β系数是用来衡量特定某一只股票相对于整体市场表现如何的。如果一只股票的β系数小于0.5，该股票的每日百分比波幅就可能是整体市场波幅的一半。这一筛选条件的设定将帮助你发现那些价格下跌速度不大可能与市场平均指数一样的股票
平均成交量	>300千	流动性好的股票和交易所交易基金意味着你可以随时改变主意，在不遭受大量交易成本损失的情况下卖出该投资标的

你可以在各种网站上发现收益信息和其他许多用来筛选股票的资源。下一章，托尼将向你介绍你拥有哪些信息资源，以及你可以在什么地方发现更多关于一家公司及其股价基本面与技术面细节的信息。她所介绍的资源将帮助你理解如何通过分析股价来衡量一家

公司的价值，进而帮助你综合构建一套健全的投资策略所需要的信息。

应当记住的要点

■ 基本面分析试图回答这样一个问题："如果所有投资者都像我一样解读数据，股票的价格会是什么样的?"

■ 收益增长是一家企业运营良好的关键指标。

■ 市场可能会在问题暴露在财务数据中之前很长时间就促使一只股票的价格下跌了。

■ 基本面数据可能会很有帮助，但投资者在研究这类数据时，很容易陷入一种虚假的安全感之中。

■ 内部买入是一种很好的表明一家公司机遇增加的指标。

■ 利用在线财务分析网站（如 FINVIZ. com），你可以生成一张可定期重新搜索成长和机会型股票的清单。

个人心得 托尼

感恩：一种强大的成功工具

感恩不仅是最大的美德，也是其他所有美德的根源。

——西塞罗

我们绝大多数人都会不停地思考它，这是事实：感觉和情绪是强大的工具，我们通过它们来指引我们的生活。

而最具影响力的情绪之一是感恩。当我们以一种积极感恩的心态面对生活，以及关注周围那些美好的事物时，我们自然而然地就会发现自己变得更加平静、快乐、健康、自信和成功。

当然，我们每一个人都会遭遇挫折和消极的环境，我们希望摆脱它们，但复杂的状况似乎是生活不可分割的一部分。这里的技巧是避免把精力集中在这样的状况上。为什么呢？因为，如果持续地把精力集中于生活的负面状况之上，我们就会吸引更多负面的情形。这意味着我们会让自己受到局限，会限制自己的机会和快乐。

我们所有人都有许多可以感恩的事情。在这个世界上，有许多无家可归或食不果腹的人，但是，如果你正在阅读此书，那么我们或许完全可以说你有家可归、丰衣足食，有自己的亲人和朋友，同时从某种程度上说也很健康。现在环顾四周，我确信你可以发现许多丰富了你生活的人和事。接下来再审视你的内心，你有哪些优秀的品质？你感谢自己拥有这样的品质吗？

以下是我每天都会进行的一道快速而简单的程序。我向你保证，这种程序很有效。每天晚上睡觉之前，或早上起床的时候，写下五个你感恩生命中拥有的个人性格特征、人或事，然后花60秒钟的时间将精力集中在他们身上，用深深的、发自内心的感恩拥抱他们。在一天之中，把发现人和物的优点作为一种习惯。

几天之后你会注意到，你对待生活的态度发生了变化。恐惧、批评、指责、缺陷感和消极都消失了，或减少了。当你忙于发现身边世界的美好时，就很难感觉自己像一个受害者，很难变得愤怒，也很难感觉自己不配拥有。相反，你将感到更加轻松、快乐，将会有更多欢笑，更加享受每一天。

学会以一种积极感恩的心态面对生活，你将变得更加富有和成功，将体验到一个更加充实的人生。

第七章
管好你自己的事：成功必备

你准备好迎接一场头脑风暴了吗？在本章当中，我们将离开分析领域，进入实际的操作计划，其中包括挑选经纪人、评估分析师评级以及探索网站和线下资源，以获得最好、最直接的研究结果。

即使你是一个经验丰富的投资者，我也建议你浏览一下本章的内容，你或许会发现一些珍贵而有用的信息，它们将为你带来更多的赢利。

一、挑选投资经纪人

美国证券交易委员会规定，在买卖金融证券时，必须使用在政府机构注册的经纪人作为交易中介。注册经纪人扮演的是你和交易股票（或其他资产）的金融交易所之间的“中间人”。此外，经纪人会保留你的每一笔买卖记录。如果你还没有开立经纪人账户，下面一节内容将帮助你挑选一个适合自己的经纪人。

在提及“经纪行”或“经纪公司”时，我指的是嘉信理财（Charles Schwab）、亚美利交易控股公司（TD Ameritrade）、亿创理财（E＊TRADE）、富达投资公司（Fidelity）这样的公司以及其他许多这类的公司。此外，你也可以在一个“独立经纪人”那里开立经纪人账户，独立经纪人指的是经营自己的资金管理业务的个人。

本章作者：托尼

但是，独立经纪人必须附属于某家注册经纪公司。

除了记录你所有的证券买卖，以及为你提供详细账户余额的月对账单，经纪人还提供咨询服务，也可能会提供部分银行服务（开立支票、电子存取款、信用卡/借记卡和计息账户）。此外，他们还为其他有价证券提供经纪业务，其中包括交易所交易基金（ETF）、期权、共同基金、债券和其他以你的名义交易的投资产品。

经纪人通过收取经纪佣金从投资者那里获利，而佣金即他们每次为我们执行买卖指令时所收取的费用。此外，经纪人也对保证金账户收取利息（本章之后将对此进行更加详细的阐述），同时还会向我们收取账户管理费，例如与个人退休金账户（IRAs）相关的管理费。

要确保你的经纪人已经在美国金融监管局（FINRA）和美国证券交易委员会注册。为了保护你账户上的资金，以防经纪人破产（是的，这种事情时有发生），经纪人还应当是美国证券投资者保护公司（SIPC）的会员。你可以利用以下网站来查看你的经纪人是否已经注册，FINRA，finra. org；SEC，sec. gov 和 SIPC，sipc. org。

经纪公司有两种基本类型：全方位经纪公司和折扣经纪公司。

全方位经纪公司。如果你不喜欢单打独斗，在有投资建议和个人服务支持时会感觉更好，那么你应当在全方位经纪公司那里开户。绝大多数货币中心银行都会有一个内部全方位经纪业务部门，例如美林证券公司（隶属于美国银行）和富国咨询公司。其他一些全方位经纪公司包括摩根士丹利美邦公司、瑞杰金融集团和恒达理财等。

你在一家全方位经纪公司开立账户之后，他们会为你的账户指定一个代表（该代表被称之为股票经纪人、注册代表、客户经理或理财顾问），该代表将就特定股票和其他一些投资工具为你提供建议。一个好的顾问会要求你明确自己的投资目标，然后利用挑选出的投资工具制订一项计划，帮助你达成你的目标。

许多时候这些顾问会建议你构建一个“平衡型”投资组合，将自己的资金在股票和债券之间进行分配（戈登将在第十章当中对平衡这一主题涉及的内容进行讨论）。

当然，在全方位经纪公司那里开立账户时，请记住，他们的建议、指导和额外的服务都是需要你付出代价的，他们收取的经纪费和咨询费要高于折扣经纪商收取的费用。此外，他们还可能会要求你开立一个至少5000美元或更高金额的账户。

此外，还要记住，股票经纪人是销售人员，他们要取悦自己的老板，养活自己的家人，通过把投资产品卖给你和其他顾客来赚取佣金是他们的工作和收入来源。当你的全方位顾问向你推荐某一只股票或其他资产时，问一问他/她为什么选择这一特定的投资工具，然后确保他/她的答案令你满意。

记住，没有人会比你自己对你的幸福和资金的赢利更感兴趣。

折扣经纪公司。你是否十分精通互联网？你是否更喜欢在没有投资顾问的指引或手把手的指导情况下，独立踏上投资的旅程？（如果是，）那么你应当在一家网络折扣经纪公司那里开立账户，这类经纪公司包括嘉信理财、富达投资公司、亚美利交易控股公司、亿创理财、史考特证券以及其他许多经纪公司。

网络折扣经纪公司为投资者提供便利，并收取较低的佣金。决定买入一只股票或ETF时，你可以上网登录你的折扣经纪公司的网站，在该网站上，你可以打开交易指令页面，在方框里输入你的交易指令信息，然后按下“买入”或“卖出”键。十亿分之一秒内（或大约这一时间内），头寸就会出现在你的账户中。由于你是在没有专业经纪人的投资建议的情况下买入或卖出的，因此每笔交易的佣金或许会少于20美元（全方位经纪人在执行你的交易指令时可能会收取100美元以上或更多的佣金，交易的股数越多，佣金越高）。

此外，绝大多数网络经纪公司都会提供线上研究和在线研讨会（教授投资技巧的课程）。由于这类经纪公司知道你是“独立投资”，也因为他们更喜欢“黏人的”客户，即长期与他们合作的客户，因此提供教育资源，帮助你成为一个成功的投资者对他们是有利的。

此外，短线交易者也更倾向于选择网络经纪公司，因为他们需要较低的佣金和较快的交易执行。此外，由于交易者依靠价格图表来进行交易决策，因此许多网络经纪公司还提供好的制图程序。

重点提示：由于行业整合，许多网络折扣经纪公司已经增加了更多传统服务，其中包括投资组合的构建和你可以在其中与理财顾问面对面交流的实体办公室。

记住，如果在一家网名折扣经纪公司那里开立了账户，你将必须为账户的管理负全部责任。你要自己制定战略与战术，自己开展研究工作，自己进行买卖决策。

如果选择在一家网络经纪公司那里开立投资账户，你要确保在把资金存入账户之前对他们进行测试通话，他们接电话的速度如何？你需要等待多长时间才能与某一位代表通话？

假设你的网络连接出现故障了，或你的电脑崩溃了，而你又想立刻卖出自己的一只股票头寸，此时难道你不希望能够通过电话联系到你的经纪人，让你的交易得以快速而专业地完成吗？反正我希望。所以，在开立账户之前，要先打一两个电话试一试，如果你等待通话的时间长达几分钟，那是不可接受的，此时你就要寻找其他的经纪商。

二、选择账户类别

在经纪商那里开立账户时，你有两种基本的类别可选：现金账户或保证金账户。请注意，不管是哪种账户，你的经纪人都可能会有最低开户金额要求，该金额从500～10000美元不等，具体依经纪商和账户类别而定。

现金账户又称一类账户，你存入一笔资金之后便可以开始投资。这就像你放100美元到自己的钱包里，然后去购物商场购物，你只能购买价值100美元的商品。假设你购买了一件衬衣，之后又将衬衣退回，此时你将收到与该衬衣的购买价相等的现金。然后你可以购买其他东西，但是无论如何你都不能购买超过100美元的商品。现金账户便是如此，个人退休金账户就是现金账户。

保证金账户又称二类账户，它可以为你提供更多的余量，只要符合资格并获得经纪商批准，你就可以开立保证金账户。这表示你的经纪商将为你提供贷款，贷款金额最高可达账户金额的50%，这样你便可以买入更多的有价证券。

保证金账户的优点是：假设你打算购买布罗尼建筑公司的股票，而你需要8000美元来完成这笔交易。问题是，你的账户中只有4000美元的现金，此时如果你有一个50%的保证金账户，这4000美元的现金就会为你提供额外4000美元的购买力，这样你就可以购买你想购买的股票数量了。

其不足之处在于：你的经纪商会对借给你的资金收取利息。不过通常利率都是合理的，因此这并不是主要的问题。主要的问题在于：如果你购买的布罗尼股票超过了你的保证金的最大金额（想一想信用额度），之后布罗尼的股票又下跌，你遭受了20%的损失，你应该怎么办？

以下是你接到经纪人电话时的情形（或你的网上账户页面上弹出加粗的红色信息）。他/她会用一种严肃的口吻告诉你，你收到了“追加保证金”的通知，你的账户“爆仓”，将被“冻结”（此时你只能卖出，不能买入新的头寸），直到追加保证金。你必须汇入资金，补齐保证金（即保证50%的保证金）。否则，你将不得不卖出账户中的有价证券，用以补足保证金。如果被迫卖出一部分价值已经缩水的布罗尼股票，你将遭受巨大的损失。

重点提示：如今，如果你进入自己的线上账户，发出交易指令，要求买入的有价证券金额超过了你的保证金额度，页面上就会弹出一个提示，阻止你进行这样的操作。然而，当网络技术未能阻止你的交易时，追加保证金的通知还是会出现。你有责任随时了解自己的购买限度。

此时你会说：“哇哦，托尼，你说得好像你曾经收到过追加保证金的通知一样。”

是的，我的确收到过。在投资的早期，我有过一种愚蠢的行为：我最大限度地把自己的保证金额度用在了一只被炒高的股票上。就在我买入这只股票之后，该股的价格就像巨石飞落悬崖般下跌。为了回应追加保证金的通知，我不得不卖出，承受了巨大的损失。这是一次血淋淋的教训！不过，这次痛苦的经历教会我要保守使用保证金。换句话说，如果你决定使用部分（永远不要使用全部）保证金额度，记住要把它用成一种福利，而不是负担。

三、熟悉证券交易委员会的T+3制度

尽管我们此时谈论的是关于投资账户类别的话题，但这里有一个十分重要的问题是你需要了解的：由美国证券交易委员会实施的T+3制度规定，投资者必须在3个交易日内对自己的有价证券交易进行结算。这种结算周期就被称之为“T+3”，即“交易日加3天”。

进一步说明，该制度规定，你的经纪商必须在你执行交易指令之后的3天之内收到你购买有价证券的资金。为自己的账户买入有价证券时，不管你是否有可用的保证金，资金都必须在3天之内出现在你的账户之中。卖出有价证券时，卖出所得通常都需要3天才能出现在你的现金账户中。尽管这一制度听上去似乎没什么了不起的，但在实施时可能会为你带来一些风险。接下来我们将对此进行举例说明。

例如，我们假设你星期二买入沙迪软件公司的股票100股，共花费3000美元。星期三上午，你卖出这些股票，获得同等金额的资金，并决定买入3000股沃克公司的股票，你能利用卖出沙迪公司的股票所得的3000美元来买入沃克公司的股票吗？不能。你必须等到交易日之后的第三天。也就是说，由于你是星期三（交易日）卖出沙迪公司的股票，因此你必须再等3个交易日才能使用卖出所得资金。交易日之后一天是星期四，星期四和星期五都是交易日，但星期六不是。因此下一个星期一是第三个交易日，是结算日，到下一个星期二，你才可以用这3000美元来买入沃克公司的股票。

在今天这个时代，你将不必再担心自己会过早使用未结算资金。如果你在自己的线上账户中提交了一份只能用未结算资金支付的“买入”指令，页面上将会弹出一条警告信息，提醒你：您没有足够

的资金完成交易，或您正在使用未结算资金完成本次买入；如果您完成买入之后在结算日之前卖出这些股票，您的账户将被冻结。在后一种情况下，如果你继续买入，要确保你打算持有这笔头寸至少3天。

在经纪人那里开立账户时，应当要求你的经纪公司为你提供一张与你的账户类别相关的制度清单，因为除了必须执行证券交易委员会的规章制度之外，许多经纪公司还会增加他们自己的特殊限制条件。

重点提示：绝大多数经纪公司会就你账户中的闲置现金向你支付利息。一些经纪公司还将让你自己选择把资金放入货币市场账户，还是免税的市政货币市场账户。

四、分析经纪人的建议

你正在观看自己最喜欢的财经电视节目，衣着光鲜亮丽的时事评论员正在采访坐在他对面的嘉宾，一位来自大博得经纪公司的分析师。

“如今的经济环境反复无常，我们应该把自己的资金放在什么地方呢？”

这位嘉宾身着无可挑剔的三件套，脸上挂着灿烂的、加利福尼亚式的微笑。“我们刚刚‘重仓买入’了斯蒂斯半导体公司的股票，这只股票目前很便宜，它有着大量的自由现金流，并且即将推出新产品。”

“听起来不错，”评论员说道，“我们可以看到斯蒂斯半导体公司目前的交易价格是36美元，你们的目标价格是多少？”

这位身穿西装的分析师倾身向前，语气认真地说道：“我们认为斯蒂斯半导体公司年底可到达46美元。”

此时观看节目的观众们将从沙发上跳起来，奔向自己的电脑，登陆自己的经纪人账户，买入斯蒂斯股票，这可不是一个明智之举。或许到年底，斯蒂斯会迅速走高25%，但这只是对任何一只股票的一种乐观预测，斯蒂斯半导体公司可能会获得这么大的赢利，也可能会遭遇一个难看的季度，价格就像巨石滚落装卸卡车一样下跌。仅仅因为一个分析师将一只股票“评级”为“强烈建议买入”或“建议买入”，并不表示该股票的价值就一定会显著增长。

2008—2009年的市场崩溃期间，许多经纪人始终对一些损失了全部价值的公司的股票保持着“强烈建议买入”“建议吸筹”“建议继续持仓”的评级，这些经纪人不是对那些明显正在走向破产的公司股票做出“建议卖出”的评级，而是一直保持着积极的评级，导致那些依靠评级的投资者损失了数万亿美元。

我们快退到上周的一天，当时我正在观看财经网，评论员向一位德高望重的分析师指出：“我们正在讨论的这只股票过去5年当中已经损失89%的价值，现在我们看不到这家公司有任何的买方。但是，贵公司仍然对其股票保持着“建议继续持仓”的评级，为什么呢?”

这位穿戴整齐的分析师在他的座位上感到局促不安，“嗯……是的，我想我们的确是这样。嗯……事后来看，我想我们当初应当把它的评级降为‘建议卖出’。”

对此我简直不敢相信。我想到了所有因为这一评级在账户中持有该股的无知的投资者，他们以为发布评级的公司是认真对待这些评级的。然而，在这个案例中，显然并非如此。

没错，一些经纪公司的确会怀着更高的责任心进行评级。一个分析师的评级（建议）也的确比飞机上坐在你旁边的人，或你最好朋友的牙科保健医生给出的“某只热门股票即将涨到天上去”的建议更加重要。

分析师们评级的最佳用途是：用来证实你自己的研究。在研究了一只股票并决定考虑买入之后，我会把注意力转向分析师的评级。你应该可以登陆你的经纪商网站，点击“研究”这一标签，然后再点击“股票”这一标签，打开目标股票的“概述”页面或“快照”页面（或类似名称的页面）之后，你应该会看到一张包含五六个分析师评级的清单，这些评级可能会包括下文所列出的标准评级，或简单地表述为“建议买入”“建议继续持仓”或“建议卖出”。

标准的经纪人建议

强力建议买入或建议买入：最高评级。分析师向全世界表明，这只股票拥有战胜对手、上涨到顶峰的条件。警告：请不要用这一评级代替你自己的研究。相反，你应该用它来证实你自己的尽职调查。

建议吸筹或与大盘持平：第二高的评级。这向你表明该股不再让分析师感到十分兴奋，所以不把它评为最高级。预期该股的表现将与其同行持平，或许会与标准普尔500指数的表现持平。

建议继续持仓或中立：这一评级表示分析师抱着一种无精打采的态度。

建议卖出：由于2000—2002年和2008—2009年的熊市——当时分析师们因拒绝对那些正面临必然崩溃的公司做出“建议卖出”的评级而受到审查，如今越来越多的分析师给出卖出建议，这让人觉得十分可恨。

令人迷惑不解的是：如果查看大量的股票及其分析师评级，你会发现各种矛盾。同样一只股票，一个分析师会将它评级为“建议买入”，而另外一个分析师却将它评级为“建议卖出”，这是为什么呢？

重点提示：经纪公司把股票卖给他们的客户，这是他们的谋生之道。如果你正在售卖一项产品，你会对该产品做出每个人都能看到的“不建议买入”的评级吗？不会的，你会发布“强烈建议买入”或“建议买入”的评级。

如果查看该股票的价格图表，你或许会发现，其价格已经陷入下降趋势。可能是价格的下跌导致了“建议卖出”的评级。此时，如果你仍然想买入该股，在买入之前，请你查明该股如此严重下跌的原因。其中一些原因是合理的（我们在第五章当中对此进行过讨论)。仔细研究该公司的新闻(我们将在本章当中对新闻资源进行讨论),查明是什么导致该公司股价下跌,如果你发现“会计违规”或“做假账”这样的词组,不要走开,要迅速跑开,要长时间远离这只股票。

那么关于“建议买入”的评级呢?如果可能的话,你应当点击链接查看该分析师的报告,如果报告日期是6个多月或1年以前,我会忽略该报告。同时请记住,凡事都有两面性。

重申一遍,不要把分析师的评级用作建仓的理由,而要用它们来证实你自己的研究。当我先研究自己的目标股票,然后查看这些股票的评级,找出分析师所列出的所有“强烈建议买入”或“建议买入”的评级时,我对自己的头寸感到最满意,这样的头寸最终可能会是强大的获利品。

接下来我们讨论各种媒介,你可以用它们获取关于股票及其所代表公司的相关信息。

五、收看财经网

想随时了解市场的投资者可以一周至少收看一次财经电视网,一次1～2小时。其中最有名的是美国全国广播公司财经频道(CNBC)、福克斯商业新闻网(Fox Business)和彭博资讯(Bloomberg),这些电视网的确会播出有价值的信息,帮助你进行投资决策。然而,正如我们在前一节内容中所指出的,听从电视银幕上的人物给出的股票建议可能会为你带来回报,也可能会让你懊悔。

要知道,绝大多数财经网的嘉宾,不管他们是公司领导、分析师,还是投资组合经理,都有其自己的目的。显然,无论如何,绝大多数接受采访的公司CEO都会声明一切都很乐观。如果一个分析师代表的是一家看好市场前景的经纪公司或投资银行,该分析师将不得不反复为其公司唱赞歌,投资组合经理亦是如此。

此外,在成为金融市场过去18年的一个高度活跃的参与者之后,我可以明确地陈述一个事实:没有人可以断言市场接下来将会去往哪个方向。我们能够预测卡特里娜飓风在路易斯安那海岸的灾难性登陆吗？能够预测英国石油公司漏油事件吗？能够预测日本大海啸吗？我想不能。但所有这些经济学家们称之为“外来冲击”的事件都对金融市场的各个部门带来了巨大的影响。

总结：财经电视网是财经新闻和信息的宝库。但是，要把它们所播送的新闻和观点当作我们的投资决策支持工具，而不是最终结论，这样才能最好地为我们服务。

重点提示：在金融领域中，“外来冲击”指的是惯常环境之外的因素所导致的重大事件。这些事件会对市场产生积极的或消极的影响。积极的例子：互联网。消极的例子：能源冲击、全球性危机和信贷危机。

六、从网站中挖掘有价值的信息

或许你曾经想知道的一切，以及你还不知道的许多东西，都蕴藏于万维网当中。你想随意浏览那些致力于你的资金和投资的网站吗？没问题，这样的网站成千上万。

陷入这片看起来无止尽的信息海洋中会很可怕吗？当然！为了克服这一问题，我们来谈一谈如何选择少数几家网站，让它们很好地为你服务，为你提供信息，帮助你构建及维护一个可获利的投资组合。

既然我们已经在上一节内容中提到了财经新闻网，那么我们就从这里开始。作为媒体巨头，这些网络大亨们已经投入大笔的资金到自己的网站，他们掌握着大量的信息，你可以用这些信息来获取成功。

美国全国广播公司财经频道：www. cnbc. com

福克斯商业新闻网：www. foxbusiness. com

彭博资讯：www. bloomberg. com

接下来我们跳转到更多最受欢迎的财务网站。雅虎财经网、市场观察网和FINVIZ是其中三家最受欢迎的（戈登在第六章给出了极好的建议，用以帮助我们使用网站FINVIZ.com，进而帮助我们获利）。以下列出了一组网站及其网址，它们将为你提供大量关于金融市场的信息，其中包括新闻、经济和收益报告、投资建议、图表、专题报告及其他。

雅虎财经网：www.finance.yahoo.com

市场观察网：www.marketwatch.com

FINVIZ.com：www.finviz.com

简报网：www.briefing.com

Benzinga：www.benzinga.com

如果你不熟悉这些网站，我建议你花几分钟的时间浏览一下它们，并点击进入它们的各个标题，找到对你最有价值的板块，然后定期回到这些板块，了解最新的信息。

在线制图程序：

Meta Stock：www.metastock.com

交易大师：www.tradestation.com

Free Stock Charts.com：www.freestockcharts.com

Stock Charts.com：www.stockcharts.com

此外，还有一种极好的资源极易获取：我们的网络经纪商的网站。你登录自己的账户，就可以点击“研究”这一标签（或其他类似名称的标签），然后会弹出一个信息栏，该信息栏将会提供各种信息的标签，从美国及全球市场新闻到索引层次、行业活动、各种资产类别（商品期货、货币、债券）的波动、图表、市场通告及大量其他的主题。

可能对你很重要的信息：在这一页面上，如果你打算研究一只想要买入的股票，或查看你目前的头寸，你可以在一个叫“代码”或“代码查找”的方框里输入该股票的代码，这样你就进入了该股的页面。

重点提示：你是否曾在网络上的财务分析中费力前行，结果却发现自己陷入了不知所措的状态？你可以通过锁定1～4个分析资源，忽略其他资源，来走出这样的泥泞之地。

在分析股票时，我会花大量的时间浏览个股的页面。浏览基本面信息之后，我会移向“收益”这一标签，查看收益图表，看一看收益状况满足戈登在第六章中所列出的加分项的“EPS”要点，可以把这些图表与FINBIZ.com网站上的图表结合起来使用。此外，我可能还会查看下次收益报告发布的时间，以及专心研读该公司所有的最新资讯。

重申一遍，你的经纪商的网站将为你提供大量的投资信息，如果你还没有浏览过你的经纪商的网站，要花时间去浏览。

七、阅读财经报上的所有内容

我承认，我仍然喜欢纸质的报纸躺在手上的感觉，喜欢折叠报纸时所发出的声音，喜欢新闻纸的气味与早晨咖啡的芳香混合在一起的味道，它在向我说道：这是专属于你的时间，专属于你的清晨祷告，这是你在一天之中用来了解世事的时间。

无论是喜欢纸质的报纸，还是喜欢上网，你都可以阅读以下4种标志性的报纸中大量财经专栏和文章：《华尔街日报》《巴伦周刊》《投资者商业日报》和《金融时报》。

●《华尔街日报》（WSJ），www.WSJ.com：每周发行六天（星期天除外），《华尔街日报》刊登世界新闻、商业与金融、市场与投资和关于健康及人类利益的文章。周末版包含一个十分精彩的部分，其主题从书籍到自然科学到商业再到应用科学。如果你不是每天早上都会收到《华尔街日报》，可以考虑订阅周末版，或不定期地在报摊上购买。

●《巴伦周刊》（隶属于《华尔街日报》），www.Barrons.com：于每周末发行一次。艾伦·阿尔贝森的专栏《起起伏伏华尔街》充满了诙谐和独到的见解，值得购买。事实上，《巴伦周刊》所有的专栏作家都非常博学，都为我们提供了关于经济、公司和股票有价值的见解。更有价值的是《市场周评》专栏，会对过去一周的市场表现进行简明扼要的总结。

●《投资者商业日报》（IBD），www. investors. com：于每周二至周五早上发行，有时也会发行周一特刊，周四上午可购买。你可以从这个有价值的资源中学到很多关于投资的知识，因为其主要主题就是教授责任投资。该报纸的创始人威廉·欧尼尔极其信奉投资技术（图表），你会发现，股票图表在文章中占支配地位。股票表格以专有评级为特色，例如"IBD 综合评级"——将同行业的股票按1～100进行评级，其他评级与收益相关，他们发布有用的信息，促使你进行分析研究或证实你的研究。

●《金融时报》（FT）www. ft. com：于周一至周六在伦敦发行。《金融时报》标榜自己是"世界上最权威的商业之声……"的确，我发现阅读不带美式观点的全球新闻可以令人耳目一新。我推荐你每月至少阅读一次这一资源，你或许会对自己所了解到的信息感到吃惊。

此外，专注于金融和投资的印刷版及电子版的杂志也是重要的信息和学习资源，例如《智钱》《吉普林》和《福布斯》。

总之，你很容易就会发现，在你触手可及的地方，存在着你成为一个可获利的投资者所需要的一切信息、数据和工具。

说到工具，下一章我们将对那些大受欢迎的投资工具——交易所交易基金——进行讨论，这类基金可以为我们提供非常好的收益，我迫不及待地想向你介绍它们。让我们拭目以待。

应当记住的要点

■ 美国证券交易委员会规定，在买卖金融证券时，必须使用在政府机构注册的经纪人作为交易中介。

■ 经纪人的很大一部分收入是通过收取投资者的佣金获得的，而佣金即他们每次为我们执行买卖指令时所收取的费用。

■ 如果你获经纪商批准开立保证金账户，你的经纪商将向你发放贷款，其金额最高可达你的账户金额的50%。这表示你拥有了更多的购买力，可以购买更多的有价证券。

■ 由美国证券交易委员会实施的T+3制度规定，投资者必须在3个交易日内对自己的有价证券交易进行结算。

■ 绝大多数经纪公司会就你账户中的闲置现金向你支付利息。

■ 运用到股票中的金融分析师评级，例如“强烈建议买入”“建议买入”“建议吸筹”“建议继续持仓”和“建议卖出”，被当作投资决策工具来确认你自己的尽职调查或许是最好的。

■ 有了财经电视网、互联网和印刷媒介的帮助，我们的周围实际上充满了你可能在任何时候所需要的关于市场和投资的一切信息。

个人心得 托尼

建立并维护一种充满活力的自我形象

如果我们所做的都是我们擅长的事情，我们最终将使自己大吃一惊。

——汤马斯·爱迪生

如果反思自己的自我形象，你将看到一个什么样的人？

心理学研究发现，最成功的是那些有着积极的自我形象的人。

你正在享受生活吗？你对自己的人际关系、商业与社会进步和健康与精力水平满意吗？如果答案是“不”，那么你或许应该花几分钟的时间想一想你如何看待自己的自我形象。

我们所有人在每一个日常“角色”中——不管是父母、业务或工作、男女主人还是业余爱好者或专业选手——都对自己持有不同的看法，同时我们所有人都对自己有一个“总体印象”，它贯穿了我们所扮演的每一个角色。

下面是一个有趣的事实：我们无法比自己心中的自我形象更加优秀——任何时候都不能。毫无疑问，我们所有人都可以利用强大和无所畏惧的瞬间让自己和他人大吃一惊。但是，如果我们在脑子里不断地重复“我不如其他人优秀”这样的信息，我们就会带着自己强加给自己的局限度过每一天，这些局限会阻碍我们的能力，让我们无法实现期望的目标，无法过着幸福的生活。

如果想把你的自我形象改变成一个更加积极的形象，你就需要选择并做到以一种不同的方式看待自己。首先，你应当从精神上和感情上去除“旧的”形象，用积极的形象取而代之。勇敢地去做吧！或许“崭新的”自己会让你在所有事情中展示实力；或许你会变得更有耐心，更加聪明，更加关心他人；或许你会充满活力，会变得精明而成功。接下来，你就会发自内心地希望每天早上都有一个崭新的形象，会在每天的生活中提醒自己保持良好的自我形象。

你的自我形象是决定你生活方向的一个关键因素。如果建立并维护一个更加积极的自我形象，你会发现自己的生活变得更加愉悦，你会更加享受生命中的每一天。

第八章
探索交易所交易基金的世界

如果说曾经有一个新的成员突然出现在华尔街上，并且立刻赢得了“最有可能成功的交易产品”的称号，它就是交易所交易基金（ETF）。自1993年第一只ETF（SPDR标准普尔500指数ETF，代码SPY）席卷华尔街以来，ETFs已经俘获了全球的机构投资者和个人投资者。

就在你阅读这些内容时，华尔街上的某个人眼睛里闪着光，正在创建又一只ETF——而与此同时，华尔街上又一位专业人士把一只表现不佳的基金赶出了这片牧场。迄今为止，这样的投资工具有将近1500只，占领着超过1万亿美元的资产。

在前几章当中，戈登已经提到过几只ETF。如你所见，这些基金极其适合我们的赢利大师法。许多投资者非常喜欢ETF的通用性，以至于他们把整个投资组合都分配给某一组被挑选出来的基金。其他一些投资者则把基金与他们所挑选的个股组合起来。而那些喜欢“指数”的简易性，或喜欢买入追踪某一主要指数基金的投资者，则可以通过买入SPDR追踪道琼斯指数ETF（DIA）、SPDR标准普尔500指数ETF（SPY）、纳斯达克100指数ETF（QQQ）的基金份额来轻松实现这一点。

如果你想为自己的现金账户、保证金账户或个人退休账户买入ETF份额，你应当首先考虑自己的财务目标、多元化投资需求和风险容忍度，花一些时间来确定哪些资产类别最符合你的需求。

本章作者：托尼

我将在本章后面简单讨论 ETFs 如何适合各种资产配置方法，戈登将在第九章概述资产配置策略。你们之中的一些人会希望运用这样一种配置方法，在牛市期间持有各种指数型 ETF 和股票型 ETF，然后在熊市期间转而持有债券（固定收益）基金。由于 ETF 的通用性，这种策略很容易实施。

本章的目标是让你熟悉 ETF，并向你介绍主要的基金家族以及它们最初的基金成员，对那些已经熟悉 ETF 的人来说，本章可能会包含与 ETF 行业相关的信息，这将扩大你的知识库，进而提高你的投资赢利能力。

一、什么是 ETFs?

交易所交易基金（ETFs）包含一揽子股票或其他追踪某一特定指数或主题的有价证券。这些基金每一个交易日都像个股一样进行交易，它们追踪每一种主要的资产类别，其中包括股票、债券、商品和货币。

你可以投资追踪任何一种主要股票指数的 ETFs，如 SPDR 追踪道琼斯指数 ETF（DIA）、SPDR 标准普尔 500 指数 ETF（SPY）、纳斯达克 100 指数 ETF（QQQ）、标准普尔中型股 400 指数 ETF（MDY）、罗素 2000 指数 ETF（IWM）以及其他 ETFs。风格指数 ETFs 追踪的是“成长型”和“价值型”股票指数。行业 ETFs 追踪的则是标准普尔 500 指数中的各个行业，例如金融行业、能源行业、医疗保健行业。如果继续将这些行业指数 ETFs 按照二级行业（子行业）来划分，我们会发现追踪各个子行业的 ETFs，例如运输、生物科技或半导体。继续把二级行业划分为更小的板块，我们会发现追踪例如纳米技术、远洋运输或新兴市场主权债券这些专业领域的 ETFs。

如果你的投资目标较保守，或市场发出了红灯信号，你就可以转而投资债券型 ETFs 或固定收益型 ETFs，其中的例子包括国库券 ETFs，如安硕巴克莱综合公债指数基金（AGG）、安硕巴克莱 7 至

10年期美国公债指数基金（IEF）以及广受欢迎的安硕巴克莱20年以上美国公债指数基金（TLT）。此外，安硕及其他基金发行商还发行许多可供选择的ETF，它们追踪市政债券、公司债券、垃圾债券以及其他债券。

当利率较低时，你或许还会想看一看追踪各种不动产投资信托（REIT）指数的ETF，这类基金可以提供可观的收益。

如果想追求更多的刺激（有时甚至比你所希望的还要刺激），你可以交易商品ETFs，它们追踪的是石油、天然气、金属、粮食、棉花、咖啡、可可，或者甚至是牲畜的价格。从商品ETFs中获得的收益与从股票ETFs中获得的收益税率不同，可以向你的经纪商了解具体的细节。我建议在介入这类基金之前先对商品交易有一个彻底的了解，因为商品可能会波动性很大。

自几年前诞生以来，货币ETFs已经变得十分流行。如今，曾经神秘莫测的、世界上最大的市场领域——货币市场领域或者说外汇市场领域，已经向个人投资者开放。只需敲击几次键盘，我们便可以打开Currency Shares追踪欧元币值ETF（FXE）的界面，查看该欧元币值ETF对美元的价值，或Currency Shares追踪加元币值ETF（FXC）对美元的价值。此外，我们还可以接触到更多的配对货币和一揽子货币，但是就像对商品一样，在投资这类基金之前，拥有关于这些资产组合的专业知识是至关重要的。

重点提示：1993年，大型全球投资经理人道富环球投资顾问与美国证券交易所（Amex，现为纽约证券交易所）[①] 合作推出了第一只ETF——标准普尔500存托凭证，即SPDR（交易代码SPY）。交易者们冠以该基金“蜘蛛”的绰号。[②]

---

① 2009年1月16日，纽约证券交易所集团并购了美国证券交易所。

② 1993年由道富集团与美国证券交易所合作推出的全球第一只ETF，以标准普尔500指数为追踪标的的投资信托基金——标准普尔存托凭证（Standard & Poor's Depositary Receipts，简称：SPDR）。由于SPDR的发音和英文“蜘蛛”（Spider）相近，而道富与美国证交所推广这些ETFs的广告中一贯出现一只令人印象深刻的吐丝蜘蛛，因此“蜘蛛”从此成为市场与投资者对这些ETF约定俗成的昵称。

你不仅可以密切注视追踪一国货币的 ETF，还可以考虑追踪一国最大上市交易公司的股票基金。你研究过澳大利亚的经济吗？你是否认为它的经济已经准备好走强？看一看安硕摩根士丹利资本国际澳洲市场指数基金（EWA）。巴西显示出经济升温的信号了吗？看一看安硕摩根士丹利资本国际巴西市场指数基金（EWZ）。

如果你更喜欢将目标对准全球领域，例如南美市场或新兴市场，你也可以发现许多可供选择的股票 ETFs，它们追踪你所能想到的全球每一个领域。

二、ETFs 的优点

投资 ETFs 有一些非常好的优点，详述如下：

● 不像共同基金，你只能以当天的收盘价买入或卖出，ETFs 就像个股一样，整天都在股票交易所进行交易。

● ETFs 的每一股都提供了投资多元化，而多元化就等于风险管理。假设市场发出了一个绿灯信号，你预期生物技术行业板块将跑赢大盘，于是你就可以买入 SPDR 标准普尔生物技术 ETF（XBI）。第二天早上开盘时，受某种药物试验失败的影响，该基金的一只成分股下跌了 15%，此时尽管 XBI 或许会受此影响，下跌几美分（具体下跌幅度依该成分股在该 ETF 中的权重而定），但它不会大幅下跌。然而，持有这只个股的投资者却会输得倾家荡产。

● 投资 ETFs 可以节省分析研究的时间。你不用费力地浏览详细说明共同基金内部结构的募股说明书（打哈欠），也不用研究个股，ETFs 简化了流程。那么你需要知道 ETFs 中包含了哪些有价证券吗？当然！不过我们会告诉你怎么做，同时我们还在我们的网站 www.investtowinbook.com 上提供了最大型基金一览表。

● 想象这样一种情形：过去 3 个月，科技股飞涨。早期在市场发出了绿灯信号的情况下，你分析了该板块中几只大型的股票，并且选定了一只基本面信息和图表形态都很好的股票。然而，该季度整个板块都暴涨到天上去了——除了你所买入的这只股票。如果当初买入的是 SPDR 高科技指数 ETF（XLK），或其他某只高科技 ETF，你就可以分享这次上涨。这并不是说你将实现该板块中的领涨股所实现的收益，而是说你将不会错失整轮上涨行情。综合来讲，如果某个行业板块最终上涨，那么该板块中的一部分股票将表现突出，另外一部分股票则将表现不佳，要想捕捉这次上涨的大部分行情，你或许应当考虑买入相关的行业 ETF。

● 如果比较指数共同基金与指数 ETFs 的费率，你会发现 ETFs 一直保持着较低的费率。ETFs 的额外费用，例如会计费、营销费和分销费，通常都较低，而这就是 ETFs 费率较低的原因。

● ETF 的税收结构促使它们对投资更具吸引力。对一只典型的开放式共同基金来说，熊市可能导致大量的赎回（人们将自己的资金撤出共同基金）。为了履行自己的职责，基金经理可能不得不卖出股票。这可能会导致你——基金持有人——的年终资本利得税。相反，ETFs 的结构则决定了它可以像股票一样在交易所交易。到年底，如果你卖出手中的 ETF 份额，则可以把资本利得记入利润——如果不卖出，便不做任何计算。

在之后对 ETF 的讨论当中，我将为你介绍各种 ETF 策略，你或许会把这些策略视作投资这类基金的额外福利。

三、明确自己介入的是什么类型的 ETFs?

我已经一次又一次地目睹过下面这种情形：交易者和投资者快速地瞥了一眼某只 ETF 的名称，便想当然地认为自己已经了解这只基金是什么样的，然后便一头扎进去，结果吃了不少苦头才发现自己套住的是一只疯狂的老虎。

下面我们来听一听弗雷德的故事：弗雷德的同事告诉他，美元正在贬值。这位同事踱来踱去，疯狂地做着各种手势，继续说道："唯一'真实'的货币就是黄金。"难道弗雷德的投资组合中就没有一点点黄金或者哪怕是黄金 ETF 吗？呃，真的没有！

弗雷德慌了，他奔向自己的电脑，快速登陆自己的网上账户，立即买入 100 股 SPDR 追踪金价 ETF（代码 GLD）。接下来的一个月，买入的基金在快速飙升之后发生反转，并且越走越低，弗雷德看得目瞪口呆。涨，跌，再涨，再跌，弗雷德简直快要喘不过气来。

风险容忍度低的弗雷德买入了“黄金”，以减轻自己对美元贬值的恐惧。他的失误在于：没有冷静下来分析。如果他冷静下来分析就会发现，他所买入的是一只商品 ETF，是一种风险相当高的投资工具。如果他对许多可供选择的、与黄金相关的 ETF 进行尽职调查，就会发现相似的同类型基金，其价格波动幅度更窄，因而更匹配他的个人风险参数。

重点提示：商品 ETFs 波动性非常大的其中一个原因是：商品的交易价格与全球的发展都密不可分。正因为如此，该资产的价值会在你不知不觉时，一夜之间发生改变。

那么他要如何完成这次分析研究呢？首先，他应该去 SPDR 网站（www.spdrs.com）上对 GLD 进行充分地了解。弗雷德将在 GLD 页面的顶端发现，他即将买入的是紧密追踪实物黄金每日价格的基金。GLD 的每股价格以 1/10 盎司黄金的价格为基础，事实上，该基金在指定的银行金库中持有等同于其价值的实物金条。尽管这点非常好，但弗雷德需要知道黄金是一种商品，正如前面所述，商品基金可能会波动性较大。

弗雷德只要查看一下 GLD 并弄清楚它的成分，再去评估该 ETF 的月线图表或周线图表，就会注意到它的价格运动状况。最终，在评估自己的投资目标以及考虑自己管理该头寸风险能力之后，他就会自信满满地买入该基金，或转而寻找其他与黄金相关的基金。安硕黄金 ETF（代码 IAU）也是基于“实物”黄金的价格（当前价格，不是远期价格）进行交易的，只不过其每股价格要低得多——以 1/100 盎司黄金的价格为基础，尽管它仍然波动性较大，但其较低的价格意味着弗雷德的初始投资会更小。

此外，弗雷德还可以寻找黄金矿业基金，如 Market Vectors 金矿指数 ETF（代码 GDX）或其姐妹基金 Market Vectors 初级金矿指数 ETF（代码 GDXJ），这两只基金都属于股票基金。尽管有时黄金价格上涨，矿业 ETFs 的表现可能还不如它们所追踪的商品，但这些基金仍然可以创造出良好的价值。

ETFs 是很有吸引力的投资工具，它们的名称促使一头扎进这个专业领域看似很简单。但是，在一头扎进这个领域之前，请先准确地确定该基金追踪的是哪些类型的资产以及它的成分股，然后再判断它们是否符合你的投资目标和风险需求。最后，问一问该基金是否已经准备好在目前的市场环境下取得成功。如果这些标准都符合，你就可以放心买入了。

四、去什么地方发现 ETFs

交易所交易基金属于发起该基金的基金“家族”。由于 ETFs 已经变得如此受欢迎，因此似乎金融领域中的每一个人都想组建一只指数基金，发行一只 ETF。

对于我们的目的来说，我们将探索在资历、稳定性和资产类别选择多样性方面具有优势的三大基金家族：道富环球投资管理公司 SPDRS、安硕巴克莱和景顺投资集团，他们的网站分别是：

行业 SPDRS：www. sectorspdrs. com

其他 SPDRS：www. spdrs. com

安硕：http：www. ishares. com

景顺：www. invescopowershares. com

重点提示： ETFs 追踪的是包含了几十只至几百只甚至几千只有价证券的标的指数。

上文提到过的其他 ETF 家族的网站：

古根海姆家族（瑞德克斯投资有限公司）：www. rydex-sgi. com

Market Vectors：www. vaneck. com

智慧树金融公司：www. wisdomtree. com

可查询ETF信息的一般性网站：

晨星公司：www.morningstar.com

《财智月刊》：www.smartmoney.com

ETF趋势：www.etftrends.com

雅虎财经网：www.finance.yahoo.com

了解更多的ETF网站，请访问我们的网站：www.investtowinbook.com

五、成分资产权重不同的ETFs

在《华尔街投资制胜之道》一书中，我们将主要讨论利用指数ETFs、行业ETFs、固定收益ETFs和债券型ETFs制定投资策略。请大家了解，即使基金有着相似的名称，它们的标的指数构建所选用的“加权方式”也可能不同。

目前存在着许多种加权方式，并且还有更多的方式正在被开发，这其中包括市值加权法、等权重法、基本面加权法和收益加权法（如果我们再等一分钟，华尔街上的某个人将会发明出又一种加权法）。

每一种加权方式都有利有弊。了解这些方式的不同之后，你便可以将它们运用到自己的投资策略中，以从市场上获得最好的收益。

市值加权ETFs。到目前为止，绝大多数股票ETFs采用的都是市值加权法。市值加权型指数基金在标的指数中给予市值最大的公司最高的权重，给予中小市值的公司较小的权重。假设全球经济正在不断前进，而你认为能源行业将会获利，此时市值加权型ETFs，如SPDR追踪精选能源股指ETF（代码XLE）和安硕道琼斯美国能源指数基金（代码IYE），就是最明确的选择。在这里市值最大的公司占有最高的权重。目前，埃克森美孚公司（XOM）、雪弗龙石油公司（CVX）和斯伦贝谢公司（SLB）占据着这两只基金的最高权重。由于这几只较大、较强的股票占据最高权重，因此这两只基金可以在牛市当中大幅走高，这是好的一方面，而充满挑战性的一方面是：当市场掉头向下时，这些ETF中的大盘股估值过高问题可能会导致这些ETF下跌得更严重。因此，投资能源行业的其中一种策略是：将投资于能源行业的一部分资金分配给景顺标准普尔小盘能源投资组合ETF（代码PSCE），由于该ETF的成分股与XLE和IYE的成分股不同，因此你可以接触到该领域中那些较小、但有时却增长更快的公司。此外还有一种策略：将投资于能源行业的部分资金分配给该行业中的等权基金。

等权ETFs。顾名思义，等权重法会降低每一只大盘股的权重，升高每一只小盘股的权重，以使所有股票的权重相等，各股票的权重定期进行调整以达到再平衡。这类基金通常会在小盘股繁荣时表现优异，这种情形通常会在经济低迷之后和经济复苏的最初阶段出现。等权基金的粉丝，如瑞德克斯标准普尔平均加权指数ETF（RSP）——追踪的是标准普尔500的一只平均加权指数，该基金认为这种策略可以通过排除加权市值增长偏差来跑赢市场。了解更多等权ETFs（EW）的信息，请登录上文所列出的古根海姆家族（瑞德克斯投资有限公司）的网站，然后在“基金发现者”下方点击“古根海姆家族ETFs”。

重点提示：对市值加权ETFs来说，标的指数的构建将对该基金的表现有着重大影响。一只股票的权重越高，它对ETF的表现影响就越大。好的方面是：要想了解你所持有的基金接下来的走向，你可以留意你的市值加权型ETFs中三只权重最高的成分股的表现。

重点提示：传奇价值投资者本杰明·格雷厄姆说过：“短期来看，市场是一台投票机，但长期来看，它是一台称重机。”

基本面加权ETFs。这类ETFs有时也被称为“智能型”ETFs或“灵巧型”ETFs，它们关注一个或多个基本面因素，如账面价值、现金流、收入、销售额或股利，这类ETFs追踪的股票可能是按收入来计算权重（基于顶线销售额）[①]，也可能是按收益来计算权重（基于高利润率），或按股利来计算权重（基于现金股利支付），这类ETFs的费率经常高于主要指数、市值加权型基金和等权基金，因为它们受到的是更加积极的管理。

基本面加权ETFs的例子有景顺富时拉斐美国1000基本面指数ETF（PRF）（大盘股）和景顺富时拉斐美国1500中小型基本面指数ETF（PRFZ），收益加权ETFs包括智慧树全体收益ETF（EXT）（追踪整个美国市场）。如果你认为基本面指数的表现将优于传统的市值加权指数，你就可以用这类ETFs代替传统的指数ETFs，或同时使用这两种ETFs。但是请注意，由于其构建方式与市值加权ETFs相比，基本面加权ETFs涉及更高的投资组合周转率（因而费率更高）和更低的税收优惠。

高贝塔ETFs和低波动ETFs。高贝塔ETFs也被称作“风险系数驱动ETFs”，由对市场运动最敏感（β系数最高）的股票组成；低波动（低价格波动）ETFs追踪的是努力与大盘保持步调一致、价格摆动幅度较小的股票指数。毫无疑问，在坚挺的牛市当中，高贝塔ETFs可以提供极好的收益，但在高风险的市场中，低波动ETFs（β系数低）则可能是更好的选择，如景顺标准普尔500高贝塔指数ETF（SPHB）和景顺标准普尔500低波动指数ETF（SPLV）。

六、了解资产净值（NAU）

在任何特定的时刻，一只ETF都有两种价值：一是供你我买卖的基金市场价；二是标的指数的实际价值，即资产净值。在剧烈波动的市场中，一些ETF或ETN会在其资产净值的基础上溢价交易或折价交易。尽管这并不是绝大多数投资者十分关心的问题，但是

---

① top line，顶线，经济学中有顶线增长，即营收增长。在常用的财务报表——损益表中，第一行是收入。因此，常用顶线增长这一指标表示销售收入增长。因此这里译者把原文中的top line sales译成“顶线销售额”。

在决定买入某一只 ETF 时，你或许还是会想登陆该基金的网站，看看其市场价与资产净值之间的价差，以确保两者紧密一致（价差在几美分以内）。

七、简述交易所交易债券（ETNs）

你或许已经听说过或交易过 ETF 的姐妹产品——交易所交易债券（ETN），尽管这种产品与 ETFs 一样在交易所交易，但它们的构建不同，ETNs 是一种债券，只存续有限的一段时间（通常是 10～30 年）。到期时发行商将向投资者偿付一定金额的回报，偿付金额与某一只指数或其他基准的表现挂钩。

风险：由于 ETNs 是债务工具，因此发行商有可能（但可能性不大）无法履行债务。目前，许多 ETNs 都持有商品，在买入之前，请确保你充分认识了 ETNs 的特点和风险。

如果愿意研究 ETNs，你可以看一看最杰出的 ETN 家族之一 Barclays iPath ETNs，详情请登录网站 www. ipathetn. com。

八、对行业 ETFs 举例说明

那些对 ETFs 或行业基金还很陌生的人，我们来快速地看一看 SPDR 行业 ETFs。它们流动性高（每天交易几百万股），它们追踪的市值加权指数的成分股都是家喻户晓的公司。如果你想进行比较观察，安硕就是以类似的市值加权型行业 ETFs 为特点的基金。

你可以在 www. sectorspdrs. com 网站上发现一批被广泛持有的 SPDR 行业 ETFs，SPDR 行业 ETFs 将标准普尔 500 成分股划分为九类或者说九大行业。记住，每个行业又包括不同的二级行业，这大大提高了基金的多元化投资能力。下文按字母顺序列出了 SPDR 行业 ETFs，并对每个行业会在什么类型的市场环境下上涨进行了简要说明。

注意，在下面的说明中，我提到了“重仓股”。请注意，由于股票市值的变化，一只 ETF 的重仓股排名会随着时间的变化而变化。因此，如果你发现（某只 ETF 的）重仓股与我们这里所列出的不同，那是因为该股的权重发生了变化，我在这里将它们列出是为了让你熟悉统治每个行业的代表性股票（在买入 ETFs 份额之前，一定要登陆该基金的网站，查看它目前的成分股列表）。

SPDR 行业 ETFs

● SPDR 非必需消费类股 ETF（XLY），该行业中被追踪的二级行业包括的是我们通常会在经济繁荣和就业率高时购买的产品：汽车、耐用消费品、服装、酒店服务、餐饮服务、休闲活动、媒体服务和零售服务。重仓股：麦当劳公司（MCD）、华特·迪士尼公司（DIS）和家得宝公司（HD）。

重点提示：“耐用”消费品指的是可持续使用 3 年以上的产品，如汽车、房屋和家用电器。

重点提示：正如我们没有必要研究在美国各大股票交易所上市交易的将近 9000 只股票一样，我们也没有必要仔细研究基金领域的每一只 ETF。如戈登所建议的，我们只需要列出一个简短的（目标）基金列表，为你的投资目标服务。

● SPDR 主要消费品类股 ETF（XLP），该行业中的企业生产的是我们绝大多数人不断需要的消费品：食品和药品零售、饮料、烟草、家居和私人用品，这类消费品又被称为“非周期性”消费品，许多这类公司都可以在任何经济环境下表现得很好。此外，你或许会在市场不确定性导致投资者逃往支付红利的“日常必需品”股票时看到 XLP 大幅上涨。重仓股：宝洁公司（PG）、可口可乐（KO）和菲利普莫里斯国际公司（PM）。

● SPDR 追踪精选能源股指 ETF（XLE），这类基金中的能源公司勘探、开发及生产石油、天然气和煤炭并为这些行业服务。由于我们利用能源资源进行生产和发展，因此你会发现全球经济扩张和GDP（国内生产总值，即一个国家生产的产品和劳务的总和）数据上升将刺激该行业和XLE上涨。当然，其他许多刺激因素也会促使能源价格上涨，其中包括外部冲击，如暴风雨和战争。目前的重仓股：埃克森美孚公司（XOM）、雪佛龙石油公司（CVX）和斯伦贝谢公司（SLB）。

● SPDR追踪精选金融股指ETF（XLF），该行业从标准普尔500指数这块蛋糕上分出了一大块（目前是14%），它囊括了美国大量的金融机构，范围从投资管理到商业银行、投资银行，再到保险、不动产投资信托。我常说，金融机构就是经济的脊梁（对绝大多数工业化国家来说均是如此）。只要金融机构保持健康，经济就可以保持活力。如果金融机构开始走下坡路，投资者最好开始为守势考虑。该ETF目前的重仓股包括：富国银行集团（WFC）、伯克希尔·哈撒韦公司的B股（BRK. B）和摩根大通公司（JPM）。

● SPDR追踪精选保健股指ETF（XLV），正如你所想，该行业的公司集中于药品、生物技术、医疗保健设备、相关的服务和产品供应。尽管医疗保健行业会在牛市（显示出绿灯信号的市场）中大幅走高，但许多投资者也会在市场变得焦虑时逃往该领域寻求保护。毫无疑问，随着婴儿潮出生的一代人的老龄化，需要更多的医疗服务，医疗保健行业或许会成为我们的投资组合中一个很好的主要成分。该ETF的重仓股包括：强生公司（JNJ）、辉瑞公司（PFE）和默克公司（MRK）。

● SPDR追踪精选工业股指ETF（XLI），该行业涵盖了一长串的二级行业。许多占统治地位的代表性企业都是综合性大企业，即它们不只在一个行业中开发和制造产品，例如通用电气公司（GE）和霍尼韦尔国际公司（HON）。工业公司业务包括：航天与防御、建筑产品、建筑与工程、商业用品与服务、电气设备以及所有的交通工具和交通基础设施。我们可以把工业股票看作"周期性"股票，这表示它们通常会在牛市中和经济扩张时表现最佳，而熊市和经济收缩则会削减该行业的收益。该ETF目前的重仓股包括：通用电气公司（GE）、联合科技公司（UTX）和联邦快递服务公司（UPS）。

● SPDR 追踪精选原材料股指 ETF（XLB），该 ETF 只是标准普尔 500 行业 ETFs 蛋糕中最小的一块，目前它们仅占 3.5%。在考虑“原材料”公司时，想一想建造房屋、建筑物、办公室和我们每天接触和使用的一切所需要的未加工原料和加工原料。基本材料公司主要集中于化工产品、建筑材料、罐装和包装材料、肥料、五金和矿业、林木业产品和纸制品这样的行业。原材料股与工业股一样，在牛市（发出绿灯信号的市场）中和经济扩张时表现最佳，经济衰退期间，原材料的需求减少，使得这类公司的收益受到限制。该 ETF 目前的重仓股：杜邦公司（DD）、孟山都公司（MON）和陶氏化学公司（DOW）。

● SPDR 高科技指数 ETF（XLK）与原材料股指 ETF 仅占标准普尔 500 行业 ETFs 蛋糕中的一小块相反，高科技指数 ETF 经常是最大的一块。目前，这个板块霸占了整块蛋糕的 23.53%，该行业的二级行业涉及计算机及其外围设备、软件、半导体设备、IT 咨询服务、多样化的电信业务和无线通信服务。由于绝大多数科技公司都会在研发上花费大量的资金，因此它们会在利率较低时表现最佳。当然，它们也会在经济扩张时表现最佳，因为此时对新技术的需求高，且各企业的 IT 预算也较高。该 ETF 的重仓股包括：苹果公司（AAPL）、美国国际商用机器公司（IBM）、微软公司（MSFT）和美国电话电报公司（T）。

● SPDR 追踪精选公用事业指数 ETF（XLU），正如你所想，公用事业行业包括生产、运输及分送天然气和电力的企业。和原材料股指 ETFs 一样，公用事业指数 ETFs 也只是标准普尔 500 行业 ETFs 蛋糕的一小块，目前为 3.56%。由于公用事业企业要耗费庞大的资金量来进行开发和维护其服务项目，因此它们会在低利率的环境下繁荣发展。此外，作为一种公用事业指数，XLU 会发出独特的信号，使我们能够洞察市场的情绪和行为方式。戈登在第四章中对此进行了讨论，我们将在下面的章节中更加详细地讨论公用事业股，并查看其图表。目前的 XLU 重仓股：杜克能源公司（DUK）、美国南方公司（SO）和埃克斯龙公司（EXC）。

重点提示：与固定收益基金相比，在交易行业 ETFs 时，你可能会更加频繁地买进卖出，因此买入和卖出日均成交量至少为 20 万股的“流动性”ETFs 或许可以让你获得（小小的）价格优势。

九、利用 ETFs 进行的资产配置策略

如我们刚才所见，ETFs 是资产配置的理想选择，它们追踪主要指数，提供各种各样的资产类别，并且收取较低的费用。

了解了这些优点之后，接下来我们讨论两种标准的资产配置方法：战略性资产配置和战术性资产配置。假设你已经确定自己的投资目标，明确自己的风险容忍度，那么我们首先来讨论战略性资产配置方法。

战略性配置依靠的是资产多元化，是一种更加被动的方法。正如戈登将在之后的章节中向你介绍的，这种方法不需要太多的时间和精力来进行管理。

以下是关于该方法的一个简单的例子：如果 SPDR 标准普尔 500 指数 ETF（SPY）正在走高，其价格正高于其上升的 12 月移动平均线，发出了绿灯信号，此时你或许会打算开始交易，并把一部分资金分配给 SPY，或与 SPY 相似的基金——安硕核心标准普尔 500 指数 ETF（IVV）。持有大盘股基金之后，接下来你或许应当持有标准普尔中型股 400 指数 ETF（MDY），然后或许是安硕标准普尔小型股 600 价值指数基金（IJS）。尽管 IJS 追踪的是标准普尔 600 指数的表现，但它却是寻求在小盘股领域实现价值投资的表现。

而对于债券来说，你或许应当考虑安硕巴克莱综合公债指数基金（AGG）这样的固定收益基金，对于那些喜欢持有少量黄金基金以帮助抵御通货膨胀的人来说，你或许应当考虑买入我们本章先前所提到过的安硕黄金 ETF（IAU），以及先前提到过的另外一只可以抵御通货膨胀的基金——安硕巴克莱通胀债券指数 ETF（TIP）（戈登将在第十二章更加详细地讨论资产组合规划和战略性资产配置）。

重点提示：如果你偏爱将一揽子基金打包成单只基金的“即插即用型”ETF，可以考察安硕史坦普保守型资产配置 ETF（AOK）。

你可以把战略性配置方法当作你的宏观方法（运用到自身投资组合的绝大部分），然后便不再管它，即你把这种方法用在你的核心投资组合上，并增加一种战术性资产配置方法作为辅助。

战术性方法通常更为激进，同时要求经验丰富。使用这种方法，你可以寻求“风险”资产，例如行业 ETFs。对目标资产的月线图表进行快速地分析将会向你表明目前的市场环境正在发出绿灯信号，还是正在建议你等待一个更好的入场时机。

以下是我把资金分配给一个新的头寸之前所采取的第一步：评估 SPDR 标准普尔 500 指数 ETF（SPY）的图表。如果 SPY 的价格正高于其上升的 12 月移动平均线且正趋势向上（高点和低点都在升高），那么我就知道整体市场坚挺，这是一个绿灯信号；如果 SPY 的价格正低于其向下倾斜的 12 月移动平均线且正趋势向下，那么市场正发出红灯信号，我选择观望。

许多投资新手都会因为一时冲动而一头扎进市场，他们不知道采取上述简单步骤，这种冲动行为有时会让他们陷入一片泥潭，有时却会直接让他们捅到马蜂窝。

花几分钟的时间来实施“评估 SPY”这一简单的步骤，将会节省你的资金，并防止你被市场伤害，之后你便可以把你所观察到的转化成简单的红绿灯信号。

图 8.1 展示了 SPY 的一张月线图表，我们可以清晰地看到，当这只基准 ETF 上涨到其 12 月移动平均线上方时，市场表现坚挺；而当 SPY 掉头向下，移动平均线在其头顶上向下倾斜时，空中便传出了大黄蜂的嗡嗡声——此时绝不是开立新的多头仓位的好时机。

一旦评估了市场环境，确定了红绿灯信号，我们便可以确定把自己的资金分配到什么地方。如果选择进入行业基金，我们可以考虑以下 SPDR 行业 ETFs：

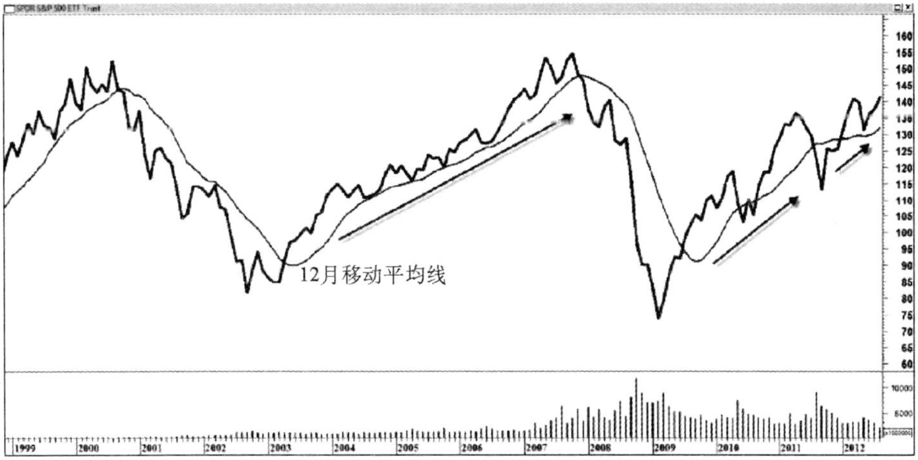

图 8.1　SPDR 标准普尔 500 指数 ETF（SPY）绘有 12 月移动平均线的月线图表

你可以看到 SPY 是如何从 2002—2003 年的各低点开始上涨，并在 2007 年末之前一直处于牛市当中的，接近价格顶部之前的这一时间跨度内都是做多市场和绝大多数行业的好时机。

- 市场坚挺时，选择较具有进攻性的行业：
  - SPDR 追踪精选原材料股指 ETF（XLB）；
  - SPDR 追踪精选能源股指 ETF（XLE）；
  - SPDR 追踪精选金融股指 ETF（XLF）（也可以作为偏防守的 ETF）；
  - SPDR 追踪精选工业股指 ETF（XLI）；
  - SPDR 高科技指数 ETF（XLK）；
  - SPDR 主要消费品类股 ETF（XLP）。
- 市场不确定时，选择防守型的行业：
  - SPDR 主要消费品类股 ETF（XLP）；
  - SPDR 追踪精选健保股指 ETF（XLV）；
  - SPDR 追踪精选公用事业指数 ETF（XLU）。

图 8.2 展示的是 SPDR 追踪精选能源股指 ETF（XLE）的月线图表。当经济全速前进时，能源行业可以提供强劲的利润。

即便如此，我们还必须记住，XLE 由与能源相关的股票组成，而能源（石油、天然气、民用燃料油）是一种商品。既然我们已经从弗雷德的经历中了解到商品可能会波动性较大，那么我们就要在

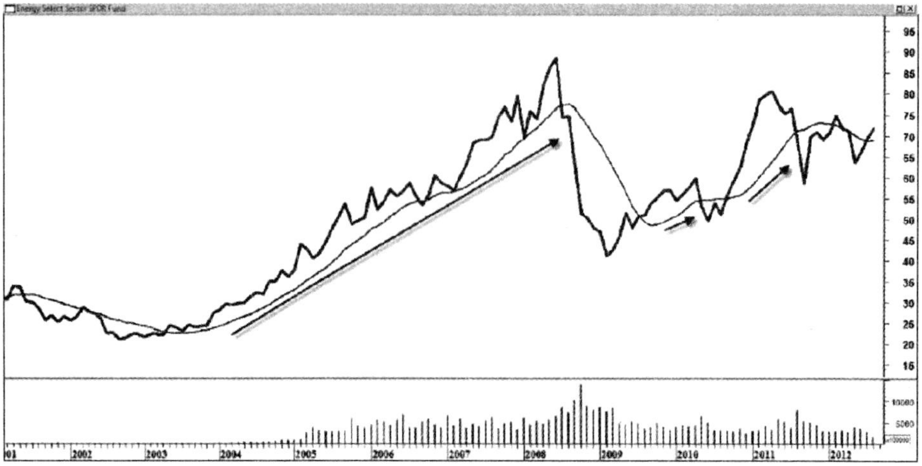

图 8.2　XLE 绘有 12 月移动平均线的月线图表

你可以看到，XLE 先是从 2003 年开始走高一直到 2008 年中，之后与 SPY 一起下跌，直至 2009 年 3 月，自那以后，XLE 一直走高，但在全球经济疲软期间跌破了其 12 月移动平均线。

享受潜在回报的同时接受风险。因此，如果我们持有 XLE，并发现它在市场发出红灯信号时，收盘于 12 月移动平均线下方，我们就可以考虑平仓了。

图 8.3 展示的是 SPDR 主要消费品类股 ETF（XLP）的图表，当市场正在翻越忧虑之墙时，XLP 可以给投资者提供一个留在市场中的机会，让投资者省去了不眠之夜。当然，像任何一次头寸一样，我们需要管理好风险。

该消费品类基金或许就像舞会上被人冷落的女子，极少出现在媒体的聚光灯下，但我们却可以看到，在我们于 2009 年 4 月买入至今的上升趋势中，它是如何获利 56%左右的（即便是那些出手之后再次买入的投资者也几乎没有错过多少赢利）。

图 8.4 展示的是 SPDR 高科技指数 ETF（XLK），该行业可以提供极好的收益，同时通往赢利的道路可能会是一条令人兴奋的道路。成长股占该行业股票很高的比例，当强健的成长股站在聚光灯下时，它们可以尽情地舞蹈。这是好的一方面。

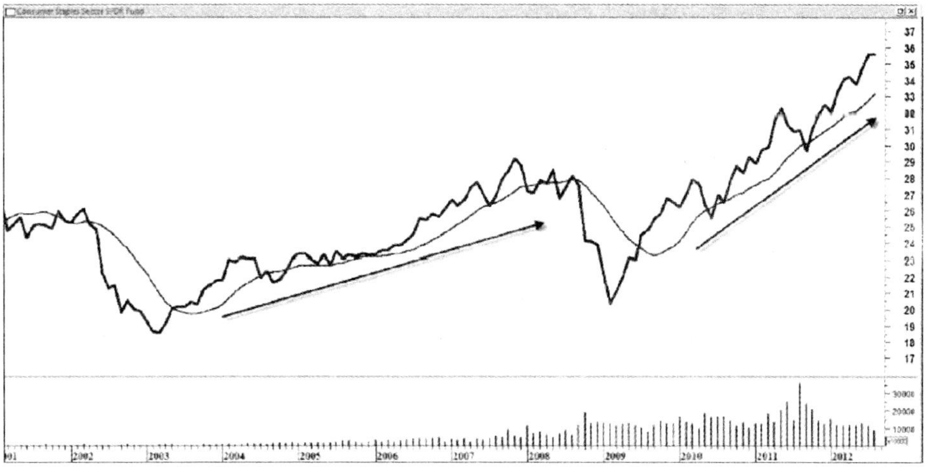

图 8.3　XLP 的图表

注意该消费品类 ETF 是如何在 2009 年春天开始好转并急剧上涨的，其中大部分上涨紧跟投资者对欧元区经济体的焦虑。尽管该消费品类 ETF 能够在牛市中表现得很好，但它也可以在焦虑的市场中代表一种防守型的策略。

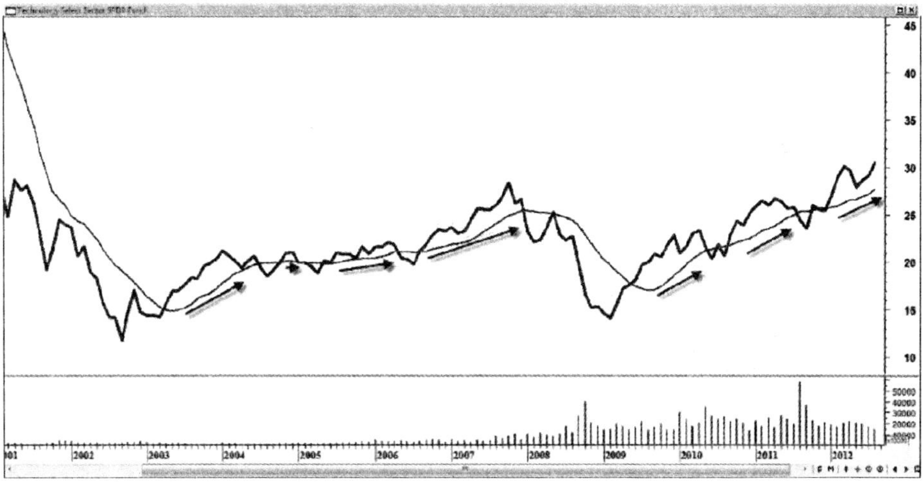

图 8.4　XLK 绘有 12 月移动平均线的月线图

注意高科技行业是如何在不断贴近其 12 月移动平均线的过程中给投资者一段颠簸之路。不过，除了两次夏天的回撤以外，由于 XLK 于 2009 年 4 月至 2012 年 8 月期间向上突破了其 12 月移动平均线，因此该基金目前已经上涨 72%。

重点提示：假设年底了，你正在准备纳税申报表格。你一直在标准保证金账户中持有微软公司的股份（MSFT），目前处于亏损当中。你希望在报税时抵减亏损，但是你又认为“软件先生”会在接下来的几个月中获得动力上涨（美国国税局不允许卖出股票止损之后立即买回）。那么你可以这样做：先卖出微软公司的股票，然后买入安硕标准普尔北美技术软件指数 ETF（IGV）。由于市值较大，微软公司通常都是该 ETF 的重仓股之一。你先卖出止损，然后立即用一个十分相似的头寸代替该头寸，这样你便不会错过可能出现的上涨行情。

下面是不那么好的一方面：统计数据向我们表明，大盘下跌时，成长股下跌的速度是价值股的 1.5～2.5 倍。在你的战术性资产配置方法中使用 XLK 或相似的高科技基金时，你要对其进行适当的管理。

最后，我们来看一看 SPDR 追踪精选公用事业指数 ETF（XLU），如绘有 12 月移动平均线的图 8.5 所示。长远来看，XLU

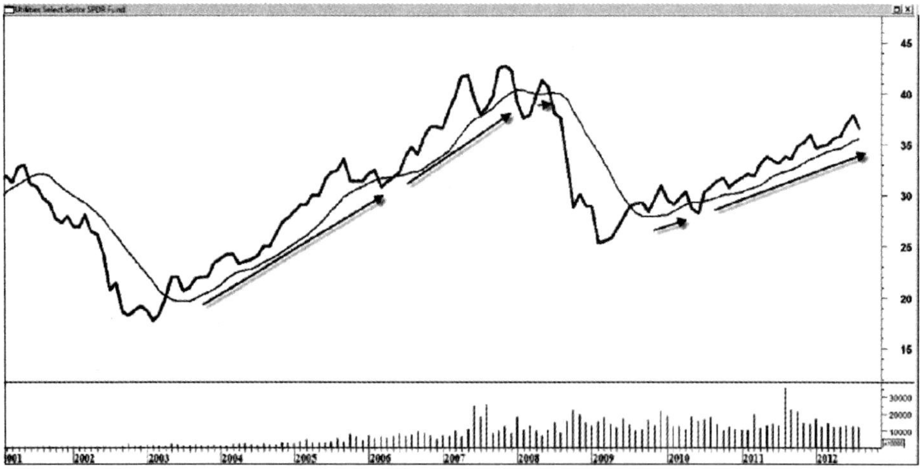

图 8.5　XLU 绘有 12 月移动平均线的月线图表

我们知道，该行业通常会在能源价格较低（公用事业使用大量的能源）以及利率较低时表现较好。我们可以看到，在图中所示时间段内，通过使用红绿灯信号，我们可以在躲避经济衰退的同时获得不错的收益。

比它的一些疯狂的行业姐妹们更加温和，因而当投资者们感到焦虑时，支付股利的公用事业类股是一个避风港。事实上，正如戈登在第四章中所讨论的，当焦虑进入趋势上升的市场时，你将多次看到XLU大幅走高。

尽管在使用战术性资产配置方法的情况下，XLU可以成为一个甜蜜地带，但是请注意，当市场承受极端压力时，XLU及其标的成分股也会随其他行业一起下跌。因此，要像管理自己所有的头寸一样聪明地管理XLU。

我相信本章内容已经让你熟悉了ETFs，这将有利于你的投资旅程，帮助你实现自己的目标。在第九章中，戈登将对资产配置展开讨论，我知道你一定会乐在其中的。

应当记住的要点

■ 交易所交易基金（ETFs）包含一揽子股票，或其他追踪某一特定指数或主题的有价证券。

■ ETFs每一个交易日都像个股一样在交易所交易。

■ ETFs追踪每一种主要的资产类别，其中包括股票、债券、商品和货币。

■ ETFs的每一股都提供了投资多元化。

■ 在比较指数型共同基金与指数型ETFs的费率时，大多时候ETFs都保持着较低的费率。

■ 由于其构建方式，ETFs能够比共同基金更有税收优势。

■ 在买入ETFs份额之前，要确保它们符合你的总体投资策略和风险需求。

■ 如需某只ETF目前持股和追踪指数的最新资讯，可登陆其所在基金家族或发行商的网站，打开目标ETF的网页。

■ 按照成分股在ETFs标的指数中的权重来分，ETFs可以分为市值加权ETFs和等权ETFs。

■ 基本面加权ETFs关注一个或多个基本面因素，如账面价值、现金流、收入、销售额或股利。

- ETNs 是一种债券，只存续有限的一段时间（通常是 10～30 年）。
- ETFs 非常符合两种标准的资产配置方法：战略性资产配置法和战术性资产配置法。
- 在研究 ETFs 时，评估绘有 12 月移动平均线的月线图表可以为我们的买卖决策提供更多的指导。

个人心得 托尼

情商是什么？

身前身后之事与我们的内心相比都只是沧海一粟。

——拉尔夫·瓦尔多·艾默生

在过去的几十年，我们都通过一个分数，即“IQ”（意思是“智商”）来衡量一个人的智力。那些拥有高智商的人会受到尊敬；而那些拥有一般智商或低智商的人则会被人轻视。

然而，几年前研究者却发现，更大比例的智力水平最高的人工作表现却不如那些智力水平一般的人。换句话说，“成绩为‘A’的学生通常都会发现自己正在为成绩是‘C’的学生打工”，这句话最终不仅仅只是理论，如今它已经成为事实。

那么成绩为“C”的学生们到底体现出了什么样的特质，在生活中将他们推向了更大的成功？如今研究表明，他们展现出了更高的情绪智力水平，即情商 EQ。

在《情商 2.0》一书中，作者特拉维斯·布拉德伯里和吉恩·格里夫斯说道：“我们进入职场时知道如何利用自己的知识体系进行阅读、写作和做报告，但是我们经常缺乏在紧急挑战面前管理自身情绪的能力。好的决策需要的远不只是事实性知识，它们是在最被需要时利用自我认识和对情绪的驾驭做出的。”（才智出版社，2009，P. 14）。

作者还说道：我们的大脑“天生就会让情绪占上风”。

如果查看实际的物理过程我们会发现，我们的感官不断地以电子信号的形式向我们的全身发送信号，这些信号到达我们的大脑之后，再由大脑底部传送到上肢。在整个过程中，信号必须经过大脑边缘系统，而情绪就是在此产生的。一旦感觉被贴上了情绪（即感性）的“标签”，你的理性或者说“理性大脑”便不复存在。布拉德伯里和格里夫斯告诉我们：“感性的大脑与理性的大脑之间的交流是情商的物理根源。”

为了提高我们的情商水平，以使我们更充分地享受生活，我们首先需要认清自己的个人情感模式，并建立一种意识倾向。那么我们可以在情绪开始在内心深处萌芽时就感觉到它们吗？更进一步，我们可以学习如何管理消极的情绪并在它们演变成行为之前将其排解吗？我们可以将冷静、自信和细心逐渐灌输到我们所做的每件事当中吗？

对情商的研究向我们表明，我们如何才能了解自身情感模式以及它们如何在我们的生活中扮演不可分割的角色，进而据此利用我们已有的知识库、受到的教育和物质上的成功。当我们把高情商与智商相结合时，我们便是采用了一种全方位的推动力，它将带我们通向更加令人满意的生活。

第九章
两种简单的制胜投资策略

投资者需要投资策略才能有望保住本金或使资金增长。想象这样一种情形：你带着爱人跳进一辆汽车并发动了引擎，在几次不确定的改变方向之后，车上的乘客悄悄问你要去哪里？此时此刻你才意识到你也不知道目的地到底是哪里。“我也不确定。”你老实回答道。但是为了让你的伴侣安心，你又乐观地说道：“但不管去哪里，都一定会是一个更加美好的地方！”

尽管这听起来就像是《爱丽丝梦游奇境》再现，但实际却是投资领域每天都在上演的场景。尽管绝大多数投资者都知道自己想让辛苦挣来的钱增加，或者至少不会亏损，但他们却不知道如何才能做到这一点。在没有确定具体方法的情况下，投资者或许只是简单地一头扎进去，在对于何时平仓并没有任何详细计划的情况下买入基金或股票。

赢利大师法旨在帮助你发现一种适合你个性的策略。专家指出，使用一种符合你个性的策略对你成功航行于市场之中的能力有着重大影响（参阅杰克·施瓦格《对冲基金奇才》，约翰·威利父子出版公司，2012，P.449～450。另请参阅范·撒普《通向财务自由之路》麦克劳·希尔集团，2007，P.1）。

本章的内容旨在为你提供两种适合你个性的策略。

本章的策略最重要的特点就是简单，但每种策略都可随市场环境调整。这两种策略旨在易于理解且容易实施，同时还可进行调整，以适应你的个人投资目标。

本章作者：戈登

我惊奇地发现，没有任何两个投资者曾经以完全相同的方式获利。一旦转动赢利大师法的四把钥匙，便可以打开一扇门，通往我将在第九章和第十章与你分享的简单而强大的策略。本章所介绍的策略是维护工作量很小的方法，它们适合哪怕最懒散的投资者。你或许可以从这些策略中发现一些简单修改后就适合你个人情况的内容。

一、可在机会型与安全型之间转换

这些策略的核心理念是根据市场情绪信号（第四章中讨论的红绿灯信号）来调动你的资金，将其调往安全的地方或充满增长机会的地方。我们的策略假设，债券市场代表投资者在寻求安全时的去处，而股票市场则是寻求增长和机会的最佳去处。

许多投资者可能会认为这样的说法过于简单化，还有一些投资者则可能会坚持认为还有其他的选择可以让你的资金增长得更快或更加安全，对此我不进行讨论。本章的策略主要是为你提供一种简单而有效的方法，帮助你实现投资目标，并不需要追求细节的完美。

这些策略为你提供了一种结构化的方式，让你根据当下市场状况，在股票和债券之间来回调动自己的资金。前一章托尼已经说明，某些 ETFs 要么追踪股票，要么追踪债券，对于许多共同基金来说亦是如此。这表示你可以在个人退休金账户中以买卖 ETFs 的方式，在递延税收储蓄账户（401k 账户或 403b 账户）① 中将资金从一只基

① a. 401k 账户即企业根据 401k 计划为员工设立的账户。401k 计划也称 401k 条款，401k 计划始于 20 世纪 80 年代初，是一种由雇员、雇主共同缴费建立起来的完全基金式的养老保险制度，是指美国 1978 年《国内税收法》新增的第 401 条 k 项条款的规定。按该计划，企业为员工设立专门的 401k 账户，员工每月从其工资中拿出一定比例的资金存入养老金账户，而企业一般也按一定的比例（不能超过员工存入的数额）往这一账户存入相应资金。与此同时，企业向员工提供 3～4 种不同的证券组合投资计划，员工可任选一种进行投资。员工退休时，可以选择一次性领取、分期领取和转为存款等方式使用。该账户的缴费和投资收益免税，只在领取时征收个人所得税。b. 403b 退休计划是教育机构或者非营利组织雇员的退休计划。与 401k 退休计划一样，403b 计划也有延税功能。

金转移到另外一只基金，以此将资金从股票转移到债券。

为了遵循这些策略，你需要做的只是能够以深思熟虑的方式在债券基金和股票基金之间来回调动你的资金。最终，如果你明确了如何在自己的投资账户中在股票和债券之间来回调动资金，本章将帮助你掌握何时调动。

这两种策略十分相似，都很容易理解，也十分容易实施，并且都可以根据你的个人风险容忍度和离退休的时间长短进行调整。两种策略的不同之处在于，追求的收益大小不同，你所需要付出的努力程度也不同。第一种策略需要你尽可能地让问题简单化；第二种策略则需要你让问题保持简单的同时，额外再做一个决策，以帮助你提高收益。

二、策略 1：以保本为主

这是一种平衡投资于股票共同基金和债券共同基金的很好、很合适的策略，该策略适合于运用到递延税收储蓄账户（如 401k 账户或 403b 账户）。此外，该策略尝试尽量减少损失、创造机会，以便在动荡不安的几十年里也能与市场表现持平，甚至跑赢市场。

赢利大师法的第一把钥匙。有了这种策略，你的风险容忍度数据可以被用来限制你的风险敞口。

赢利大师法的第二把钥匙。红绿灯信号指标将会向你表明何时在退休金账户中将资金从一种类型的基金转移到另外一种类型的基金。

赢利大师法的第三把钥匙。你的选择仅限于你的退休储蓄账户中可选择的共同基金。这些基金主要分为成长型（股票）基金和收益型（债券）基金。除了这些，你将不需要其他任何选择。

赢利大师法的第四把钥匙。通过使用一位经验丰富的投资顾问开发的独一无二的资产配置技术可进行风险管理。

第一种策略旨在帮助你遵循我所知道的，用来在市场波动期间保护你的投资，并帮助其增值的最简单方法。这是一种维护工作量很小的策略，非常适合那些风险容忍度低、不喜欢经历亏损的投资者。此外，它也非常适合那些认为自己十分有耐心的投资者。使用这种策略，你甚至不必挑选个股。你可以在低得少至15分钟的时间内做出策略调整，并且每月需要花费的时间不超过30分钟。

我第一次接触第一种策略的基本原理是通过陈·威廉，一位注册投资组合经理，他通过多伦多的一家投资公司，e3m投资公司，为投资者提供服务。威廉已经与高净值的个人合作了20多年，他致力于管理他们的投资组合，或帮助他们管理自己的投资组合。他告诉我，开始为他的客户管理投资不久之后，他便开始注意到客户们的一个普遍心态，就是“这些人的心态与绝大多数投资者不一样，他们不关注资金增长，他们关注的主要是‘不要让我赔钱’!”多年以来，威廉已经找到一种方法，可以最好地帮助这些人实现目标。

第一次听到威廉说明他的工作时，我印象非常深刻，于是我开始研究他的方法作为一种投资策略的可行性。发现它既简单又有效之后，我拜访了威廉，更多地了解了他是如何管理客户账户的。征得他的同意之后，我用他的方法构成了这种策略的基础。为了帮助你更好地理解这种策略是如何运作的，我要先说明威廉是如何为客户做咨询，如何帮助他们每一个人创建个性化的投资方法的。这将帮助你更好地理解这种策略的灵活性和强大之处。

与客户合作时，威廉所做的第一件事是帮助他们明确自己的风险容忍度，这是任何一个投资者都应该做的事。但是，绝大多数投资者不知道接下来应该做什么。威廉帮助他们了解如何把自己的风险容忍度转化成可接受的股市敞口区间。图9.1描绘了威廉向他的客户说明的内容。

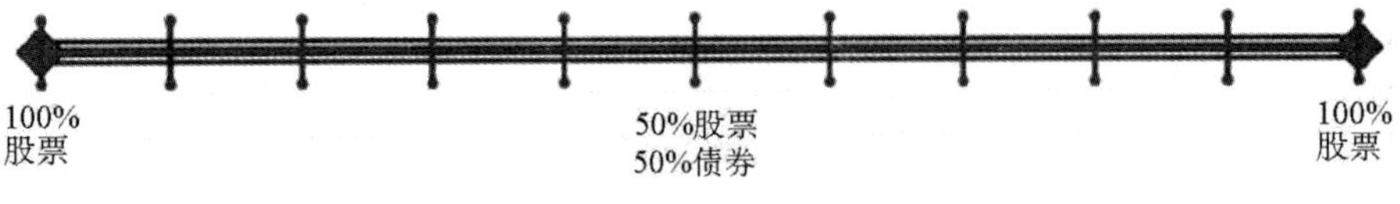

图9.1　一个投资者账户中两种极端分配之间的投资分配线谱或者说区间

这段线谱的两端代表的是其客户账户中两种极端的分配情况。威廉认可不同的市场形势需要不同的资金分配。当经济状况不错时，如果他的一个客户想抓住尽可能多的机会，那么作为一种较为简单的方法，该客户可能会希望把所有可用资金都分配给股票或股票指数型共同基金。股票指数型共同基金就是那些基于例如标准普尔500这样的指数自动买入多只股票的基金。

如果对投资者来说市场形势不稳定，威廉就会建议客户把一部分或者可能是全部资金调往债券或债券基金。但是，他的方法并不是简单地将所有投资资金投向股票或债券。事情并没有这么简单。

接下来，他会与客户一起在这段线谱上确定一个区间，该区间在左右两个方向上界定了风险容忍极限。该区间可大可小，具体根据客户的偏好而定。客户的风险容忍度越大，该区间越宽；客户越想将焦点集中于不赔钱，该区间就变得越狭窄。他的客户所选择的风险容忍度区间将是客户对价格波动的关注程度的一个函数。

威廉清楚，在某些时期，市场形势更有利于股市走高，而在这样的时期，如果想从这样的市场环境中获利，他的客户需要将部分资金投向股票。然而，正如他和他的客户都清楚的一样，没有人能保证股票价格真的会走高，它们也有可能走低。它们可能只是小幅走低，但即便如此，这也会导致客户的持股在价值上的波动。那么客户如何保护自己的投资不过多暴露于价格波动之下呢？威廉的敞口区间理念便是这一问题的答案。

“将你的风险容忍极限看作书架上的书夹。如果不想要这么多的风险，你只需要移动书夹，让它们更靠近彼此。”威廉告诉我，他多年以来一直使用该方法，他的客户也发现这种方法十分符合他们的需要。他指出，这种理念帮助人们把自己的风险敞口看成是有弹性的，可调整，以使其符合他们自己的情况。

看一看图9.2中的例子。该图描绘的是线谱上的两个极点所界定的一个区间，该区间的目的是降低投资账户相对于一般市场价格行为的整体波动性。左边的极点指出了一个客户可能允许的分配到股票上的资金的最大比例。正如你所想，该极点上的两个百分比是市场形势有利于股票投资时，投资者将感到更加舒服的分配百分比。

该区间的右端是一个投资者在市场形势变得风险过大时可能会使用的百分比的极点。

图 9.2 一个适合那些不愿过多暴露于价格波动之下的投资者的更窄的风险容忍度区间

调整极点为投资者提供了一种控制手段。当投资者调整极点之间的区间时，他们也是在调整从自身投资中所获得的收益。例如，图 9.2 中所描绘的两个极点从两端移动到了中间，这样做的目的是降低市场价格波动的影响，可能对这样一些投资者来说很重要：他们仿佛并不在乎是否获得了他们所能获得的最大赢利，只要获得适当的赢利就可以了。当价格变动时，他们更希望自己能够睡个安稳觉，而不必时刻想着自己的投资。以上例子向你表明，市场运动时，投资者是如何控制自己所面临的波动幅度的。通过限定股票与债券组合的极点值，投资者可以将更少的注意力放在市场上，将更多的注意力放在生活的其他方面。

此外，在确定如何调整区间的极点值时，投资者可能还会考虑另外一个因素，而这一因素就是时间。毫无疑问，投资者的投资目标因他们离退休或正在计划的其他某个生活事件的时间长短的不同而不同。

投资顾问的传统观点认为，一个投资者的时间越多，他的风险容忍度就越大。大概还有很多年才退休的年轻投资者将允许其资产价格有更大幅度的波动，因此他们能够斩获更多的赢利。相反，离退休较近的投资者则不能忍受市场摆动，可能更喜欢较小的波动性——即使这意味着赢利会更温和。

重点提示：每一种 401k 和 403b 储蓄计划都会为你提供几种选择，让你分配自己的资金。这些选择都是这种或那种共同基金，这些基金通常都会标示出几个关键词，以帮助你理解每种基金都是用来做什么的。例如，如果基金的名称中有“成长”这个词，你就可以肯定该基金主要投资于股票；如果基金的名称中有“收益”这个词，你就可以肯定该基金主要投资于债券；如果基金的名称中包含了这两个词，那么该基金同时投资于股票和债券。

依据市场情绪调动资金。在第四章中，我介绍了表示市场情绪发生了重大改变的红绿灯信号。就第一种策略来说，你可以在确定如何分配资金时，把这些指标当作决策支持工具。为了实现这一点，你只需简单地在股票指数共同基金和债券指数共同基金之间来回调动资金。

转动第四把钥匙：利用策略 1 进行风险管理。赢利大师法的最后一把钥匙包括明确如何管理风险。由于这一策略意在极其简单，因此（利用它进行的）风险管理也很简单。根据这种策略，你所要做的只是根据红绿灯信号，安排从线谱的一端到另一端之间的资金分配。当市场情绪发出绿灯信号时，就考虑基于左端的极点分配资金——不管你把极点设置在了哪里；如果市场情绪发出了红灯信号，就要考虑基于右端的极点分配资金。如前所述，这些极点的位置取决于你的个人情况和风险容忍度。

例如，像丽塔一样的年轻投资者就可以忍受更大幅度的波动，就可以用这样的风险容忍度去换取更大的赢利。为了实现这一点，他们将使用线谱的整个区间以及风险敞口最大的一种策略，以帮助他们最迅速地提升投资价值。他们的策略线谱看起来或许会如图 9.3 所示。

图 9.3　在一种激进的分配策略中使用整个线谱区间表示你的资金要么全部分配到股票上，要么全部分配到债券上，具体根据当时的市场信号而定

图9.3表示，当市场情绪有利于抓住投资机会而不是投资安全时，上述类型的投资者将把资金投向股票。当市场形势有利于投资股票时（当市场发出绿灯信号时），这类年轻投资者将把100%的资金投向股票，而简单地把所有可用资金分配到某只成长型共同基金上便可以实现这一点。成长型股票共同基金通常都是递延税收储蓄账户购买股票的主要选择。

当市场情绪更喜欢安全而不是机遇时，这类投资者将把资金投向债券。这表示，当市场形势不利于投资股票时（当市场发出红灯信号时），这类年轻投资者将把100%的资金投向债券。同样，简单地把所有投资资金投向某只主要投资债券的收益型共同基金便可以实现这一点。

偏爱小波动的投资者的风险控制。此时就是赢利大师法发挥价值的时候了。如果你已经转动第一把钥匙，确定了自己所能忍受的波动百分比，那么此时你就可以把这一决策运用到你的策略中，你甚至可以直接把它运用到你的分配比例中。

例如，一个风险容忍度高的年轻投资者或许会赞同，他可以忍受其账户价值出现50%的变动。自2000年以来，市场已经出现过两次接近50%的下跌。这表示一个年轻投资者可以忍受市场的整轮摆动。如果是这样，那么他将能够接受把自己的红绿灯信号标记设置在风险谱的末端。

相反，离退休更近的投资者或许会考虑选择一种不同的风险谱。例如，假设一个像查理一样的投资者，确定自己可以忍受20%的市场波动，那么在使用策略1时，他可以先简单采用风险谱中间的分配比例，然后开始向两端移动，以此来建立他的风险容忍区间。

20%的风险容忍度将意味着红绿灯信号之间的风险容忍区间更窄。红绿灯信号将把极点从风险谱的两端移动到70%对30%的分配比例上，这将降低波动风险。在这种情况下，策略1将如图9.4所示。

对于那些即将退休或已经退休的人来说，更狭窄得多的区间较为合适。此外，将极点向右移动以限制对整体股市的风险暴露，坚守债券市场提供的尽管更低、但更稳定的收益，也是较合适的。例

图 9.4　使用风险谱的更小区间，表明一个较保守的投资者选择将大部分资金投入股票（绿灯信号时）或债券（红灯信号时），而不是将全部资金投入股票或债券

如，一个刚刚到达退休年龄但决定继续工作一两年的投资者可能会对图 9.5 所示的风险策略区间感到更加舒服。

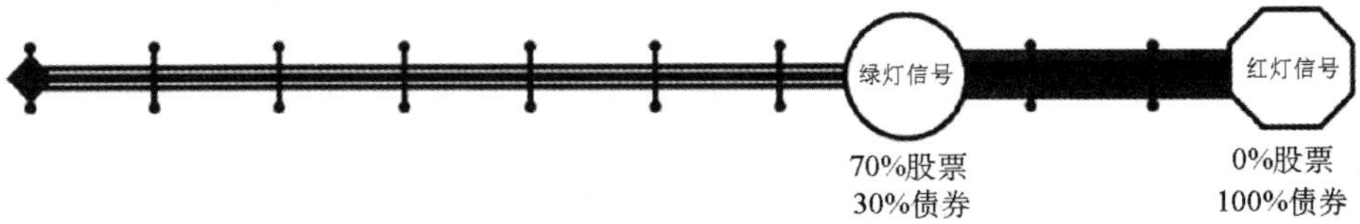

图 9.5　已经退休（或即将退休）的投资者可能会偏爱投资安全，而不是投资机会，因此更喜欢如图所示的风险容忍区间

你选择把极点设置在什么位置必须取决于你还有多长时间退休，以及你对价格波动的容忍度有多大。

这是投资策略 1 的核心内容。记住这些内容之后，以下是实施第一种制胜投资策略的步骤。

实施策略 1 的步骤。由于你已经了解该策略背后的基本理念，因此你已经准备好了实施该策略所需要的步骤。由于该策略旨在保持非常低的维护工作量，并且不需要你选择个股，因此你需要做的就只是遵循以下四个步骤：

第一步，选择你的风险容忍区间。明确你将用来确定股票与债券分配（比例）的极点。你离退休的时间越长，你的区间就可以越大；你离退休的时间越短，你可能就希望你的区间越窄。如果已经退休，你可能会希望你的整个区间不大于 20%或 30%，并且完全位于风险谱的右边。

第二步，查看市场情绪。基于我在第四章所给出的标准，查看市场最近是否发出了红灯信号或绿灯信号。

第三步，根据市场情绪分配资金。如果市场目前正处于绿灯信号之下，就把你的投资资金分配到你在风险谱上的风险容忍区间左边的极点；如果市场目前正处于红灯信号之下，就基于右边的极点来分配你的资金。

第四步，每月查看一次市场情绪。每月花几分钟的时间来查看市场形势是否发生了变化，具体查看步骤遵循第四章提到过的。如果形势没有发生变化，你就不必采取进一步的行动；如果形势发生了变化，就要基于新的形势重复第三个步骤。这一步骤促使你把资金投向最有可能吸引其他投资者，因而是最有可能实现增值的市场。

策略 1 综述。这一策略极其简单。它是如此简单，以至于懒惰的投资者除了遵循这一策略，不需要采取其他任何措施，并且它还会为投资者提供非常好的跑赢市场的机会，或实现其投资目标的同时保护其投资不受多余波动的影响。投资者只需要根据市场形势，在股票与债券之间来回调动资金。使用这一策略要求你在风险谱上确定出自己的风险容忍区间，以确保你对自己可能经历的价格波动感到舒适自在。记住，你的风险容忍区间越大，你将经历的波动幅度越大，但你赢利的机会也越大。

如果这一策略听起来还算有吸引力，但是你正在寻求更多的机会，那么策略 2 对你来说可能会更有吸引力。但是要记住，下一种策略将会需要一些额外的时间。如果你不介意每月简单地查看 6 张图表，你就会发现自己能够发现更多的机会。如果对你来说很有吸引力，那么我想你会发现下一种策略很容易激起你的兴趣。

三、策略 2：适当获利

该策略旨在当市场形势回暖和投资者有兴趣发现投资机会时帮助其投资账户更加快速地上涨。该策略仍然有赖于在股票和债券之间调动投资资金，但它是通过使用 ETFs 来实现这一点的。该策略最适合税收优惠账户，如个人退休账户或罗斯个人退休账户[①]。

重点提示： 许多投资专家宣传多元化投资的好处。根据这一思想，投资者应当将资金分配到多种多样的股票中，以便获得更加平稳的收益。策略1和策略2或许看起来有一个严重的弱点，因为这两种策略都提倡把全部资金投入某一只基金。但是，事实并非如此，因为这些策略所提供的每一只参考基金都已经是多种投资品的集合。因此，这些策略已经植入了多元化。

赢利大师法的第一把钥匙。与在策略1中一样，在该策略中，你的风险容忍度数据可以被用来限制你的风险敞口。但是，如果你打算使用这种策略，简单地把你的风险容忍度升高大约5%之后你可能会对该策略感到更加满意。

赢利大师法的第二把钥匙。红绿灯信号指标会告诉你何时在个人退休账户或其他退休账户中将资金从一种类型的基金调往另一种类型的基金。

赢利大师法的第三把钥匙。你的选择应当仅限于该策略结束时所提到的6只ETF。你也可以用自己偏好的ETFs来取代它们，但如果你这么做的话，要确保你的替代品与它们有着相似的表现。

赢利大师法的第四把钥匙。就像在第一种策略中一样，你在风险谱上设置自己的极点以控制风险，并根据自己的风险容忍度对极点进行调整。

第二种策略以第一种策略为基础，只是简单地增加了另一个层面的选择。这个增加的层面旨在提高资金增长前景。这额外的一步将为投资者提供一种方法，让他们使用比简单的股票共同基金和债券共同基金更加强大的工具来增加获利机会以及捕捉有价值的趋势。

---

① 罗斯个人退休账户，即 Roth IRA。1997年《纳税人税收减免法》引入了罗斯 IRA（ROTH IRA），该名得于其提出者 William V. Roth 议员。罗斯 IRA 缴费不同于传统 IRA，它不能从当期收入扣除，但是可以在投资收入提取时免税。另外，罗斯 IRA 没有规定超过70岁一半之后的最小提款额和缴费限制。

但是，为了利用这一策略，投资者必须能够利用 ETFs。托尼在前一章对这些工具进行了介绍。对于现今的投资者来说，它们是非常好的工具，而策略 2 以非常具有建设性的方式将它们引入到应用中。

策略 2 是一种中低维护工作量的策略。这表示除了每月查看一次市场形势之外，它还需要稍微大一点的工作量——投资者还需要注意某个特定的由 6 只基金（其中既有股票基金也有债券基金）组成的基金群的趋势变化。这一额外步骤不需要额外花费太多时间，但它需要一个额外的决策，即你希望为投资组合增加多大的赢利机会（价格波动将随之产生）。为了理解该决策中所涉及的全部内容，你需要了解三点：①机会型（成长型）基金/股票的优点；②小幅波动股的优点；③廉价股的优点。

机会型股票/基金的优点：风险与机会对等。策略 2 在策略 1 的基础上增加了一个新的决策，我把它称为“机会要素”。你需要了解的第一个概念是：你是有可能增加自己的赢利机会。一旦确定市场正处于哪种情绪之中，接下来你还必须确定在目前的市场形势下，你个人希望追求多大的赢利机会或投资安全。此外你还应当记住，额外的获利机会通常都是伴随额外的波动性出现的。

这种观点来源于现代证券投资组合理论（MPT）。过去半个世纪，该理论一直是最受专业投资经理欢迎的。该理论阐明，投资者寻求的赢利机会越大，他们必须忍受的波动性就越大。这是一种历史悠久的理论，多年以来已经提供了一个极好的投资模型。

本书的前提是，作为一个个人投资者，通过留意其他投资者的行为（市场情绪信号），你能够使自己的表现优于现代证券投资组合理论。如果基于市场偏好安全还是机会的市场情绪调整投资，你就有可能发现更多对你有利的价格趋势，而策略 1 则旨在帮助你以尽可能简单的方式捕捉这样的趋势。

策略 2 则旨在帮助你多付出一点努力以提高你的收益。简单实现这一点的方法要遵循现代证券投资组合理论关于风险的假设，即风险越大，获利机会越大。如果现代证券投资组合理论在这一点上是正确的，的确是你寻求的赢利机会越大，你就必须忍受的波动幅度越大，那么是否你所忍受的波动幅度越大，你为自己提供的赢利机会就越大呢？如果的确如此，那么简单地增加风险应当就可以创造增加收益的最佳机会。这听起来是不是非常简单？

并没有这么简单。结果证明，现实要比这一理论稍微复杂一些。接下来我们来讨论第二点，即小幅波动股为什么实际上可以变得十分令人兴奋！

小幅波动股的优点：当小幅波动股变成令人兴奋的股票时，市场上存在着一种与现代证券投资组合理论背道而驰的有趣的异常现象，标准普尔道琼斯指数公司撰写的一份报告详细披露了这种异常现象，它被称之为“低波动效应”（阿耶·瑟《低波动效应》，麦克劳·希尔集团，2012）。该报告的结论是：简言之，从长远来看，小幅波动股的表现更佳。此项研究对寻求低波动性的投资方法进行了调查，并简单比较了长时间内小幅波动股与其他股在市场中的相对表现。

研究者重点测试了现代证券投资组合理论所推广的“波动性越大，收益越高”的这一理念，他们的发现令人大吃一惊。研究证明，某些时期，这些像乌龟一样的股票实际上比那些看起来像兔子一样的同类获利更多，尤其是 2000 年以来更是如此——这段时期内，股市出现了重大的波动。

该研究极力表明，当市场处于下降趋势时，在 80％的时间里，波动性低的投资方法表现要优于市场平均水平。而事实上，这不足为奇，因为市场崩溃时，波动性低的股下跌幅度小于其他股票，但从它们相对较高的低点开始反弹时，其反弹幅度却大于那些之前上涨到了更高位置的股票。这表示经过一段时间，这些波动性较低的股票最终将会是非常好的交易品种。

然而，研究过这种异常现象的投资者一直未能有效地证明为什么会时常出现这种现象，他们甚至未能从理论上阐明为什么会出现这种现象。他们的研究只找到了确凿的证据，证明这种现象的确出现了。

关于这种现象为什么会时常出现，我们或许可以归因于人们并不总是最理性地购物。正如古语所说，吾视之若珍宝，尔视之如草芥。或许仅仅是因为某些股票过去一年的上涨幅度非常大，以至于人们认为这些股票未来也一定会上涨，因而以过高的价格买入了这些股票，导致这些令人兴奋的股票被高估，而小幅波动股则被低估。

不管这种异常现象为什么会发生，这些研究的发现已经引起了广泛关注。直到2010年，利用这种策略的唯一方法都需要一系列相当复杂的技术，你必须花费大量的时间来比较1000多只股票的波动，然后，你还必须对一些详细计算和处理过的数据进行分类整理，以得出一个包括200只个股的组合。从此你就将担负着把自己的资金平均分配到200只股票上的重担。而托尼和我写作此书就是专门帮助你避免这类高负荷工作的。

关于这一新的投资方法的进展，既有好消息也有坏消息。好消息是：喜欢这种方法的投资者不必再十分辛苦地进行分析研究，自2012年起，这种策略已经变得更加容易实施得多。投资者需要做的只是买入6只复制这一方法的ETF，它们将替你完成所有的工作。很酷吧?

坏消息是：这些基金至多才存续几年。我们很难知晓这种想法是否只是又一个无法在市场上实施的伟大理论，也很难知晓基金经理们是否能够在一段时间后证明他们利用低波动效应的能力。很可能这种方法唯一让大家记住的就是它的自我毁灭——至少短期内如此。也有可能新发现这种方式所引起的兴趣能够迅速增加对那些实施这种策略的ETF的需求。

这种需求的增加可能会促使这些股票及追踪这些股票的ETFs的价格上涨到异常高的水平。但是，如果结果的确如此，到时我们能够做什么呢?对于市场，我最喜欢的一点就是：它总是有办法提供机会。市场为我们关上一扇门，就会为我们打开一扇窗。在这种情况下，我们可以说如果小幅波动股价格虚高，这可能意味着那些曾经更加令人兴奋的股票已经变成比以往更有价值的投资品种，这就向我们引出了第三点。

廉价股的好处：曾经令人兴奋的股票变成了小幅波动股。在趋势下降的熊市中，许多公司的股价都变得很廉价。一家公司的股价与该公司每个季度所产生的收益之间的比率下降到了一个异常低的水平，但许多这样的公司业务运作良好，并且不可能倒闭。假设商业周期正如过去一样继续运行着，那么股价低中实力强大的公司就是非常有价值的投资对象。价值投资者的工作就是在这样的时期内寻找这样的公司。

不管你是否听说过“价值投资者”，但你应当听说过“价值投资”这一术语，这是一种寻求低买高卖的投资风格。这里的“低买”指的是买入那些基本面指标（如第六章讨论过的市盈率）处于异常低水平的公司股票。寻找这种异常低的比率需要价值投资者将一家公司的商业前景与它目前的状况进行比较。

如果投资者能够有耐心，不在几年内或更长的年份内撤资，那么以异常低的价格买入一家实力强大的公司股票就是一次合算的交易。这就是价值投资者所寻求的价值，沃伦·巴菲特就是以这样的方式进行投资的，而他又是从已逝的著名经济学家本杰明·格雷厄姆——他在自己的《聪明的投资者》一书中普及了这一投资理念——那里了解到这一投资方式的。这种方式非常适合那些有耐心的投资者，不过它是真的太能测试一个人的耐心了！

2008 年 9 月，沃伦·巴菲特宣布对高盛集团投资 50 亿美元。仅仅 60 天之后，该投资的价值被预计仅为初始投资的一半。一半！在价值开始增长之前，该投资在大约 2 个多月的时间内一直如此。之后又过了 8 个月，他的投资才成功回到不赔不赚的状态。而这次对高盛集团投资的价值最终的确在 3 年内获利 50%以上。

如果你认为这已经是一次艰难的经历，再看看他在高盛集团交易之后的一个月又做了什么。2008 年 10 月，他又对通用电气投资 30 亿美元。随后该投资的价值下跌了 70%以上，并且甚至 4 年之后还未回到其初始价值。

如此证明价值投资甚至对沃伦·巴菲特这样一位经验丰富的投资者来说都如此困难，那么你可以确定它对一位投资新手将更具挑战性。然而，尽管如此具有挑战性，一位名叫乔尔·格林布拉特的投资者依然积极提倡追求价值投资，他已经针对该主题撰写了三本书，并且均已成为《纽约时报》刊登的畅销书。然而，作为一个作者对他来说只是一种副业，在行业人士的圈子里，他更是著名的戈坦资本对冲基金的创始人，以及哥伦比亚大学的一个助教。无论走到哪里，他都被认为是现代价值投资的拥护者。

多年以来，乔尔一直在设法促使一般个人投资者也能进行价值投资。他甚至还发起了一只基金，使得公众投资者可以参与到他的策略中来。在他的最新著作中《为小投资人量身定制的投资秘籍：通往长期投资成功的新路线》（纽约：兰登书屋，2011，P114），乔尔说明了如何完善价值投资，以便把上文所提到的价值投资者必须承受的考验降到最低，他所介绍的方法非常具有独创性。

该方法从例如标准普尔小型股 600 指数这样的股票指数着手，把资金分散到全部 600 只股票上。这并不是该方法的独特之处，因为绝大多数指数 ETFs 都会这样做。格林布拉特所介绍的这一方法的独特之处在于：资金并不是平均分配。简单地说，这种方法将稍多的资金分配给那些价格显示基本面价值高的公司（基本面价值高低通过比较价格水平、公司收益和相似公司的股价得出）。

对我来说，设法追踪 600 只股票并将它们按价值进行分类，其工作量实在太大，如果你正在阅读本章内容，我想这对你来说工作量同样太大。但幸运地是，我们不必做这样的工作，正如格林布拉特在他的著作中所指出的，投资者可以简单地买入并持有一只替你完成这项工作的 ETF（遵循了格林布拉特的“价值加权指数”战略的 ETFs 之一就是标准普尔小型股 600 价值指数基金（IJS））。

长时间以来，这类指数一直比一般市场指数表现得更好，或许每年只是表现得稍微好一点，但积少成多。当市场正处于上升趋势中，这类指数和追踪这类指数的 ETFs 通常都会比标准普尔 500 提供更好的收益。但是，当市场变为熊市（趋势向下）时，这类指数会比标准普尔 500 下跌得更严重。

红灯信号市场上的机会。就我们的策略想要达到的目的来说，当市场发出绿灯信号时，追踪这类指数的 ETFs 可以是非常好的投资工具。但是，当市场发出红灯信号时，它们则并不是正确的选择。过去 10 年或更长的时间内，当投资者偏爱投资安全而不是风险时，债券市场一直是他们的选择。而过去 10 年，模拟美国各种政府公债收益的 ETFs 已经表明它们是最受欢迎的安全堡垒。

然而，所有债券，哪怕是美国政府公债，并不都是一样的。正如我在第二章中向查理和丽塔说明的，一些债券是只存续短时间（三年及以下），其他一些债券则连续10～20年向贷方支付利息。存续期越长，市场经历不确定时期及投资者寻求安全时债券越有吸引力。

重点提示：某些时期，股票市场和债券市场的确会同时下跌，这种时期在利率持续升高时更容易出现。作为安全交易产品，债券基金在利率较低的时期表现较好。然而，当利率远远超过通货膨胀率并且高于6%时，投资者偏好的安全投资工具就变得不一样了。如需了解更多关于如何在利率较高时期进行投资的信息，请登录我们的网站 www.investtowinthebook.com。

风险谱安全的那一端不需要太多关于如何发现机会的说明。债券中的机会是否增加在一个因素中就可以发现：你所投资的债券的存续期。

投资者要求从某种债券中获得的机会越大，债券最终的价格波动幅度就越大。正如低波动指数基金与价值加权指数投资方法也有差距一样，不同的债券型ETF也会有不同等级的风险和机会。追踪存续期较长债券的ETFs会有更大的机会，但同时也会有更大幅度的价格波动。存续期较短的债券意味着较小幅度的波动，但同时追踪这类债券的ETFs的获利机会也会更小。

转动第三把钥匙：选择机会。现在你已经了解第三种在股市上增加获利机会的方法，同时也了解了如何在发出红灯信号的市场上发现机会。这表示你已经具备在自己的投资策略中激活机会要素所需要的东西，这就是我们在策略2中转动赢利大师法的第三把钥匙的方法。你需要做的是选择与你所寻求的机会大小相匹配的一只ETF。表格9.1明确了每只ETF可以在什么样的市场环境下被用来增加获利机会或是控制波动性。

表 9.1 一种退休后的保守型资金分配策略，用于策略 2 的 6 只 ETFs

市场形势		
机会与波动水平	红灯信号	绿灯信号
低	AGG——波动性最低的债券基金。提供比货币市场基金更大的收益且价格波动幅度微乎其微	LVOL——进行“低波动效应”投资的基金。减小波动幅度且最终提供可观的收益
中	IEF——追踪美国 7～10 年政府公债，波动区间中等的债券基金。收益好于 AGG，但波动幅度也更大	SPY——追踪美国股市首要基准指数的基金。收益基本与市场平均收益持平
高	TLT——波动区间大的债券基金。波动幅度较大，但在红灯信号出现时期的获利机会也最大	IJS——进行“价值加权指数”投资的基金。在绿灯信号出现的时期以及过去 10 年间，表现都优于标普 500，但也是波动幅度最大的

实施策略 2 的步骤。该策略首先需要你如前一章所讨论的一样确定自己的风险容忍区间，然后要求你选择用来提高收益机会的投资工具。

1. 确定你的风险容忍区间。这一步骤与策略 1 中的第一步相同。

2. 查看市场情绪。这一步骤仍然与策略 1 的第二步相同。查看市场近期是否发出了红绿灯信号。

3. 明确你的机会要素。你要选择高、中还是低作为自己的机会要素值。在进行这一决策时，参考标准要与你用来确定自己的风险容忍度的标准相同。你离退休的时间越长，对波动性的容忍度越高，你的机会要素值就应该越高。

4. 基于市场情绪和你的机会要素进行资金分配。如果市场目前正处于绿灯信号下，你就可以考虑将资金调往风险谱左边的极点；如果市场目前正处于红灯信号下，就要考虑将资金分配调往风险谱右边的极点。如果你喜欢的话，也可以基于其他指标来进行不同方式的资金分配，但是不管你使用哪种方法，都应当自信地肯定你的指标是适应市场形势的可靠指标。

5. 每月查看一次市场情绪。每月花几分钟的时间查看市场形势是否发生了变化，如果形势没有发生变化，你就不必采取任何行动；如果形势发生了变化，就要基于新的形势重复第三个步骤。这一步骤促使你把资金投向最有可能吸引市场参与者，因而是最有可能增值的领域。

策略2综述。策略2旨在帮助你利用投资领域中的专业人士所熟知的三种被证明行之有效的理论来增加收益，这三种理论是：现代证券投资组合理论、低波动效应以及价值加权投资。此外，该策略还可以帮助你了解，当市场形势不利于股票投资时，应当如何管理机会和风险。不利于股票投资的市场是发出了红灯信号的市场，过去10年，这样的时期一直大大利于债券市场投资。而利用AGG、IEF和TLT这三只基金，你可以根据你的个人状况选择增加还是减少机会和风险。

该策略与策略1一样，是建立在你首先在风险谱上明确了自己的风险区间这一基础之上的，你的风险区间越大，你将经历的波动就越大。因此，你离退休时间越近，你的风险区间就应该越紧，以便降低波动性。然而，获利机会随波动性产生，如果你离退休还有15年或更长时间，你很可能会希望在你所能忍受的范围内，保持尽可能大的风险区间。

如果第二种策略吸引你是因为它提供了更好的赢利机会，同时不管出于什么原因，你对自己的投资有着较高的风险容忍度，那么下一章所介绍的策略很可能也会吸引你。如果你不介意解读几张图表，以便自己能够判断出接下来的最佳机会可能会来自于何方，那么我知道你会喜欢下一章所给出的建议的。

为了帮助你更好地设想如何实施这些策略，我将继续运用第二章中所使用的人物查理和丽塔来进行说明。随着我与他们俩讨论这些策略，你将更加清晰地了解这些策略是如何定期实施的，这将进一步帮助你判断哪种策略最适合你。

应当记住的要点

■ 本章的策略是为那些时间有限的投资者准备的，他们想要尽可能简单的策略，帮助他们跑赢市场的正常波动。

■ 策略 1 和策略 2 都是以陈·威廉的工作为基础的——他在过去 20 年内为高净值的客户成功管理了资金。

■ 陈·威廉的努力曾使其客户的资金免受 2008 年金融危机的影响，而且，如果类似的事件再次发生，这些策略仍将使你有可能避免市场所形成的大幅下跌。

■ 策略 1——以保本为主，是为 401k 账户和 403b 账户这样的递延税收储蓄工具准备的。

■ 策略 2——适当获利，是为个人退休账户或罗斯个人退休账户这样的税收优惠账户准备的。

■ 策略 1 的机会选择（赢利大师法第三把钥匙）仅限于递延税收储蓄账户中的成长型基金和收益型基金。

■ 策略 2 的机会选择仅限于为投资者的不同机会水平精心挑选出的 6 只 ETFs。

■ 可以通过第二章中所介绍的风险容忍度数据来确定将红绿灯信号放置在风险谱的什么位置，以此来实现风险管理（赢利大师法第四把钥匙）。

个人心得 托尼

情绪如何影响投资

你能控制的是你的内在，而非外在的事物。意识到这一点之后，你便会发现力量。

——马可·奥里利乌斯

在第八章的“个人心得”部分，我们讨论了情商。接下来我们继续展开讨论，来谈一谈情商如何影响我们的投资成功。

事实上，研究者指出，我们用于思考、感觉、希望和渴望的情绪部分与我们的投资结果有着很大的关系。投资新手尤其会沦为强大情绪的牺牲品，这些情绪会导致冲动和各种类似赌博的行为。他们怎么能不沦为牺牲品呢？市场变化莫测，充斥着各种各样的观点。

有三种个人素质有助于加强我们对投资的掌握，它们分别是：抑制冲动的能力、调节情绪的能力和在高压状态下不让焦虑干扰决策的能力。

首先请注意，抑制我们人类冲动的能力是成功投资的核心。我们每一个人都需要意识到自己易冲动冒险的个人倾向，并在必要的时候控制这种倾向。在市场上铤而走险可以让我们的肾上腺素急速上升，但结果却可能是损失惨重。我们应当只在新的股票头寸符合自己的风险管理策略和投资目标时建立头寸。

其次，为了做出明智的决策，我们必须避免让市场决定我们的情绪。而市场决定情绪的情况经常发生在那些每天都牢牢“黏”住市场的人身上。市场走高时，他们快乐无比；市场走低时，他们痛苦不堪。更加糟糕的是，你知道吗？我们人类会在账户余额增加时感到快乐，但是相反，在账户余额减少同样的金额时所感到的痛苦却会更深得多？结果就是：这种差距决定了如果你允许市场波动控制你的情绪，你所感到的痛苦将大于快乐。顺便说一下，这种痛苦可能会促使你做出轻率的风险管理决策。

如果你发现自己的快乐与市场情绪联系在一起，就要考虑与你的经纪人一起设置自动止损指令，然后停止每天盯着市场。记住，重要的是你的整体方法，是它驱使你成功实现盈大于亏。

最后，我们所能追求的最具挑战性的技能之一就是，在高压状态下不让焦虑干扰决策的能力。

我最深刻的一次记忆要追溯到2001年9月11日，以及那次可怕的事件之后的第4天，纽约股票交易所开市的第一个早上，当时没有人知道接下来会发生什么。坦白地说，我们所有人都很恐惧。会有一轮无法控制的抛售冲击市场吗？我们会眼睁睁地看着自己的投资组合价值消失不见吗？

作为一个活跃的交易者和投资者，我的确知道在那之前几天在市场参与者之间传阅的几千封邮件（那时我们还没有脸谱网和推特）。

邮件上写道："市场开盘时不要卖出，我们不要让恐怖分子称心如意，不要让他们看到我们的恐惧。"

最终我们的确没有卖出，市场在很大程度上保持着冷静。

当时我清楚自己的保护性止损指令在什么位置，尽管市场略微下跌，但我的止损指令没有被触及，我的头寸保持不变。

我相信这一天是对人类在面临极端威胁时所体现出的理性思考能力、管理个人情绪的能力和勇敢面对威胁的能力的一次致敬。

要想成为成功的投资者，我们必须意识到我们的情绪会影响我们的决策。当以一种冷静、有序而不忧的心态接近市场时，我们最能够做出可促使我们成功的决策。

第十章
个性化投资：找到一种适合你的策略

如果你想比大多数人获得更多的投资收益，就需要比大多数人付出更多的努力。前一章的策略旨在帮助你了解多年获得绝佳收益的方法，同时这些策略也是为没有太多时间的投资者设计的。而本章则是为那些愿意花更多时间在自己的投资活动上并正在寻求更高收益的人提供信息的。

历史周期表明，接下来的几年，投资者可能会经历动荡不安的时期。如果想在这种艰难的市场上获得超常的收益，投资者需要对自己能够利用的投资机会有一个更深入地了解。我确信这是有可能做到的，我相信，在接下来的 10 年中，准备充分的个人投资者将比大多数机构投资者更有可能获得超常的收益。

如今，专业的投资经理人比个人投资者受到更多的限制。现代的投资者比以往任何时候都更容易接触到更为广泛的投资产品。个人投资者投资产品受限已经不再是大型投资者的竞争优势。普通投资者可利用的技术和投资工具为小投资者带来了新的优势。

使用退休金账户或罗斯退休金账户这类税收优惠投资账户的个人投资者，不必拘泥于只利用旨在规避高税率（短期资本利得的税率）的策略进行投资，这表示他们可以利用各种各样的机会，其中某些机会可能只持续很短的时间。愿意严格规范自己的投资者将会发现，简单注意两个方面就可以让他们获得所寻求的收益，这两个方面是：正确的自我认知和适当的风险管理。

本章作者：戈登

在进一步讨论之前我想指出，对任何一个投资者来说，拥有安全的起步资金都是十分重要的。一些人的退休储蓄账户中刚刚凑齐最初的 2 万美元，立即就想全部投向高风险的品种，这是不明智的。对于这样的个人投资者，前一章所介绍的策略会更加适合。但是，如果你认为已经安排好自己的整体退休需求，并且有了额外的资金，而你既愿意也能够在不危及退休状况的情况下将这些资金置于风险之下，那么本章所介绍的策略或许值得考虑。

查理和丽塔便是这种情况。接下来我将向你介绍我是如何与他们俩人合作，以确定出适合他们的个性特征和特定目标的策略。此外，我还将在本章中利用个性化投资策略的两个例子来说明如何使用赢利大师法。我还将向你介绍这两种策略分别需要的时间、投资者需要的自我认知，以及投资者必须如何管理风险。

一、雕刻家的方式：查理为获得虽小但持续不断的赢利所采用的策略

“别误会，”查理解释说，“你向我们介绍的这些理念很好，这也是我们请你来的目的，但是……”他语气减弱并看向丽塔。

“您继续说。”她鼓励道。

“我想要的不只这些。”他说道。

我沉思着回望他，然后看着丽塔。她有点儿不好意思地微笑着。

“嗯，我倒是有一些想法，”我开始说道，“但你们必须知道可能需要你们花费更多的时间。”

“让我们听听看，”查理说道，“简单向我们描述一下我们可能需要做什么。”

“最终将由我们来判断它是否符合我们的时间安排。”丽塔保证说。

“好，”我说道，“但是我们要从头开始说起。你还记得赢利大师法的第一把钥匙吗？明确你的目标，对吗？”

查理和丽塔点头。

“你可以用这种方法创建你喜欢的任何一种个人投资策略。如今，投资者可以选择各种各样的策略和风格。一项学术研究确定出了可被用于市场上50种不同的但都很成功的策略。”（詹妮弗·康拉德，《金融研究评论》，“策略分析版”，1998年秋，第11卷，第3期，第489～519页）。

“制定你自己的投资策略首先要明确你的目标，因为只有你才能确定对你来说成功到底是什么样子的。此外，你还要清楚自己是什么类型的投资者，你期望获得什么样的收益，你能够忍受什么样的损失，以及你对自己一路上的付出抱有什么样的期望。”

“一开始你就需要明确自己的这些特征。确定自己能够忍受多大的损失以及希望获得什么样的收益都很简单，但是，了解自己的期望则更加微妙模糊。接下来让我来解释。”

我拿出身边的一个笔记本。

图10.1 “小赢利”与“大赢利”是两种不同的投资风格

“我认为可以在风险谱上划分投资风格。我将风险谱的一端标为‘小赢利’，另一端标为‘大赢利’。该风险谱是对两者的一个总体描述：第一，你投资获利的频率；第二，赢利与损失的相对比例。”

“风险谱的左边是一种旨在让赢利频率大于损失的投资风格。”我指着我画出的图说道，“小赢利意味着你在投资中寻求更高比例的赢利。”

“要想实现这一点，你可以允许自己的投资在较大范围内波动，然后在机会出现时，保守获利。”

“风险谱左边的投资风格效果很好，但它也有其不好的一面，”我提醒道，“我曾经与一位专业的投资经理进行过一次谈话，他向我说明了他的投资方法，我展示了一组令人印象深刻的投资结果之后，他接着说道，就在那之前的连续 7 里，他的投资选择都实现了零损失。为了了解更多，我询问了几个问题，然后立即明白了他是如何实现这样的投资业绩的，但我不确定他自己是否明白。”

“他认为自己做出了精明的选择。的确如此，但他只是通过采用这种小赢利风格不知不觉地创造了他想要的结果。”

“永不亏损听起来像是我的风格！”查理笑着说道。

“或许并不是，”我反驳道，“他的秘诀是在那 7 年间从不使用止损指令，而这年碰巧是 1993—2000 年，他并没有意识到他实际所承受的风险。不设置任何止损指令，他实际上是在假设市场将始终保持上涨，而这一假设不久之后便不再有效。”

“3 年之后我再次与他交谈时，他已经停止交易，转而做其他事情了。在连续 7 年绝大多数时候都在上涨的市场上，不设置止损指令的投资或许行得通，但是当市场趋势向下时，结果便是损失惨重。”

“我懂你的意思了。”查理承认道。

“以下是这位专业的投资经理人所不知道的事情，”我说道，“你可以在不必用全部资金，甚至不必用大部分资金去冒险的情况下，实现高比例的投资赢利。要做到这一点十分简单，并且它并不依靠仅在平稳的、发出绿灯信号的市场上投资。运用这样一种策略可以帮助投资者使其投资表现始终符合预期。如果投资者理所当然地预期自己的投资将在绝大部分时间内赢利，那么他们将在一系列损失之后变得很沮丧，最终放弃交易。”

“我曾亲眼目睹投资者就在其策略即将取得成效时放弃交易。”我向他们讲述了下面这则故事。“曾有一个投资者向我展示了他的投资记录，表明他在 3 年内遭受了 40 万美元的损失之后打算放弃交易。他以 100 万美元起步，于 2000 年开始投资。他的入市时机并不好，因为他不知道如何评估市场形势，同时他的离场时机又简直称得上悲剧。”

“正如结果所证明的，如果他继续持有哪怕 1 个月，亏损便会开始扭转。他最终本可以在接下来的 3 年内看着自己扭亏为盈，但他却无法再忍受账户中的一系列亏损，更别提进一步的亏损。”

“这就是为什么帮助你找到一种高比例赢利的方法很重要。”我说道，“你需要有心理动力来使自己在困难时期保持冷静。”

“因此这种投资风格的基本策略就是，你要在持续不断的小赢利出现时抓住这些赢利，”我解释道，“这里的不足之处在于，你或许无法获得单笔投资中潜在的所有赢利，并且当你遭受某一笔损失时，该损失可能会大于之前的多笔赢利之和。”

“一些人着眼于一只像苹果电脑公司一样的股票，记得他们能够以低于今日的价格连续 20 次买入该股的日子。他们认为投资时买入一只这样的股票实际上是十分聪明的，或者说幸运的，因而一直持有，直到该股的价格到达顶峰——至少他们还知道在该股停止上涨时卖出。”

“但他们不知道还有另外一种方法可以让资金增长。我们可以简单地抓住小额赢利，一步一步地实现我们的目标。就像雕刻家一样，我们集中精力于自己正努力雕刻的雕像上，一次去掉一小块。我们不必关注那些没有抓住的赢利，只关注那些已经捕捉到的赢利——最好是以一种持续稳定的方式。”

“所以我只是集中精力持续不断地抓住小的赢利，”查理确认道，“假设我能做到这一点，那么风险是什么呢？”

“风险就是可能出现某种突发事件，使你的某一个或多个投资选择急速下跌。”我解释说。“你是指 2008 年那样的事件？”查理问道。

“不是，我是指另外的事，”我回答道，“2008 年是一轮发出了红灯信号的市场。风险总是可能会出现，但我们已经制订了计划来应对 2008 年那样的事件。这里我指的是，由于小赢利投资风格寻求的是稳定的小赢利，因此某一天之内的一轮快速下跌可能会让你措手不及，并扫除你之前所积累的许多笔小赢利，尤其是消息在收市之后传出的情况下。”

“上述情况偶尔发生在个股于收市之后发布低于预期的收益时，第二天开市时，价格远低于你的容忍度，你的损失大于你的预期。”

“你如何避免这种情况？“查理抱着双臂问道。

“避免投资个股，你可以用 ETFs 取而代之。”我回答道。

查理想了想我所说的话。

“我想我了解你的意思了，让我想想我是不是明白你的意思。”查理向后靠在椅子上，望着窗外说道。

“ETFs 是一揽子股票。”查理停下来考虑了一下，然后回头看向我。“所以，如果一只股票下跌，其损失将与其他股票（的赢利）抵消，这将降低该股下跌的影响。对吗?”查理询问道。

“没错。ETFs 不会经常出现这类一夜之间剧烈下跌的情况。”我同意道。“虽然运用 ETFs 你仍然可能遭受损失，但如果你对投资进行损失限制，损失大于你的预期的可能性会更小。”

“好的。但是我怎么知道应当运用哪些 ETFs 呢?”查理问道。“不是有成百上千只 ETFs 吗?”

“你只需要运用少数 ETFs，”我说道，“事实上，我会向你介绍一种分三步走的步骤，以使你不必被大量需要筛选的信息所淹没。一旦习惯了，你便可以在半小时或者更短的时间内完成这些步骤。”

“听起来非常适合我。”查理笑着说道，“我该如何开始?”

“我们要遵循赢利大师法。”我再次在笔记本上做下笔记。“你首先要明确自己的目标。做好投资准备之后，要评估市场形势，选择投资标的，管理好风险。”

明确目标。“大赢利投资风格意味着你必须在绝大部分时间内忍受小损失。”我解释道。“这种计划需要你拥有足够大的赢利来超过损失。但这对绝大多人来说并不容易，因为它需要你忍受长时间的亏损。”

“我有一种简单的指标，用来测试你是否能够运用大赢利投资风格。”我说道。“让我来问你一个问题：你能够忍受连续 15 次的亏损吗?”

问完这一问题之后我停顿了片刻。

“查理，假设你的投资连续 15 次亏损，”我说道，“你认为自己在选择下一个投资标时还能够坚持之前的投资方式吗?”

“我现在就能告诉你，我做不到，”查理说道，“我不是一个有耐心的人。”

“对绝大多数人来说均是如此，”我同意道，“对我们所有人来说，小赢利投资风格都要来得更容易一些，因为我们更喜欢自己对的时候比错的时候多。”

查理慢慢地点头表示同意。

“如果你已经确定自己喜欢在风险谱的左边进行操作，”我继续说道，“那么接下来就要考虑你能忍受自己的账户出现多大幅度的波动。我们需要明确你希望规避多大的损失，以及收获多大的赢利。”

“基于我们之前所讨论的，12％是我们所确立的数字，”查理回忆道，“我要说这听起来比较适合我。”

“好。接下来我们来看一看你的赢利目标，”我说道，“在小赢利风格之下，赢利目标小于你的风险容忍度较合适。你最终或许能够每年获得更高的赢利，但你有必要将自己的预期保持在适当的水平。一条简单的经验法则是，你的赢利目标范围可以从你能忍受的风险的一半开始。”

“如果12％是你愿意承担的风险，那么为你的投资账户设置6％～12％的年增长较合适。你觉得怎么样?”

“针对我目前的情况来说，这是可以接受的，”查理说道，“我当然想获得更多的赢利，但一想到自己能够持续不断地获得这一水平的资金增长，我还是对此感到很满意的。”

“很好，”我回答道，“这表示我们已经掌握了我们所需要的信息。几分钟后，我将向你介绍如何利用这一点来帮助你明确自己的风险管理规则。但在这之前，我们需要先完成赢利大师法的另外两把钥匙。”

评估市场形势。我继续说道：“你要打开的下一把钥匙是，明确你用来评估市场形势的方法。我已经介绍过如何运用12月移动平均线和红绿灯信号来确认市场形势。”

“是的，”查理说道，“如果价格高于其12月移动平均线，我们就寻求资金增长；如果低于12月移动平均线，我们就寻求资金安全。非常简单。”

“并且除非看到红绿灯信号证实形势变化，否则不要轻易改变目标。”我说道。

“没错，”查理说道，“这时候我会找丽塔来帮助我判断这些信号。”

“哈哈，”丽塔说道，“完全没问题！”

“你能应付？”查理再次确认道。

丽塔微笑着转了转眼睛，回望着查理。她打算说什么，但又改变了主意，转而继续做笔记。她低着头对我说：“你继续，我等轮到我时再说。”

“这里的关键在于，你必须定期进行评估，每月一次，不要漏评！”我叮嘱他们。丽塔写下更多笔记。

“评估市场形势之后，你要利用该评估帮助你选择投资标的。我们将创建两张 ETFs 清单供你们选择：一张在绿灯信号形势下使用，一张在红灯信号形势下使用。你们可以从这两张清单上挑选机会并同时留意市场。”

在发出绿灯信号的市场上挑选机会。“如今的投资者始终能在世界上发现价值正在上涨的东西，”我提醒查理，“你不必将自己的思维局限于美国股市。事实上，我们有必要留意债券市场、商品市场和全球市场，以发现美国境外的股票和货币。”

“这听起来好像要做大量的研究。”查理忧心忡忡地说道。

“不要担心，我们会让它保持简单，”我保证道，“一旦判断出市场正处于绿灯信号形势还是红灯信号形势，你就可以运用一种分两步走的步骤来发现机会。要实施这些步骤，你首先要回答两个问题：‘目前最坚挺的是哪两个市场？’‘这两个市场上最坚挺的 ETFs 是哪些？’”

“第一步是回顾我之前所介绍的绿灯信号市场（即正在走高的市场）的一级清单。这是一张包含了 5 只 ETFs 的清单，5 只 ETFs 分别代表不同的市场。”

“这些 ETFs 涵盖了人们能够投资的 5 种不同的资产类别。当市场刚刚开始上涨时，股票和商品通常都会是表现最坚挺的。但是，并非总是如此。这就是为什么你需要留意这些 ETFs，你要每月查看一次以判断清单上的哪两只 ETFs 表现最坚挺。”

表 10.1 追踪 5 种不同类型的资产类别的 ETFs。利用这张清单来判断某一特定时刻哪些市场最坚挺

代码	主题
SPY	美国股票
DBC	商品
EFA	美国境外的发达国家的股票
EEM	美国境外的新兴市场的股票
LQD	公司债券

重点提示：你可以用许多种不同的方式发现过去 3 个月内的价格变化幅度，但我最喜欢的方式是使用对比图。为了完成这项工作，你可以使用来自经纪公司的图表，也可以登陆几乎任何一家以图表工具为主的网站。你可以在这样的网站上寻找对比性的图表工具，这将使得你能够比较一级清单上的 5 种 ETFs 的表现。一旦完成了这项工作，你就可以简单地在该图表上查看这些 ETFs 过去 6 个月的表现，它将以曲线的形式在同一幅图上显示出 5 种 ETFs 的表现。在图表的右边，两条最高的横线就代表 5 个市场中最强劲的那两个市场。

“你所说的‘最坚挺’，指的是什么?”查理问道。

“你应当知道哪些市场的价格正在走高，”我解释道，“你应当寻找过去 6 个月当中价格上涨幅度最大的那两个市场。”

“一旦了解了哪些市场正在以最快的速度上涨，接下来你就要转向二级清单——一种为单个市场准备的清单，这些二级清单是另外一种 ETFs 汇总，这些新的清单上的每只 ETFs 与一级清单上的 5 只 ETFs 中的某一只相关，这些就是二级清单。”我让他们看我的笔记本。

“我明白了，”查理查看这些清单时说道，“这是分层次的。如果股票表现坚挺，我就查看股票的二级清单；如果商品表现坚挺，我就查看商品的二级清单。”

“正确。总共只有为发出绿灯信号的市场准备的 25 只 ETFs，而你只需要查看两个最坚挺的市场清单上的 ETFs。”

“听起来十分简单，”查理看着清单说道，“我应当在二级清单上寻找什么?”

“与一级清单上相同的东西，只不过这次你要寻找的是两张清单上的 4 只表现最坚挺的 ETFs。”我说道。

“那在发出红灯信号的市场上应该怎么办?”查理问道。

“你要用同样的步骤找出 4 只表现最坚挺的 ETFs——即那些在过去 3 个月内上涨幅度最大的 ETFs。”我说道。

表 10.2 适用于发出绿灯信号的市场的二级清单 1：美国股市主要行业 ETFs（包括中小型企业）。当股市是最坚挺的市场时，就要在该市场上寻找最坚挺的行业

代码	美国股票
SPY	标准普尔 500
XLB	基础原材料生产股
XLF	金融股
XLI	工业股
XLK	科技股
XLP	主要消费品类股
XLU	公用事业股
XLV	健保股
XLY	非必需消费类股
MDY	中型股
IWM	小型股

表 10.3 适用于发出绿灯信号的市场的二级清单 2：商品市场主要投资类别的 ETFs。当商品市场是最坚挺的市场时，就要考虑使用该清单上表现最坚挺的 ETFs

代码	商品
DBC	成交量最高的商品
DBA	农产品
DBB	原材料
GDX	贵金属开采公司

表 10.4 适用于发出绿灯信号的市场的二级清单 3：美国境外发达市场主要投资类别的 ETFs，主要是在欧洲、澳洲和日本

代码	美国境外发达市场	风险与机会水平（波动性）
EFA	全部发达市场	高
EWA	澳洲	高
EWG	德国	高
EWJ	日本	高
EWS	新加坡	高
EWU	英国	高
EWP	西班牙	高
EWH	香港	高

表 10.5 适用于发出绿灯信号的市场的二级清单 4：美国境外新兴市场主要投资类别的 ETFs

代码	美国境外新兴市场	风险与机会水平（波动性）
EEM	全部新兴市场	高
EWZ	巴西	高
PIN	俄罗斯	高
RSX	印度	高
FXI	中国	高

续表

代码	美国境外新兴市场	风险与机会水平（波动性）
EWM	马来西亚	高
EPP	太平洋沿岸地区（不包括日本）	高
ILF	拉丁美洲	高

表 10.6　适用于发出绿灯信号的市场的二级清单 5：公司债券中的主要投资类别的 ETFs。这些 ETFs 更倾向于像股票而不是债券一样交易，不过未来的形势有可能创造出使这一资产类别的表现优于其他绝大部分资产类别的环境

代码	公司债券	风险与机会水平（波动性）
LGD	投资级别的长期公司债券（较安全，收益较低）	中
HYG	高收益长期公司债券（风险较大，收益较高）	中
CIU	中期公司债券	中
CSJ	短期公司债券	中

“接下来我应该做什么?”查理问道。

“买入。”我回答道。

“就这样?”查理继续问道，“我是否应该运用某种特殊的技术，以确保自己在正确的时机入市?”

“你可以运用特殊的技术帮助你入市，但这并不是必需的。我认为，如果等到价格突破上一周的最高价时入市，你会获得一定的优势，但这更多的是心理上的优势，而非统计学上的。”我回答道，“当一开始就看到价格朝着对你有利的方向运动时，你会对自己的决定更有把握。”

重点提示：对于查理这样的问题，以下是我最喜欢的回答：使用我们所说的“止损买单”，将它设置在恰好比上一周的最高价高 5 美分的价位上。你或许并不熟悉止损买单，但如果你正像查理一样，借助于个人退休账户进行投资，那么你会希望对它有所了解的。止损买单所做的工作十分有用。简言之，止损买单让你在指定的价位——一个比目前更高的价位——建立头寸。使用止损买单有两个好处：第一，你是在价格正在上涨时开立头寸的，因此价格很有可能继续上涨。当自己的投资选择从一开始就立即获利时，投资者会感觉更舒服。第二，如果价格下跌，你就不会开立头寸。如果由于某种原因，价格开始下跌并持续下跌，你会很乐意避开这一头寸。因此，止损买单是一种用来捕捉下一轮价格上升趋势的有效工具。

"接下来很重要的一点是，在完成另外一个步骤之前，不要下单买入。"我提醒道。

"哪个步骤？"查理问道。

"你需要精确地知道买入多少股，"我说道，"这是你控制风险最重要的一步，不管你投资的是什么。但是，我们还没有到达这一步。在这一步之前，我需要向你介绍在发出红灯信号的市场上应当怎么做。"

在发出红灯信号的市场上挑选机会。"当市场已经下跌到其12月移动平均线下方，并且红灯信号已经确认这一行情时，你就要转向一张不同的清单。"我向查理介绍道，"一旦处于发出了红灯信号的市场中，你就要查看一组不同的ETFs以进行比较。下面是此时要查看的清单。"

接下来我向他展示了我刚刚写在笔记本上的内容。

"这只是一张大的清单，而不是5张小的清单，我要如何选择？"查理问道。

表 10.7　适用于发出红灯信号市场的选择清单：在发出红灯信号的市场上可考虑的 ETFs 的完整清单。并不是该清单上所有的 ETFs 都会在发出红灯信号的市场上上涨，但几乎可以肯定的是，不管未来出现什么类型的红灯信号市场，该清单上总会有 ETFs 在这样的时期内上涨

代码	红灯信号时的投资标的	风险与机会（波动性）
政府债券		
AGG	全部美国政府债券	低
SHY	美国 1—3 年期政府债券	低
UUP	2 倍做多美元	低
IEF	美国 7—10 年期政府债券	中
TLT	美国 20 年以上政府债券	中
MUB	美国市政债券	中
EU	欧洲债券	中
EMB	新兴市场债券	中
利率与通胀		
TBT	做空美国 20 年以上政府债券，抵御利率上涨	中
TIP	通胀保护国库券	中
货币		
EUO	做空欧元（与 UUP 十分相似，但杠杆作用更大）	中
FXA	澳币	中
FXF	瑞士法郎	中
贵金属		
GLD	黄金	高
SLV	白银	高
反向基金		
SH	做空标准普尔 500	高
SCO	2 倍做空原油	非常高
DZZ	2 倍做空黄金	非常高

续表

代码	红灯信号时的投资标的	风险与机会（波动性）
DXD	2倍做空道琼斯指数	非常高
QID	2倍做空纳斯达克100指数	非常高
TWM	2倍做空罗素2000指数	非常高

“这张清单可以首先让你明确自己将忍受多大的风险以及有多大的机会。”我解释说。“如果在发出红灯信号的市场上，你的目标只是保持低调，保护自己的投资，那么你会希望从该清单的上半部分中进行选择。如果股价正处于一轮长期的下降趋势期间，你希望发现那些可能会大幅上涨的投资对象，你就要查看该清单的下半部分。”

“这里我们有必要了解的是，”我提醒道，“我以这样的方式构建该清单，是有其重要原因的。发出红灯信号的市场并不总是以不变的方式运作。在源远流长的历史长河中，市场动态变化万千。例如，在绝大多数发出红灯信号的市场中，债券市场都会表现较好，而与此同时股市会下跌，但也有利率上涨，债券和股票同时下跌的时期。”

查理皱起了眉头。“那我还必须了解如何观察利率和国际货币吗？还有……不管了，反正我太了解自己了，我知道我不可能长时间做这样的工作。”

“你有这样的担忧，我并不怪你。”我对他说。“这种方法意在简单，但这也正是这张清单包含它所包含的ETFs的原因。该清单旨在帮助你为不确定的时期做好准备，它包含了来自多种市场的成分股，而这种多样性便是关键所在。你不必知道这些ETF中的某一只成分股价格上涨的所有原因，你只需要关心哪些ETF在过去6个月当中价格上涨了。”

“不管发生了什么，以及如何发生的，可以肯定的是，这张清单上至少有几只ETF将会在发出红灯信号的市场上上涨。如果查看所有中低风险的 ETF 或所有高风险和超高风险的 ETF，你就有可能在这样的市场形势下找到适合你的投资选择。”

“如果在这样的市场上，我只是持有现金，根本不进行任何投资，会怎么样?”查理问道。

“你可以这样做，但如果熊市中伴随着通货膨胀，你的储蓄资金可能会在你离场等待时丧失购买力。”我说道。“但是，即使这样的情况发生，不要忘了还会有与利率相关的 ETFs 上涨。”

我指向清单中间位置上的“利率与通货膨胀”标题。

“如果通货膨胀正在发生，巴克莱资本 20 年以上美国国债指数基金（TBT）和安硕巴克莱通胀债券指数基金（TIP）这两只基金都会开始上涨。”

查理认真看了看这些清单，慢慢地点头表示同意。

“太好了，”他对我说，“我想我能应付。”

“很高兴你喜欢，”我回答说，“但是我们还没有结束。你仍然需要知道如何控制你的账户的波动幅度，你需要知道如何控制风险。”

管理风险。“你所说的‘控制风险’，”查理问道，“是指我必须进行对冲交易吗? 我指的是买入一只基金，用来抵消另外一只基金的风险——或者诸如此类的操作。”

“我所说的更加简单，”我说道，“简而言之，你要通过少买入过多的某一标的来管理你的风险。”

“我要怎么知道多少算过多?”查理问道。

“通过建立一种规则，限制自己在任何一种投资标的上所冒的风险大于账户的 1%，但不超过 2%。”我回答道。“让我来解释如何做到这一点。每次开立新的头寸，你都要清楚两个目标：一个目标表明何时兑现赢利——我们称之为获利价格；另外一个目标表明何时平仓止损——我们称之为止损价格。”

“例如，我们假设你打算买入一只所有政府公债的一个平均指数 ETF，即安硕巴克莱综合公债指数基金（AGG），该基金目前可以每股 100 美元的价格买入。接下来你就要确定自己的获利价格和止损价格。用来确立获利价和止损价的一条简单的经验法则是运用以下表格。”

接下来我为查理绘制出了表 10.8。

表 10.8　获利与止损指南：查理的获利与止损指南他可选择的不同波动水平

风险与机会水平	获利价格等于买入价＋	止损价格等于买入价－
低	5%	10%
中	7.5%	15%
高	10%	20%
非常高	12.5%	25%

“正如表 10.8 所示，AGG 有着‘较低’的‘风险与机会水平’，”我指出，“根据该表格，你的获利价格应该被设置在比原始买入价高 5%的位置。例如，如果 AGG 目前的价格为 100 美元，那么买入之后，你的获利价格应该是 105 美元。”

“所以你的意思是，如果它上涨到 105 美元，我就卖出?”查理问道。

“没错。”我说道。

查理继续说道：“如果我卖出之后它继续上涨怎么办?”

“你不要管它，”我回答道，“你获利了，你就向前看，准备好再次获利。”

查理盯着他的笔记本看了半天，然后耸肩表示：“而我的止损价是 90 美元，比买入价低 10%，对吗?”

“是的，没错，”我回答道，“但是对于波动性较大和非常大的基金，你也可以考虑把获利价和止损价略微调高。一种比较好的策略是：如果你的投资已经上涨，但是还没有触碰到获利价，你便可以每过一个月就将获利价和止损价都调高 1%。”

“所以我只是能够获利多少就获利多少，然后不断重复这样的过程，同时每一次都承担管理好的风险，”查理重申道，“而如果认为自己的投资可能会继续上涨，我就可以像调高支架一样调高获利价和止损价，每月调高 1%，直到市场顶部或底部将我扫出市场。”

“没错，”我说道，“尽管这并不是一种常规模式，但你最终或许会发现自己一年之内在同一只 ETF 上多次获利。”

查理点头表示：“我喜欢。”

“现在关于管理风险最重要的问题就是买入正确的数量了，”我继续说道，“或许你很难理解这是为什么，最简单的解释就是，选择正确的数量是你限制自身在某一投资标的上的风险暴露最有效的方法。让我来向你介绍如何得出正确的数量。运用以下分三步走的步骤：

“第一步：明确你当时的账户余额，然后用它乘以 2%（0.02），得出的值便是风险总额。

“第二步：用你的买入价减去止损价，得出的值便是风险大小。

“第三步：用风险总额除以风险大小，得出的便是应当买入的数量。

“运用这三步可以确保你买入适当的数量，这可以防止你的损失过大，赢利过小。”

“我要冒的风险为什么是我想获得的赢利的 2 倍？”查理问道。

“这样做可以促使你更经常赢利。一般来说，如果运用这种方法投资，你将在大约 66%的时间内赢利，如果正确评估市场形势，或许还会在更多的时间内赢利。”我解释道。“最后，你一次性持有的头寸绝不应该超过 5 笔。”

“为什么？”查理问道。

“这样即使你所有的投资选择同时亏损，损失也会被限制在 10%以内。这种情况不大可能发生，但即使发生了，你仍然可以实现一年之内损失不超过账户余额的 12%的目标，因为，如果有必要，你可以在这种情况发生时全部平仓，而不用等到当年结束。”

“我明白了，你说的有道理。”查理同意道。

接下来查理、丽塔和我一起在纸上制订出他的个性化投资计划，该计划完成之后如表 10.9 所示。

表 10.9　查理完整的个性化投资计划——初始资金 95 万美元

目标	每年避免损失本金的 12%以上，每年的目标赢利为 6%～12%
市场评估	判断市场价格正位于 12 月移动平均线的上方还是下方。 ● 如果价格正位于移动平均线的上方，就认为市场参与者们正处于寻求机会的情绪之中，于是运用适用于绿灯信号市场的 ETF 清单进行投资。 ● 如果价格正位于移动平均线的下方，就认为市场参与者们正处于寻求安全的情绪之中，于是运用适用于红灯信号市场的 ETF 清单进行投资。 每月末查看标准普尔 500 指数的价格已经向上还是向下突破了 12 月移动平均线。 ● 如果价格最近突破了移动平均线，接下来就要查看波动性和风险偏好，看一看市场是否发出了新的绿灯信号或红灯信号。 ● 如果信号持续了两个月，就要改变我对市场的假设
投资选择	适用于发出绿灯信号的市场： 第一步：查看最初的 5 只 ETFs，了解目前的市场情绪，看一看哪两个市场在过去 6 个月中表现最佳。 第二步：查看第一步所挑选出来的两个市场所对应的二级 ETFs 清单。 第三步：从二级清单中挑选出 4 只表现最佳的 ETFs，并做好买入每只 ETF 的准备。 适用于发出红灯信号的市场： 第一步：查看 ETF 清单，判断自己想要的风险和机会水平。 第二步：通过判断过去 6 个月中哪些 ETF 价值上涨，从而挑选出符合自身风险容忍度的表现最佳的 2 只 ETFs。 特殊的买入程序： 确定过去 20 个交易日的最高价，在该价格的基础上加 5 美分，便得到了买入价。接下来要准备好在略高于买入价的价位上设置止损买单。在（买入价的下方）做好风险管理之前先不要挂出买单。如果我一次性持有的头寸少于 5 笔这一最大值，就要每月重复以上步骤

续表

风险管理	如果价格上涨到了获利价格或下跌到了止损价格，卖出投资标的。 ● 根据波动大小，在止损价格上设置止损指令。 ● 在获利价格（高于买入价的幅度是止损价低于买入价的幅度的一半）上设置获利指令。 如果我的投资已经上涨，但是还未触碰到获利价，我就可以考虑每过一个月将这两种指令都调高 1%。 在每一个投资标的上所冒的风险低于（账户余额的）2%。通过利用下面的方式判断出应当买入的数量来实现这一点： 第一步：（交易时的）账户余额乘以 0.02（风险总额）。 第二步：用买入价键入止损价（风险大小）。 第三步：用风险总额除以风险大小，得出应当买入的数量

“这种投资风格可能会有所诱惑，”我提醒道，“尽管你获利的次数将比不获利的次数多，但你必须抵挡诱惑，不让你的投资超出你所设定的限制。你必须允许自己根据计划止损，否则你最终将像我那位朋友一样，不得不停止交易。”

查理理解了我所说的全部内容之后点头，并转过身来对我说道：“明白了！我想这对我来说没问题。”查理微笑着说道。“接下来丽塔呢?”

二、园艺家的方式：丽塔用来获得大丰收的策略

“你确定要采用这样的策略吗?”我问丽塔。

在回答我的问题之前，丽塔想了想她之前所说过的话。尽管我询问她的问题与我之前询问查理的问题相同，即她是否能够忍受连续 15 次的亏损，但她的回答却与查理不同。

“我能。”她回答道。但我认为她的话听起来并不十分自信。

在我准备进一步提问时，查理看向丽塔，在我还未来得及开口时，他便说话了。

“我可以告诉你，如果说我所认识的人当中有人拥有这样的耐心和决心，能够忍受这种连续的损失并继续坚持，那就是我们面前的丽塔。”他说道。“这家伙可是个非常自信的人！她可不会乱了阵脚，她也不会轻言放弃。”

丽塔微笑着对他说：“查理，谢谢。”

我并不经常向人推荐我在脑子里为丽塔准备的策略，因为绝大多数人天生就不适合这样的策略。然而，那些能够真正利用这种方式投资的人有着大幅度跑赢市场的潜力。这一策略——为获得巨大的赢利而忍受多次的损失——是世界上一些最优秀的投资者最喜欢的一种策略。绝大多数人都不会采用这一策略，因为它太让人难以忍受了。

“除非，”我无意大声说道。

查理和丽塔迷惑不解地等着我继续说下去。

“我必须告诉你，”我从头开始说道，“这种策略几乎对绝大多数个人投资者来说都难以实现……除非……你在开始之前就知道自己可能面临什么样的情形。即便如此，它也——”我犹豫了一下，“嗯，它并不是很复杂，它只是需要决心，你必须坚持到底。既然查理似乎认为你有这样的天赋，那么或许这种策略适合你。”

丽塔深吸一口气然后吐出。“嗯，我要做些什么？”我露出了微笑。“你要先播种大量的种子，然后你要拔掉大量的杂草。”此时丽塔的表情看上去很有趣。

“它有点儿像园林艺术，”我解释说，“运用这一策略时，你要像园艺家一样；你将不能期待播下的所有种子都发芽生长；你要拔除杂草和多余的植物；你要培养长势最旺的，以帮助它们产出尽可能多的产量；最后，大约在你已经对此感到厌倦时，你将会有一次大丰收。你看，在你的投资中，你要期望自己绝大多数投资标的都是损失较小的投资。这里可能出现的情况是，当它们并非如此时，它们当中的一些会产出巨大的赢利。”

丽塔轻笑着说道：“听起来很像是我在前一份工作中经常运作的市场营销活动。”

“这是一种很好的比喻，”我说道，“专业销售人士知道，销售就是数字。你尝试销售的次数越多，你能挣钱的次数就越多。只要每一次尝试不会耗费你过多的金钱、时间或精力，你就可以继续不断地尝试，直到你的努力获得回报。我所介绍的这一策略也遵循这样的哲学。”

“我能理解。”丽塔饶有兴致地将身体向前倾，说道。查理露出了淡淡的微笑。此时轮到他做笔记了。

“好，丽塔，让我们来走一遍赢利大师法，明确你的策略。”

明确目标。“我们之前已经确定你愿意在自己的投资组合中承担大量的风险。这是我们转动的第一把钥匙，”我提醒丽塔，“你账户中的 3 万美元的 35％略大于 1 万美元，对吗？你认为即使一年之内遭受这么大的损失，你也能够坚持下去？”

“是的，”她说道，“乔一直在非常稳健地积累我们的退休储蓄。我的资金就是我们决定用来投资的，如果我亏损了，我们的生活状态不会受到影响。”

“很好。这是一个非常好的开端，”我说道，“同样，我们当然也不希望你遭受任何不必要的损失。”

“对于这一策略，你要运用我称之为‘5 笔头寸法’的方法，”我介绍道，“你要力图一次性运作 5 笔头寸，也就是说，任何一周之内，你都要应付 5 只股票。你要为自己的投资组合买入多达 5 只股票，同时也只能是 5 只。如果某一周你将其中一只股票平仓，下一周你就要设法用其他的股票来代替它。”

“为什么只能是 5 只？难道我不应该分散化投资吗？”查理问道。

此时查理从笔记本中抬起头来，丽塔对他耸了耸肩。

“什么？按照我们的经纪人朋友一贯的说法，”丽塔解释说，“难道我不是必须持有几十只股票，以便建立一个稳健的投资组合吗？”

“这是一个值得研究的问题，”我回答道，“那些训练有素的、代客投资的人通常都必须运作大量的资金，他们需要为几百万或者甚至是数十亿美元寻找投资机会。在这种类型的投资中，通过选择大量不同的股票来分散投资是十分合理的。”

“但是，对于小额账户持有者来说，持有多笔头寸是超负荷的。你可以从分散化投资中得到一些益处，但在小额账户中，你必须确保分散化投资不会抵消它本身的潜在收益。每一笔投资都需要支付佣金，每一笔投资也都需要耗费你的时间和精力。你所选择的头寸越多，你就越繁忙，投资成本就越大。而这也就引出了下一个问题：你愿意花多少时间在投资上？”

“嗯……我没有太多时间，但是我在想——希望可以实现——我或许可以每周末花一个小时的时间来做这项工作。这现实吗？”

“实际上，现实。”我说道。“如果你运用我向你介绍的这种策略，习惯之后你或许会发现，你甚至可以在不到一个小时的时间内完成这项工作！”

评估市场形势。“不要忘了，”我提醒丽塔，“你的投资选择要因市场形势变化而变化。为了转动这第二把钥匙，你必须准备好评估市场。由于你和查理都要留意红绿灯信号，因此你们实际上可以在这方面相互帮助。你确定自己知道如何观察这些信号吗？”

重点提示：一定要关注托尼和我创建的网站，在该网站上你们将会发现一个带有图例的部分，它将帮助你们熟悉这一主题：www.investtowinbook.com。

“我明白你所说的了，”她试探性地说道，“但是我还想更多地练习识别这些信号。你对此有什么建议吗？”

“我的确有一些资源可供你用来进行这项工作。”我回答道。

“一旦确定了自己能够区分不同的市场形势，你就可以在不同的筛选条件之间转换，以发现可选择的股票。”

“那么，我如何才能知道到底买入哪些股票呢？”丽塔问道。

挑选机会。“接下来的一把钥匙就是挑选。一定要记住，你所寻找的是那些能够有巨大成长潜力的股票。”我解释说。“你应当希望发现那些有迹象表明，目前正在成长且未来也有机会成长的股票。我会告诉你可以运用什么样的搜索筛选条件来发现这样的股票。”

重点提示：我在第六章所介绍的搜索筛选标准是一种非常好的资源，你可以用来发现成长股和安全股。这些标准可用于来自经纪人的股票筛选器，或像 www.finviz.com 这样的网站上。

“每周你都要坐下来运行你的搜索筛选器，以及查看股票清单，”我说道，“下一步就是你要对这些股票进行比较。”

“比较是为了获取什么样的信息？我还必须解读财务报表吗？”丽塔问道。

“没有这么复杂，”我说道，“一旦股票成功通过了你的筛选，你需要做的就只是比较每只股票上一个月的收盘价和它目前的价格。”

“在发出了绿灯信号的市场上，你只需要使用‘成长与机会’搜索筛选器。在已经发出红灯信号的市场上，你就要同时使用‘成长与机会’筛选器和安全股筛选器，但最终你要分别做决定：从一张清单上选择 3 只股票，从另外一张清单上选择 2 只股票。”

“从哪张清单上选择 3 只，哪张清单上选择 2 只？”丽塔问道。

“无所谓，”我指出，“只要在发出了红灯信号的市场上持有两张清单上的股票组合就可以，这就是适合你的分散化投资。”

“好的，”丽塔点头道，“那太好了。所以我只是挑选出 5 只股票开始投资，然后在每一只股票被平仓之后用另外一只股票来代替它，对吗？”

“没错。”我说道。

“那么我怎么知道何时卖出？”

管理风险。“接下来是第四把钥匙。这把钥匙的第一部分是，你要运用一种叫作移动止损的东西。”我说道。

“什么是移动止损？它是怎么发挥作用的？”丽塔问道。

“止损指令是一种基于触发价格设置的指令。如果股票的价格下跌到触发价格，股票就自动平仓。而移动止损指令则是一种随着股价上涨而上移的指令。最终，如果股价上涨到足够高的水平，移动止损指令就会上移到比最初的买入价要高很多的位置，这种情况将会让你锁住大赢利。”

“那么这种移动止损指令是会自动上移，还是我必须每月改动其价格？”丽塔问道。

“如果你的经纪人拥有自动的移动止损指令，你就可以直接使用，”我说道，“如果没有，你就必须自己上移。”

“我要如何知道把止损指令设置在什么位置呢?”丽塔问道。

“这很简单，”我对她说道，“针对你所有的投资，你都要把止损指令设置在比买入价低25%的位置。”

“所以……”丽塔看向窗外，然后再回头看向我，“如果我以40美元的价格买入一只股票，我就要把止损指令设置在30美元?”

“正确。”我说道。

“而如果该股上涨到60美元，止损指令就要上移到45美元，对吗?”丽塔问道。

“没错，”我说道，“你明白止损指令如何能够自动上移吗?”

“我想我明白，”她说道，“但是，如果价格下跌怎么办? 止损指令也可以下移吗? 如果是这样的话，它要如何保护我的赢利?”

“不，它不会下移，”我纠正道，“止损指令只会上移。”

“好的，”她说道，“现在我明白了。”

“很好，”我继续说道，“转动赢利大师法的这把钥匙的最后一个部分是确定买入量。”

“好的，”丽塔说道，“刚刚我为查理的策略做了笔记，我的策略(的这一部分)和他的是一样的吗?”

“是的，但会有一点细微的差别，”我提醒道，“你的每一个投资选择将只冒1%的风险。”

“如果我能比查理忍受更大的风险，那么我不是应该比他冒更大而不是更小的风险吗?”丽塔问道。

“与你的策略相比，查理的策略可能会遭受更小比例的损失，”我解释道，“从统计数据来看，你的投资风格将会产生一连串的损失记录，也会产生一些可以抵消并超过这些损失的惊人赢利，但这样的赢利出现的频率较小，因此你需要能够忍受损失。”

“在你的策略中，这个部分是至关重要的，”我重复道，“想象一下连续15次投资遭受损失。这一连串的损失可能会在6个月内或更长的时间内发生，尽管你当时可能并不知道，但或许再遭受几次损失就会出现下一笔巨大的赢利。这笔赢利会非常大，它将使你当年大幅赢利。你需要做的只是始终保持头脑清醒，坚持用同样的方式实施你的策略。现在你还认为如果有一天乔发现你的账户虽然没有下跌30%，但是下跌了15%，你依旧能够保持头脑清醒吗?”

“啊!”丽塔指着我说道，“你问得好。乔是一个十分善解人意的人，不过我承认这可能会让我有些慌乱。”

“经过一段时间，你会发现（账户的）1%还是2%，还是1%与2%之间的某一个百分比，对你来说是适当的风险额。”我说道。“刚开始时，我建议你还是坚持每笔投资承担1%的风险。”

“有道理!”她同意道。

“好了，以上就是该策略的基本内容。还有什么问题吗?”我问道。

“只有一个问题，”她说道，“这种策略真的有用吗?”

我笑了笑。这是很多人都会问的问题。

“我没有预知未来的能力，我也无法完美地预测你会选择如何让该策略为你发挥作用。”我提醒道。“以下原因说明了我为什么相信如果你细心且耐心，该策略就会真的有效。第一，在向任何一个我与之合作的人推荐这种策略之前，我对纳斯达克100指数的所有成分股做一项快速试验，我将该策略运用到这些股票上，想看一看这些股票能否单独产出赢利。毫无疑问，在好的年份，在运用该策略的情况下，它们产出了赢利。

“此外，我还进行了一项试验，该试验始于2000年，止于2009年。这是一项艰难的试验，因为在这些年份中，绝大多数投资者平均都遭受了一年又一年的损失。同时，2000年，我挑选的并不是那些家喻户晓的股票，这使得该试验变得更加艰难。我这样做是为了尽量避免一种叫作‘幸存者偏差’的东西——即测试的全部都是优良股时所产生的偏差效应，因为这些优良股已经存续很长时间。”

“你有什么发现?”查理问道。

“我发现，那些按照你的策略中所描述的方式买卖的股票大约有60%在这些年获得了赢利。事实上，这种投资风格下，所有这些股票的平均收益似乎表明，在那一段时间内，这些股票平均能够获得30%或更多的赢利。”

“对于那些年来说，这是一个很好的表现!”丽塔说道。

“这好像令人难以置信，”查理说道，“如果我没记错的话，纳斯达克100从未回到2000年的高点，甚至没有回到过高点附近。”

“你说得没错，”我说道，“2009年末，其交易价格仅仅是出现在2000年的最高点的一半。但是要记住，丽塔的策略并不是一种‘买入—持有’投资风格。在她的策略中，对一只股票的平均持有时长大约只有4个月。

“对其中一些投资标的会持有更长得多的时间，其中一些则更短得多，我想你明白我的意思。在这种策略下，你不能对一只股票紧握不放，一直到它下跌到最后，逼迫你平仓，你要转向其他正在上涨的股票。”

接下来查理、丽塔和我继续完成她的策略，并将它记录在笔记本上。待我们完成之后，如表10.10所示的一页纸成果便是丽塔的个性化投资计划。

表10.10　丽塔完整的个性化投资计划——初始资金3万美元

目标	每年避免损失本金的35%以上，每年的目标赢利为35%或以上
市场评估	判断市场价格正位于12月移动平均线的上方还是下方。 ● 如果价格正位于移动平均线的上方，就认为市场参与者们正处于寻求机会的情绪之中，于是运用适用于绿灯信号市场的ETF清单进行投资。 ● 如果价格正位于移动平均线的下方，就认为市场参与者们正处于寻求安全的情绪之中，于是运用适用于红灯信号市场的ETF清单进行投资。 每月末查看标准普尔500指数的价格已经向上还是向下突破了12月移动平均线。 ● 如果价格最近突破了移动平均线，接下来就要查看波动性和风险偏好，看一看市场是否发出了新的绿灯信号或红灯信号。 ● 如果信号持续了两个月，就要改变我对市场的假设
投资选择	运用5笔头寸法。 适用于发出绿灯信号的市场： 如果我已经在自己的投资组合中持有5只股票，那么我当周不用采取任何措施。 而在没有持满5只股票的每一周，我都要遵循以下三个步骤： 第一步：每一周都要寻找成长和机会型的公司。

续表

投资选择	第二步：从第一步发现的公司中找出上一个月股价上涨幅度最大的公司。 第三步：下达指令买入用来填满 5 个位置的股票。 适用于发出红灯信号的市场： 第一步：每一周都要寻找成长和机会型的公司，同时还要寻找安全型的公司。 第二步：从第一步发现的公司中找出上一个月股价上涨幅度最大的公司。 第三步：下达指令买入每一只用来填满 5 个位置的股票。要确保不超过 2 只的股票来自于成长与机会搜索，不超过 4 只的股票来自于安全搜索。 特殊的买入程序： 确定过去 20 个交易日的最高价，在该价格的基础上加 5 美分（便得到了买入价）（这一部分与查理策略中的这一部分相同）。接下来要准备好在略高于买入价的价位上设置止损买单。如果价格不上涨，我就不买入。在（买入价的下方）做好风险管理之前先不要挂出卖单。如果我一次性持有的头寸少于 5 笔这一最大值，就要每月重复以上步骤
风险管理	如果价格从最初的买入价或买入后的最高价下跌了 25%以上，就要卖出投资标的。 ● 在比买入价低 25%的价位——这就是你的止损价——上设置止损指令。 ● 每周自动（如果可能的话）或手动将止损价上移到比上一周的最高价低 25%的价位上。 在每一个投资标的上所冒的风险低于（账户余额的）1%。通过利用下面的方式判断出应当买入的数量来实现这一点： 第一步：（交易时的）账户余额乘以 0.01（风险总额）。 第二步：用买入价键入止损价（风险大小）。 第三步：用风险额除以风险大小，得出应当买入的数量

应当记住的要点

■ 赢利大师法指导你通过明确投资目标（包括你的投资风格）、评估市场形势、选择投资标的和管理风险来转动四把钥匙。

■ 一个采用个性化投资计划的投资者应当选择自己的投资风格，并设定与该风格相匹配的期望值。

■ 投资者应该让自己的风险管理规则与其投资风格特点相匹配。

■ 查理的投资风格旨在保持风险低于12%的情况下，于一段时间内获取连续不断的小额赢利。

■ 在发出绿灯信号的市场上，查理将其投资选择限定在25只ETF上；在发出红灯信号的市场上，则限定在20只ETF上。

■ 查理根据其投资选择的波动性设置获利价格和止损价格。

■ 查理还要通过在任何一笔头寸上所冒的风险不超过（账户余额的）2%来限制风险。

■ 丽塔通过5笔头寸法和在任何一笔头寸上所冒的风险绝不超过（账户余额的）1%来限制风险。

■ 丽塔运用第六章讨论的成长与机会筛选标准来挑选股票。

■ 丽塔运用一种被称作移动止损的策略来使自己的个股投资损失最小化和赢利最大化。

■ 丽塔在任何一个投资标的上所冒的风险只有（账户余额的）1%——这有利于她忍受一连串的损失。

个人心得 托尼

节省精力，做更好的决定！
永远要记住，成功的决心比其他任何事情都重要。

——亚伯拉罕·林肯

你是否曾经目标为一个重大项目做准备，但却整个早上都在忙于完成各种各样的小任务？或许你在回复邮件、支付账单、回电话，甚至是吃个三明治当午餐。等到你清理好自己的桌子，面对这个大项目时，大脑却感到反感。你无法集中精力，你的创造力也已经枯竭。似乎你的大脑正在向你发出信号，表示“我今天不干了，我不想再思考了，我尤其不想再进行任何‘大’的思考了”。

猜猜结果会怎么样？研究表明，我们的精力是一种有限资源。简单的决策制定会动用我们的精力储备，让我们的头脑感到疲劳，分散我们的注意力。

20 世纪 90 年代后期，罗伊·鲍迈斯特（佛罗里达州立大学的一位教授）和其同事一起进行了几项实验，实验表明：某几种类型的有意识的头脑活动似乎会从同一个“精力资源”那里汲取精力，逐渐削弱我们在一天中做出聪明决策的能力（http：//psycnet. apa. org/journals/psp/74/5/1252/）。

现在我们知道，大脑疲劳会促使我们更有可能进食垃圾食品，说谎、拖延以及表现出其他不好的自我管理行为。即使是进行一般的日常决定，例如决定穿什么、早餐吃什么、走哪条高速公路，也会占用我们的精力。

难怪时间管理专家会让我们避免早上到工作单位的第一件事就是打开邮箱。要知道，我们必须决定如何大量回复邮件，以及回复什么内容，然后我们还要选择删除哪些信息，要将邮件归入文件夹，要选择分享哪些邮件，最后还要决定打印哪些邮件。所有这些看似简单的决定都会耗费我们的精力。结果，在处理最重要的任务时，我们已经筋疲力竭，大脑已经不再灵活。

更明智的选择是，把耗费精力的琐事留到后面来做。我认识的一些大公司的 CEO，为了保护精力，他们机械地轮流穿着固定的西装，并搭配固定的衬衫和领带。这种机械的穿着方式省去了早上要做的第一个决定。一些 CEO 则早餐都吃相同的食物，并且十分完美地安排了早上的例行事务，以至于根本不需要在这些事情上做决定。他们保护好自己的大脑，以便在一天之中的晚些时候进行他们必须进行的更加重要得多的决策。

用最高的效率工作和娱乐，提前一天确定哪些项目是重要的。

然后明确日常事务，让它们自动完成。尽力使你的大脑保持平静，不受任何琐碎任务的影响，直到遇到重要的优先项目。这样你就会头脑清晰，精力充沛，就能够轻松而高效地完成自己的工作，或享受你的高尔夫运动。

第十一章

你的投资风格是什么？成长型还是价值型？

我们生活在一个充满了二分法的世界中……南北、黑白、上下、好坏、阴阳。

因此，在探索股票世界时，我们会发现两种传统的投资风格，成长型与价值型，这也就再正常不过了。的确，华尔街常常把个股划分为这种或那种风格。不管是成长型股票还是价值型股票，都可以为投资者带来收益，但每种风格有其各自的特点。

尽管我们的确会利用某种标准来描述每种风格，但从定义上来看，我们没有发现任何硬性的标准。大致来说，对于成长型股票（想一想谷歌公司或百度公司），我们或许会高兴地高买更高卖；而对于价值型股票（例如华特迪士尼公司和美国电话电报公司），我们寻找的是价值，因此我们回到古老的市场格言：“低买高卖”。

在疯狂的牛市中，为了获取最大的赢利，许多投资者都会将注意力转向上涨过度的成长股。在不确定的或者甚至正在下跌的市场中，则是那些更加平稳的、派发股息的价值股表现更佳。如果你打算在自己的投资组合中纳入股票，你应当通过同时持有两种风格来使投资分散化。你可以通过投资那些以成长或价值为导向的 ETFs 来简化研究分析，我稍后会在本章中为你提供一张这种 ETFs 的清单。此外，价值型或成长型的共同基金对你也同样适用。

不过，本章的内容主要建立在戈登第六章中与你、丽塔和查理分享的与选股相关的基础内容之上。丽塔离退休的时间长于查理，

本章作者：托尼

她的风险容忍度也更大。丽塔可以通过了解更多关于成长股和价值股的信息而受益，可以学习选择那些有着最好的资本收益上升潜力的股票。

戈登的客户查理或许会选择完全避开股票。由于离退休的时间相对较短，查理只在自己的投资组合中持有那些波动性相对较小的ETFs。即便如此，如果查理想投资股票，最好也是选择那些表现温和，派发股息且以价值为导向的股票。

本章致力于介绍成长型和价值型股票风格，包括它们的优点、不同之处以及如何投资这样的股票才能获得最佳的收益。请尽情享受吧！

投资成长股——收益！收益！收益！

投资成长股时，你关注的是那些你认为将以股价上涨的形式为你的投资创造最大赢利的公司。你应当以正在开发新的创新产品、新的市场定位或海外拓展计划的公司为目标。如果你发现了一个刚刚引起公众注意的还在萌芽中的新兴产业——目前我想到的是云计算和社交媒体，并且很早就瞄准了一只开路先锋般的领导股，那么你或许可以完成一次“十垒打”。

重点提示：“十垒打”由著名的富达麦哲伦基金经理彼得·林奇提出。在金融领域，“十垒打”指的是价格上涨到初始买入价的10倍的金融投资。这一术语来源于棒球运动，在该运动中，跑垒员上垒的次数决定一场比赛的胜负。

当股票跑赢股市时，我们就将它们贴上“成长”的标签。成长股是一种“派对动物”[①]，也被称作“热门股”。牛市期间，它们经常沐浴在媒体的聚光灯下，评论员们无休止地谈论着它们的交易和收益。

① 派对动物这个词是新近西域时尚之风吹进大陆的，原文是“party animals”，意指那些频频出没于城市各种时尚聚会、香艳之所的有闲一族。他们往往是白领、艺人、时髦小孩等，这里意指成长股经常受到关注。

当然，像绝大部分派对动物一样，当牛市派对结束，狂欢者们都回家之后，成长股也会遭遇地狱般的、酒醉后的不良反应，从高点开始迅速下跌（市场回撤或市场修正）。这就是为什么作为一个聪明的投资者，你要密切留意手中的成长股，以管理好风险的重要性。

以下是成长股的共同特征：

● 通常来说，成长型公司不会派发股息。相反，它们会选择将自己的赢利进行再投资。

● 成长股可能会出现比价值股更高的市盈率，但除非市盈率实在太高（例如大于50），否则没有人会介意。

● 新的成长股通常都会在不久的将来（1～4年）价格突然大幅上涨。

● 对成长股来说，重要的并不是它们曾经去过哪里（价格方面），而是它们即将去往哪里。因此，对这种风格的股票来说，你可以成功地“高买更高卖”。

● 许多（但显然并不是所有）成长股都存在于高科技行业。

● 纳斯达克股票市场拥有大量成长股。

重点提示：当一家公司有了利润，它可以决定将利润作为股息派发给股东，也可以进行再投资——来进行研究、开发和业务扩张，可以偿还债务，也可以回购股票。

一、认识成长型投资大师——菲利普·费雪和威廉·奥尼尔

让我来为你介绍两位成长型投资大师——菲利普·费雪和威廉·奥尼尔。这两位绅士都用自己的方法开发出了极其成功的成长型投资方法。

菲利普·费雪。菲利普·费雪是成长型投资真正的先驱。1928年，他从斯坦福大学商学院退学，受聘成为三藩市国安盎格国民银行的一位证券分析师，从此开始了他的金融生涯。1931年，他开创

了自己的投资管理事业，创立了费雪投资管理咨询公司。他一直负责公司的事务，直到 1999 年，91 岁时退休。费雪因为他的客户获取非凡的赢利而闻名。事实上，晨星公司曾称他为“有史以来最伟大的投资者之一”（http：//news. morningstar. com/classroom2/course. asp? docId＝145662&CN＝COM&page＝1）。

费雪在硅谷的“科技”股迅速占领市场之前很久就开始了他的事业。他很早就发现了成长导向理论的价值，并专门研究了由研究与开发驱动的创新型公司。在管理投资的 70 多年当中，他坚持只投资管理良好的、高速成长的公司，并对这些公司长期持有。事实上，费雪先生早在 1955 年就买入了摩托罗拉公司的股票，并且一直到 2004 年去世也没有卖出。

费雪的投资经典之作《怎样选择成长股》详细阐述了他的投资理念，这些理念一直到今天还在发挥作用。事实上，这是第一本成功登上《纽约时报》畅销书排行榜的投资类书籍。

在《怎样选择成长股》一书中，费雪著名的“寻找成长股的 15 个要点”分为两大类：一是管理质量，二是业务特点。评估一家公司时，费雪会查看其管理质量，例如完整性、会计稳健性、公开性、良好的长期前景、对变革持开放态度、卓越的财务控制和健全的人事制度。

如果管理质量得分合格，接下来费雪就会将注意力转向公司的业务合格性。他寻找的是高利润率、高资本回报率、研发投入、产业主导地位、高于平均水平的销售组织和专利产品或服务。

在《怎样选择成长股》一书的 15 个要点中，费雪提出了一些令人感兴趣的问题，例如“这家公司的产品或服务是否有充分的市场潜力，至少几年之内有可能实现销售额的大幅增长?”“这家公司目前正在实施什么样的措施来维持或提高利润率?”“这家公司是否拥有出色的劳资和人事关系?”事实上，如果你阅读过《怎样选择成长股》并思考过费雪的 15 个要点，或许就会和我一样，认为任何一个希望运营一家成功而有生产力的公司 CEO 都应当把这些要点作为简短的指导方针。

费雪的儿子肯尼斯·费雪（依靠他自己的能力，目前是一位市场专家），在《福布斯》杂志刊登他的定期专栏，2004 年 3 月 11 日版写给他父亲的悼词中说道："在成长股投资派系中所有先驱性的、已形成的思想家中，他或许是最后一个目睹 1929 年大崩盘之后还能成为一个大人物的专业人士。他的事业跨越了 74 个年份，但他的事业远不止是进行成长股投资，而是更加丰富多彩。他进行过早期的风险投资和私募股权投资，为首席执行官们提供过咨询，写作过，教学过。他是一个有影响力的人。数十年来，投资领域的名人们都将父亲视作一个导师、一个行为榜样、一个鼓舞人心的人。"

威廉·奥尼尔。威廉·奥尼尔是费雪后来的一位同行，他将自己的一生献给了计算机化的投资技术。奥尼尔也是一位成长型投资者，于 1958 年成为海登斯通公司的一个股票经纪人，从此开始了其职业生涯。他开发了一种运用早期计算机的投资技术。1960 年，奥尼尔进入了哈佛商学院的第一个管理开发项目，接下来他创立了 CAN SLIM 投资策略①。30 岁时，他成为最年轻的买下纽约证券交易所席位的成员。

1972 年，奥尼尔创办了《每日图表》，一种每周寄送给订阅者的股票图表类印刷书籍。1998 年，奥尼尔创立了《在线每日图表》，一种在线的股票研究工具。于是，那些当时还在纸质版的《每日图表》上绘制移动平均线的投资者们将注意力转向了计算机，并永久性淘汰了铅笔。当然，我们绝大多数人知道威廉·奥尼尔主要还是因为他是《投资者商业日报》的创始人，我在第七章中将其视作一种顶尖的投资资源。

在他的《成功投资的 24 堂必修课》（麦克劳·希尔集团，2000

① CAN SLIM 是由 7 组英文字母的首字母组成的。C 是指当期盈余成长率（current earning）。A 是指每年盈余（annual earning），尤其是最近 5 年盈余都可以成长的公司。N 是泛指任何新（new）东西，如新产品、新技术、新管理阶层的推出。S 代表供给（supply）和需求（demand），是指流通在外的股数，因为股价涨跌和流通在外的股票多少有关。L 是指领先者（leader）和落后者（laggards），选股时要选产业的领导者。I 代表必须得到或重视专业投资机构（institutional investors）的认同。M 是留意市场（market）走向多与空。CAN SLIM 按照字面意思来翻译的话，可理解成"可瘦身""可机灵"。这说明 CANSLIM 的投资法则是一个轻量级的系统投资策略，并且能根据市场的状况灵活地做出反应。

年，P. 18）一书中，威廉·奥尼尔说道：“根据对以往最成功股票的研究，并结合自身多年的经验，我们发现赢利幅度最大的股票中，有四分之三是成长股，是那些在获得最大的价格赢利之前，连续 3 年每年的每股年收益增长率平均达到 30%或更高的公司。所以，要关注那些过去 3 年内年收益增长率达到 30%或更高的股票。我在挑选股票时，这是最重要的标准之一。”

奥尼尔先生还说道，最近 8～10 年上市的公司可能并不会呈现出 3 年的收益增长，首次公开发行的股票亦是如此。这位著名的成长型投资者继续说道：“我希望看到，过去 6 个季度每一季度的收益与前一年同一季度相比都出现了巨大的增长（50%或更高）。”

奥尼尔先生对“平淡的收益会得到改善”这样的承诺并不感兴趣。他强调，他“绝大多数”历史选择“在收益开始大幅增加之前”都会呈现出强劲的收益加速。

二、从菲利普·费雪和威廉·奥尼尔身上总结出的观点

菲利普·费雪和威廉·奥尼尔都确定出了成功的成长型公司的重要标准。净资产回报率和收益增长或每股收益代表了他们的标准中两个关键性的指标，我们可以用这两个指标来发现潜力巨大的成长股。

净资产回报率，简称 ROE。强健的净资产回报率可以为我们提供线索，让我们了解一家公司的管理层将企业经营得如何。这对菲利普·费雪来说十分重要，对我们这些投资者来说亦是如此。毕竟，我们不希望投资一家只能做到收支相抵的公司。这样还不够，对于成长股来说，我们希望它有一个强劲的净资产回报率，同时希望净资产回报率逐年上升。

净资产回报率是一个简单的指标。为了进一步简化该指标以及了解其重要性，我们可以将它运用到财务计算中。在计算我们自己的净资产回报率时，会迅速发现我们对自己的资金有多了解。

净资产回报率是一家公司所获得的利润与该公司资产负债表上

所列出的总股本的比率。以下是最基本的公式：

$$\text{ROE}=\frac{\text{净利润}}{\text{当期平均股本}}$$

接下来我们以自己为例。假设今年你获得了1万美元的“净利润”（你挣到的工资与其他收入之和，减去你的支出），接下来，我们假设你的净资产（资本减去负债）为10万美元，相关计算如下：我们用你1万美元的净利润除以你10万美元的净资产，就得到了一个0.1的净资产回报率，即10%的ROE。非常好！

重点提示：至少10%的ROE表明一家公司的业务管理水平可靠。因此，你可以用10%作为一个好的管理效率衡量标准。在使用ROE时，你或许会希望像公司一样，计算自己个人的ROE，用以评估自己的年度资金管理效率。这种练习有助于你更加清楚自己的现状，可以帮助你为未来目标做计划。

接下来，我们将ROE运用到公司中。我们假设新力半导体公司本年度的净利润（销售额减去支出）为100万美元，新力的净资产（资产减去负债）为500万美元，这亦被称作“股东权益”。我们用100万美元的净利润除以500万美元的股东权益，就这样！新力便有了一个20%的ROE……这在任何一个行业中都是十分耀眼的！

如果一家公司有一个强健的ROE，我们便可以假设它能够比ROE低的公司更容易产出现金。同时，与其竞争对手相比，一家公司的ROE越高，对我们投资者越有利。要知道，如果你和你的邻居弗雷德每年都领取同样多的薪水，并且支出也相等，但你的ROE是10%，费雷德的ROE是5%，这就表明你的资金管理效率高于弗雷德。同样，如果新力的ROE是20%，而它的竞争对手斯林克半导体的ROE是4%，我们就可以预期在不久的将来，新力将比斯林克更加快速地增长。

去哪里发现ROE。你可以通过以下方式找到一家公司的ROE：

首先登陆网站 http：//finance.yahoo.com，打开该股的摘要页面，点击“关键统计数据”，然后查看“管理效率”下方的内容。你应当也可以遵循相似的步骤，在你的经纪商网站上找到 ROE。此外，《投资者商业日报》也会在其股票页面上列出每家公司的 ROE。

每股收益，即 EPS。每股收益增长率，即 EPS 增长率，为威廉·奥尼尔的方法论奠定了基础。正如你所记得的，我们通过用一个季度所获得的收益除以流通股数量（公开交易的股数）得出“每股收益”（如果你想更加详细地回顾 EPS，请返回到第六章）。正如戈登在第六章所陈述的，在评估一只股票时，你应当寻求的是其 EPS 在一段时间内扩大或价值增加。一些公司由于其业务性质，可能会在每年的某些季度显示出收益增加。例如，每年的第四季度通常都会是零售企业收益最高的季度。因此，你应当比较各年份之间同一季度的 EPS。毫无疑问，你应当希望看到 EPS 连续增长或至少总体趋势向上。

去哪里发现 EPS。同样地，你可登陆网站 http：//finance.yahoo.com，在每一只股票的摘要页面上找到 EPS 图表，也可以在你的经纪商网站的股票摘要页面上找到 EPS。

此外，《投资者商业日报》的股票页面上也会展示 EPS，你将在此找到非常好的针对每只股票的专属评级，其中包括 IBD 综合评级（将股票按照规模大小从 0 到 100 进行评级，100 代表价值最高）和每股收益增长评级——将一只股票最近两个季度的每股收益增长和近 3 年的赢利增长与其他所有股票进行比较。我很感激 IBD 为我计算出这样的数据，并将这些数据与其他公司进行比较，最后再为我提供比较结果。

三、去哪里发现潜力巨大的成长股

《投资者商业日报》会特载各种各样的指数，列出高潜力成长股。例如，“IBD 50”就是一种电脑生成的观察清单，列出了市场上的领导型成长股，以及它们的各种图表和简短的公司信息。我建议那些打算研究成长股的投资者从报摊上买一份《投资者商业日报》，或订阅一份纸质版或电子版（www. investors. com）。

接下来是另外一种发现潜力巨大、高成长性股票的方法：看一看表格 11.1 列出的成长型 ETFs。基金 1～11 是安硕家族的基金（iShares. com），基金 12～14 是 SPDRs“蜘蛛”家族的基金（SPDRS. com）。正如其名称所示，其中一些基金追踪的是大盘股指数（标准普尔 500 指数和罗素 1000 指数），其他一些追踪的则是中小型股。

表 11.1　成长型股票 ETFs

名称	交易代码
1. 罗素 3000 成长股指数基金	IWZ
2. 标准普尔 500 成长股指数基金	IVW
3. 罗素 1000 成长股指数基金	IWF
4. 晨星大型成长股指数基金	JKE
5. 罗素 200 大成长股指数基金	IWY
6. 标准普尔 400 中型成长股指数基金	IJK
7. 罗素中型成长股指数基金	IWP
8. 晨星中型成长股指数基金	JKH
9. 罗素 2000 成长股指数基金	IWO
10. 标准普尔 600 小型成长股指数基金	IJT
11. 晨星小型成长股指数基金	JKK
12. SPDR 标准普尔 500 成长股指数基金	SPYG
13. SPDR 标准普尔 400 中型成长股指数基金	MDYG
14. SPDR 标准普尔 600 小型成长股指数基金	SLYG

对你来说，以上 ETFs 有两种用途：一是了解这些 ETF 的持股，选择其中被持比例最大的 5 只、10 只或更多只股票，形成一张观察清单；二是选择其中 1～3 只基金，将其作为对自己的核心投资组合的战术性补充。

我们先来看一看第一种用途。我们假设你为了创建一张以成长为导向的观察清单，登陆了网站 iShares.com，点击查看了标准普尔 500 成长股指数基金（IVW）——一只大型成长股指数 ETF——的持股。目前，苹果公司（AAPL）、埃克森美孚公司（XOM）、国际商用机器公司（IBM）、谷歌公司（GOOG）和强生公司（JNJ）是占比最高的 5 只股票。

或许你会喜欢埃克森美孚公司，因为它是世界上最大的公司之一，并且你认为在不久的将来以及接下来的 1 年，能源价格将会飞涨。于是，你登陆你的经纪商网站 finance.yahoo.com 或类似的网站，来到该股的页面。你简单查看了埃克森的收益汇总，它显示过去两年半，这家庞大的综合性能源公司在绝大多数季度中实现了每股收益增长。考虑到欧洲目前正在经历经济衰退，这是可接受的。接下来你点击埃克森的“关键统计数据”标签，查看其 ROE，结果显示为 28.33%，这也是可接受的。

接下来，你调出埃克森的一张月线图表，发现它正在其 12 月移动平均线的上方呈大幅上涨趋势，目前价格为 92.68 美元。查看图表的左边，追溯到 2008 年时，你发现该股曾在 2007 年和 2008 年几次靠近它位于 96 美元左右的史上最高点。于是你推断，如果它向上突破之前 96 美元附近的高点，它的头上就会是一片“蓝天”，“蓝天”是用来表示“全新的价格领域”的市场术语。如果的确如此，埃克森将会在 96 美元上方闯出一片蓝天，因此在该价格上方，它将不会遇到任何以前的技术阻力位。当市场形势有利时，这可能会促使该股出现一些漂亮的行情。

然而，我们假设简单查看标准普尔 500 指数之后，你发现该基准指数的交易价格也正位于其史上最高点附近，但它看起来“高而不稳”。同时，此时恰好是收益发布季，并且还有不到一个月就将进行总统大选。这些诸多因素都是需要市场吸收的不确定性。

因此，你决定等到大选和收益发布季结束之后再买入埃克森股票。你想看一看这两个大事件之后，标准普尔 500 指数走势如何。同时你也想等到埃克森股票收盘于 96 美元之上，因为这将证实有新的买方（需求）愿意以高于 96 美元的价格买入该股。你不希望买入埃克森（或其他任何一只股票）之后，却看到大选和收益发布季重创市场，你所买入的股票价格下跌，此时“保留一些弹药”似乎是最明智的风险管理（戈登和我将在第十三章进一步讨论如何察看经济和政治气候）。

当然，上述情形也可能会有所不同。或许你考虑埃克森和其他成长股时正值牛市，近期也没有大选和收益发布季需要考虑。在这种情况下，你就只需决定是否想要为自己的投资组合买入埃克森股票，以及打算投入多少资金。

四、成长股和成长型ETFs的风险管理——为赢利购买最好的保险

为了实现最好的结果，你应当在标准普尔500指数发出赢利大师法绿灯信号的时期买入成长股，此时标准普尔500指数应当正在其12月移动平均线的上方呈大幅上涨趋势，并且你的候选股亦该如此。

既然我们是聪明的投资者，那么只要买入股票，我们就要与经纪人一起通过设置止损指令来限制风险——不管是静态止损还是移动止损。设想一下：你并不希望在没有汽车保险的情况下驾车在大街上行驶；此外，你还可能会购买房屋保险、医疗保险，甚至是人寿保险。那么，你用止损指令作为你的股票和ETF头寸的安全保障或者说保险，也就再合理不过了。

重点提示：一般来说，市场低迷时，成长股抛售的速度快于价值股。许多投资者都不想放弃自己从价值股身上所获得的股息。

在第十章中，戈登建议丽塔对自己的每一笔股票头寸设置25％（每股价格的25％）的移动止损指令。如果你认为这样的止损指令太过宽松（即距离买入价过远），可以将这一百分比收紧（降低百分比）。此外，10％或15％的移动止损都是可行的。

此外，正如戈登在第十章所介绍的，要记住自动移动止损指令应当随股价上涨而上移。如果股价形成了一个（倒）“U”字形的转折并出现跳水，你的止损指令就会在触及比历史最高价低 25%（或者你所设定的任意百分比）的价格时转变成市价委托卖出指令。例如，假设你以每股 40 美元的价格买入一只股票，并且设置了 25%的移动止损指令，接下来该股先是大体上涨了几个月，从未在任何一次回撤中下跌 25%，然而当该股到达每股 60 美元时，市场调头向下，你所持有的股票紧跟其后，当该股价格下跌到 45 美元（从 60 美元下跌 25%）时，你的自动止损指令就会被触及。

重点提示：在设置止损指令时，记得点击“GTC”，即“撤销前有效”选项，否则你的指令将会仅在设置当天有效，此外还要与你的经纪商进行确认。一些经纪商仅将 GTC 指令保留 6 天，之后你便不得不重新设置。

或者，你也可以设置一种每一两周自行调整的止损指令。你可以将头寸的止损点设置在恰好低于月线图表上的 12 月移动平均线（或周线图表上的 14 周移动平均线）的位置。记住，移动止损指令收得越紧（百分比越小），你持有该头寸的时间可能就越短。

五、投资价值股——低价有潜力且派发股息

如果说成长股是风格投资的大力士，那么价值股就是“慢而稳的艾迪斯”。投资新手、保守的投资者以及希望持有股票的退休人员，都会发现价值股是他们的最佳选择。如果戈登的客户查理决定在自己的投资组合中加入股票，他也会选择价值股，虽然赢利增长缓慢，但却会定期派发股息。

在投资价值股时，你的首要目标是买入与其基本面价值（我们将在接下来的章节中进行讨论）相比，价格看上去偏低（价值被低估）的股票。

我们可以说，寻找理想的价值股就像在旧货甩卖中寻找未被发现的宝物。你一大早就来到目的地，在卖家的旧货中翻找，然后你发现了它，一尊完美的雕像。你知道它是一个精美的古董，价值数百美元，而卖主却在它身上贴了一个 2 美元的标签。那么，这就是一个有价值的东西。

以下是你应该了解的价值股的一般特征：

- 价值投资者寻找的是那些基本面强健的公司。
- 广受欢迎的价值股通常都呈现出低于 15 倍的低市盈率。
- 价值投资者也会寻找那些市净率低（稍后进行介绍）的股票。
- 价值导向型公司通常都会按季度向股东派发股息。
- 在市场低迷时期，价值股被抛售的速度通常都会慢于成长股（投资者不愿意舍弃股息）。
- 价值股或许需要更长的时间才能上涨，绝大多数投资者都是打算长期持有价值股。
- 许多价值股都存在于道琼斯工业平均指数和纽约证券交易所之中；公用事业行业中也包含了很大一部分价值股。

六、遇见价值投资大师——本杰明·格雷厄姆、沃伦·巴菲特和彼得·林奇

本杰明·格雷厄姆。本杰明·格雷厄姆被称为“价值投资之父”，于 1928 年开始任教于哥伦比亚大学商学院。1934 年，格雷厄姆与戴维·多德（同样任教于哥伦比亚大学）合著了价值投资的“教科书”《证券分析》。1949 年，格雷厄姆写作了投资经典之作《聪明的投资者》，该著作至今仍是价值投资的经典之作。

格雷厄姆的核心观点是“安全边际”理论，这是他献给投资者的礼物。格雷厄姆将安全边际定义为一家公司的内在价值与其市场价值之间的差异（内在价值＝账面价值＋收益，账面价值＝公司资产价值/股票数量。当然，市场价值就是股票目前的每股价值）。尽管我们很难计算出安全边际的精确值，但作为一个价值投资者，你

至少要记住，你的目标是以尽可能低的价格买入高质量的价值股。

格雷厄姆坚持认为，作为一个聪明的投资者，为了获利，无论一只股票的未来看起来有多么美好，你都要低价买入。这样，即使市场下行，该股下跌，你所买入的股票仍将具有很高的价值，因为你是以十分低的价格买入的。

沃伦·巴菲特。沃伦·巴菲特是美国人最喜欢的投资大亨，而他是格雷厄姆最忠实的粉丝之一。作为本杰明·格雷厄姆在哥伦比亚大学的一名学生，巴菲特研读了格雷厄姆的《聪明的投资者》一书，并将此书称之为“有史以来最伟大的投资著作”。

巴菲特本人也一直被称为有史以来最伟大的价值投资者之一。下面这则早期的故事表明了这位“奥马哈先知”的思维方式：年仅6岁时，巴菲特便用25美分从他祖父的杂货店里购买了一箱6罐装的可口可乐，然后以每罐5美分的价格转卖给了他的朋友们，将5美分的赢利装入了他的口袋。就这样，一个有远见的6岁大的先知诞生了！

11岁时，巴菲特为他的姐姐多丽丝和他自己买入了第一批股票——以每股38美元的价格买入3股美国城市服务公司的股票，该股很快便下跌至27美元，这吓坏了巴菲特，但他咬牙继续持有。之后他在该股反弹到40美元时卖出，但这却是他后来感到后悔的一次错误决定。城市服务公司继续飞速上涨到了每股200美元。这一经历教给了巴菲特“买入并耐心持有”，从那之后他一直坚守这一点。

过去48年，巴菲特一直是伯克希尔哈撒韦公司的主席，他在其2011年致股东的信中对股东们说道：“过去47年当中（即自现有管理层上任以来），股票的账面价值已经从19美元增长至99860美元，年复合增长率为19.8％。”

巴菲特以其平易近人和坦白正直的性格著称，他会在致股东信中坦率地承认自己的错误。在我们刚刚提到的2011年致股东信中，巴菲特写道：“去年，我告诉你们‘房地产市场很可能在1年左右的时间内开始复苏’，我大错特错了。”

在继续房地产市场这一话题的讨论时（伯克希尔哈撒韦公司拥有5家与房地产相关的企业），他又显示出了自己的幽默感：“我们每天新建的房屋数量大于家庭组建数量。在不确定时期，人们或许会暂时提起裤子，推迟结婚，但最终荷尔蒙会战胜一切。在经济衰退时期，一些人最初的反应可能是‘暂时同居一室’，但与对方父母一起居住很快就会让同居一室失去吸引力。”

2012 年，巴菲特的身价为 460 亿美元，成为全球最富有的人之一，《时代周刊》评选巴菲特为全球最具影响力人物之一。此外，他还是一位著名的慈善家，已经承诺通过盖茨夫妇基金会（由微软公司的比尔和美琳达·盖茨拥有）将其 99%的财富捐献给慈善事业。

巴菲特与绝大多数投资者不同，他并不太关注股票的价格。我们必须了解，他并不是通过买入股票来分享一家公司的成长，而是通过买入整家公司！

巴菲特建议价值投资者集中精力发现那些价格合理的优质企业(而不是那些廉价的一般企业)，这是你我都能做到的。事实上，在打算投资任何一只股票时，我们都可以利用上述指导。

彼得·林奇。尽管我们不会把传奇人物彼得·林奇看作一位严格意义上的价值投资者，但他的确是采用基本面加“逆向”投资法。

林奇 1965 年毕业于波士顿学院，获得金融学位，随后服两年兵役，之后进入宾夕法尼亚大学沃顿商学院，1968 年毕业时取得工商管理学硕士学位。

接下来林奇加入富达投资公司成为一位投资分析师，并最终成为该公司的研究主管，且于 1974—1977 年一直担任该职位。1977 年，富达任命林奇为当时鲜为人知的麦哲伦基金的经理人，而在当时该基金的总资产不到 2000 万美元。1990 年林奇从该基金退休时，麦哲伦基金的总资产为 140 亿美元，是当时全球最大的共同基金。更为重要的是，林奇出任该基金经理人的 13 年间，有 11 年跑赢了标准普尔 500 指数，实现了 29%的年平均收益。如果你在林奇接管麦哲伦基金时投资 1 万美元，截至他从该基金退休时，你的投资将增长到 29 万美元。

林奇是如何获得如此大的赢利的呢？首先，林奇经常被称为“变色龙”，因为他采用的是当时有效的投资风格。在职业准则方面，林奇通常一周工作 6～7 天。在两位助理分析师的帮助下，他一次可成功投资大约1400只股票！和费雪一样，林奇也会面见公司管理层、投资经理和分析师，以获取与公司和股市相关的第一手信息。正如你所见，他的坚持不懈和长时间的工作获得了回报，在他作为麦哲伦投资组合经理人的13年期间，该基金实现了29.2％的年收益率。

林奇著有三部著作：《在华尔街的崛起》《战胜华尔街》和《学以致富》（为投资新手，主要为青少年投资者而著）。在这三部著作中，林奇都坚持主张投资者应当“投资你所了解的”公司。

接下来彼得·林奇花费了大量的时间投身于慈善事业，林奇基金会支持了教育、宗教团体、文化史学团体、医院和医疗研究。

七、从格雷厄姆、巴菲特和林奇身上总结出的观点

投资你所了解的。在挑选股票时，沃伦·巴菲特和彼得·林奇都将焦点集中在他们熟悉或容易理解其产品和服务的公司上。

林奇声称“当地知识”是其成功投资的“关键”。他坚持认为，我们在路上行走时，或在商场购物时，便可以发现伟大的公司。在这一过程中，我们要逐一挖掘出潜在的投资标的，并熟悉这些公司的业务。接下来，他建议我们进行基本面分析，以明确其成长潜力和收益期望。

我的丈夫麦克将这一建议谨记于心。麦克是美国好市多公司(COST))的忠实粉丝，因此他决定研究该公司，并且很有可能买入其股票。他计划实地考察我们这一地区内的几家好市多卖场，收集与其业务相关的信息。

这时，麦克变成了一个很有魅力的家伙，可以和任何人搭上话。他在一个月之内走访了六七家好市多卖场。在每一家卖场中，他都会推着装满了纸巾和啤酒的购物车，与经理和几个员工搭讪闲聊。每一次考察之后，他都会回到家中与我分享他了解到的信息……员工真的很喜欢为好市多工作；许多员工已经在好市多工作很多年；这家公司待他们很好；经理们都对即将开遍全国的新卖场感到兴奋。

此外，麦克还注意到，每家卖场的过道中都挤满了购物者和满满的购物车。

在家中，麦克则观看了美国全国广播公司财经频道播出的一部纪录片，该片介绍了好市多是如何选择产品的；另外一部纪录片则介绍这家仓储公司已经因其大量可选择的酒类而闻名，正在开发其自主品牌“柯克兰精品酒”，好市多对此十分有信心，它将与最好的酒品牌竞争。麦克还研究了该公司的商业模式，同时他自己作为一个商人，还了解了它的发展潜力。

最后，我们查看了好市多公司的基本面和图表。目前，这家专业零售商每个季度派发 28 美分的股息，它的收益过去 3 年连续增长。由于它更大程度上是一只成长股，而不是价值股，因此我查看了它的净资产回报率，当时为 14.03%，非常好！我查看其图表时，标准普尔 500 发出了绿灯信号，好市多也正在其 12 月移动平均线的上方呈上涨趋势。

你一定知道这则故事的结局。麦克买入了好市多公司的股票（代码 COST），并且他们一直相处得十分愉快，该股票一直在上涨。此外，我们阁楼上的纸巾已经多到可以绕整个地球一圈了。

市盈率。价值投资者本杰明·格雷厄姆和沃伦·巴菲特信奉以合理的价格买入优质的公司，而能够确保价格“合理”的一种方法是查看一只股票的价格收益比，即市盈率。

正如第四章所介绍，市盈率是通过股票价格除以当前季度收益所得。你不必自己计算，市盈率通常都会列在一只股票的摘要页面上。投资者运用市盈率来判断一只股票与其公司所产出的收益相比有“多贵”。一般来说，你要寻找那些市盈率等于或小于 15 的价值股，你可以认为这样的股票“很便宜”。

那么我为什么要对此进行介绍呢？收看美国全国广播公司财经频道或其他财经频道时，或浏览财经报纸时，你经常会听/看到某位分析师称他们所推荐的股票“很便宜”。要知道，他们通常指的并不是股票的价格，而是股票的市盈率。

例如，国际商用机器公司（IBM）目前的交易价格正位于其 2012 年的高点 210 美元附近，我不知道你，但在我看来，这是一个异常高的每股单价！这对 IBM 来说，也是一个“很高”的价格。事实上，“蓝色巨人”目前的股价正位于其历史最高价附近。

然而，如果与某一位分析师讨论，他却会告诉你该股仍然相当“便宜”，因为它目前的市盈率仅为 15.31。相反，通用电气目前的股价大约是每股 23 美元，截至目前，它的历史最高价是 2000 年 8 月的 60.50 美元。因此，它从其高点下跌了 62%，然而，我们的分析师却会告诉我们，通用电气比 IBM 公司更“贵”，因为通用电气目前的市盈率为 18.63。如果以前分析师的行话让你迷惑不解（正如我很久以前感到不解一样），那么现在你就知道如何理解“便宜”和“贵”了。

重点提示：彼得·林奇说过：“在这一行当中，如果擅于‘挑选股票’，你的投资正确率为 60%，你的正确率永远不可能达到 90%。”

市净率。沃伦·巴菲特尤其建议投资者寻找那些市净率低的公司。这一简单的比率表明了一家公司的资产价值是否与其股票的市场价格相匹配。它是一种有用的工具，可用来发现价值股，尤其是金融领域的银行、经纪公司和保险公司的价值股。

警告：对成长型公司，尤其是那些在研发上花费大量资金的公司来说，市净率并不是一个良好的指标。此外，它也不适用于那些持有大量不动产和其他固定资产的公司——这些资产的价格可能会剧烈地涨跌，许多高科技公司都会呈现出高市净率。

你需要了解：市净率＝股票价格/公司资产价值。市净率小于 1.0 表明一只股票被低估，而市净率大于 1.0 则可能表明一只股票被高估。

去哪里发现市盈率和市净率。由于这两种比率经常被个人投资者和机构投资者当作参考，因此你可以发现它们明显列于股票的摘要页面上，或你的经纪商网站和其他财经网站上的“关键统计数据”标签之下。

八、去哪里发现潜力价值股

发现价值股的一个简单方法是，将注意力集中在道琼斯工业平均指数中具有代表性的工业股之上。就我个人而言，我喜欢投资道琼斯成分股，它们是经过精心挑选的，每一只股票都代表了一个板块或行业，而这些行业又代表了美国经济的一部分。

重点提示：从医疗保健、公用事业、通信、航空航天与国防行业中寻找优质价值股。

尽管道琼斯工业平均指数只有30只股票，但正如我们在第三章所提到的，它是全球最受关注的经济指标，它的走势与标准普尔500步调十分一致，尽管标准普尔500指标的价值只有道琼斯指数的十分之一左右。对照查看这两种指数的图表时，你会发现它们十分相似。

简单看一看道琼斯指数的成分股，你就可以对美国工业领导者们有一个大致的印象。我敢打赌，你一定与其中几家公司有业务往来，或从其中几家公司购买产品或服务。你持有美国运通公司（AXP）、美国银行（BAC）或摩根大通公司（JPM）的信用卡或账户吗？你购买了旅行者保险公司（TRV）的保险吗？搭乘过波音公司（BA）的飞机吗？从雪佛龙石油公司（CVX）或埃克森美孚公司（XOM）购买过汽油吗？用过强生公司（JNJ）的洗发水吗？购买过默克公司（MRK）或辉瑞公司（PFE）制造的药物吗？你最后一次享用可口可乐公司（KO）生产的可口可乐是什么时候？你带孩子去过麦当劳（MCD）吗？利用微软公司（MSFT）的软件工作过吗？或支付过来自美国电话电报公司（T）或威瑞森电信公司（VZ）的电话账单吗？此外，我们绝大多数人都可以说，我们一直被通用电气公司（GE）“带来美好生活”的员工们感动着，我把这家大型综合企业看作与一只多样化的共同基金相似的企业。你可以在金融、航空航天与国防、能源基础设施、采矿、水处理、医疗保健、运输和金融服务等领域都会发现通用公司，很难在工业领域发现没有通用公司的地方。

《华尔街日报》的编辑们会定期剔除滞涨股，以用更加符合美国市场代表性的股票取而代之。例如，2009 年 6 月，思科公司和旅行者保险公司取代了 2008 年熊市和经济衰退中的两名伤兵（尽管它们各自的失宠绝不是偶然），花旗集团（C）和通用汽车公司（GM）。2012 年 9 月，卡夫食品公司（KFT）被医疗保健巨头联合健康集团（UNH）取代。正如你所见，道琼斯成分股都是价值数十亿美元的跨国企业和全球经济的领军者。但是，它们也可能会遭受重创——通用汽车从 2007 年 10 月一路下跌到 2008 年 12 月，股价下跌 91%，公司被迫破产，这让我们心有余悸。金融巨头美国国际集团（AIG）深陷房地产泡沫，后来于 2008 年 9 月被从道琼斯成分股中除名，仅在当月价值便损失 78%。

道琼斯成分股并非不受负面市场冲击的影响，只是绝大多数时候，它们庞大的规模和财务实力有助于它们在市场低迷时期恢复。

许多道琼斯成分股都满足价值股的基本标准，它们呈现出等于或小于 15 倍的市盈率，可接受的市净率，同时它们派发极好的股息。即使在到达历史最高价时，道琼斯成分股票仍然可以被认为很“便宜”。

如果你喜欢道琼斯成分股中的价值股，你可以考虑买入 SPDR 追踪道琼斯指数 ETF（DIA），你将按月收到年度股息，这是买入全部道琼斯指数成分股并从中获利的最简单方法。

另外一种比较流行的策略是投资“道琼斯指数狗股”。对道琼斯指数狗股理论的回溯测试表明，尤其是在利率下跌的时期，这一策略所获得的回报率可以超过持有全部 30 只道琼斯指数股票的综合收益。[①]

① 所谓“狗股理论”是指投资者在新年伊始买入 10 只收益率最高的道琼斯指数成分股。其目的在于获得更高的派息收入，同时寄希望于上年表现差的个股来年能实现反弹。当股价下跌时，派息收益率上升，这一定律构成了“狗股理论”的核心。

你要怎么做？首先从道琼斯成分股中找出股息率最高的10只股票，将资金平均分配到这些股票中，以此创建一个投资组合。然后每年花一个小时或更少的时间对该组合进行调整，卖出那些价格上涨，股息率变得较低的股票。你卖出的头寸会有一些可观的资本利得，之后用目前股息率最高的道琼斯成分股票代替已卖出的股票。

如果你希望把道琼斯狗股限制在5只以内呢？这也是可行的。首先从道琼斯指数中挑选出股息率最高的10只股票，然后选择其中5只价格最低的，之后再每年使用同样的调整方法。

重点提示：不要陷入“价值陷阱”。不能仅仅因为一只价值股呈现出低市盈率和低市净率，或许甚至还派发股息，就自动将其视为可以获利的价值股，你还要继续研究，查看其收益增长和价格图表。“便宜”绝不能保证一只价值股是一个好的投资标的。

如果你想进一步研究这些狗股，甚至想让其他人替你进行价格与股息分析，可以登录网站 www. dogsofthedow. com，查看当前的“狗股”。你可以了解所有关于该策略的信息，同时你还可以查看“当前狗股”，以及了解更多关于“狗股挑选步骤”的信息。对我来说，这听起来很有意思！

道琼斯成分股票并不是价值股的唯一主导力量，我寻找候选潜力价值股的一个方法是，查看那些被称为“价值型基金”的 ETF，你可以简单地买入这类基金或优质的价值导向型共同基金，以此来简化你的研究。

或者，我们也可以像本章先前对成长型 ETF 所做的那样，上网查询价值型 ETFs 的持股，看一看哪些股票被它们选作了优先候选价值股，它们的选择或许可以对你脑海中已有的价值股进行确认。

表格 11.2 是一张价值型 ETFs 清单，你将会看到大、中、小型价值股指数 ETFs，基金领域还存在着其他“风格”的 ETFs，我在该表格中所列出的是来自于网站 iShares. com 和 SPDRS. com 的 ETFs，你可以登录网站 iShares. com 查看清单中的前 11 只基金，登录 SPDRS. com 查看以“SPDR”开头的最后 3 只基金。

表 11.2　价值型股票 ETFs

名称	交易代码
1. 罗素 3000 价值股指数基金	IWZ
2. 标准普尔 500 价值股指数基金	IVE
3. 罗素 1000 价值股指数基金	IWD
4. 晨星大型价值股指数基金	JKF
5. 罗素 200 大型价值股指数基金	IWX
6. 标准普尔 400 中型价值股指数基金	IJJ
7. 罗素中型价值股指数基金	IWS
8. 晨星中型价值股指数基金	JKI
9. 罗素 2000 价值股指数基金	IWN
10. 标准普尔 600 小型价值股指数基金	IJS
11. 晨星小型价值股指数基金	JKL
12. SPDR 标准普尔 500 价值股指数基金	SPYV
13. SPDR 标准普尔 400 中型价值股指数基金	MDYV
14. SPDR 标准普尔 600 小型价值股指数基金	SLYV

九、规模的重要性

查看表格 11.2 时，你会发现前 5 只基金追踪的是大型价值股，接下来是中型价值股基金和小型价值股基金。

此时我若是使用数据表格，可能会增加你的负担，因此我要向你介绍的是一句简单的投资良言：长时间来看，中小型价值股的回报率通常大于大型价值股。这或许是因为较小的股票有较大的成长空间，也或许是因为中小型公司的管理层能够更加迅速地采取行动和适应市场环境的变化。当然，许多组成大型股指数的庞然大物曾经也是中小型股，它们从出色的小企业成长为出色的大企业时，其股票也曾创造出巨大的赢利。

你可以从图表上发现上述观点的证据。你只需要以表格 11.2 中的 ETFs 为例，在月线图表上查看每一只 ETF 的表现，你会发现，长时间来看中小型价值股 ETFs 是如何跑赢大型价值股 ETFs 的。

如果你更愿意研究中小型个股，那么其中一种方法是，登陆基金网站（ishares.com 和 SPDR.com），打开 ETF 主页，点击“持股”，以下是来自表格 11.2 的 ETF 代码，用以帮助你简化过程：IJJ、IWS、JKI 和 IJS 是（iShares）安硕中型价值股 ETFs；MDYV 是 SPDR 中型股 ETF；IWX 和 IWN 是安硕小型股 ETFs；SLYV 是 SPDR 小型股 ETF。你要粗略记下每只基金持有比例最大的 5～20 只股票，用以创建一张中小型价值股观察清单。

重点提示：评估一只派发股息的价值股时，记得查看它的收益曲线图，好的收益等于好的股息。一家收益正在恶化的公司或许不得不削减股息或者完全停止派发股息。

你应当考虑的另外一个宝贵的资源是《价值线》杂志，它是位于纽约的一家独立的投资研究与财经出版公司，它最为著名的是出版《价值线投资调查》时事通讯，该时事通讯特载《价值线及时性排名体系》，对大约 1700 只股票未来 6～12 个月的价格表现进行排名，更新后的《价值线技术排名体系》对 3～6 个月的股价走势进行预测。在这两个排名体系中，股票都按 1～5 评级，其中 1 代表最高评级。此外，它们还利用同样的数字进行安全性评级。

ValueLine.com 网站上既有免费阅读的内容，也有需要订阅才能阅读的内容。目前，它们的网站上刊载了一份《价值线》免费赠送报告“道琼斯 30 概要报告”，该报告介绍了道琼斯的 30 只股票，包括冗长的研究概要报告，以及对每一只股票的时效性和安全性评级。总之，如果你想了解传奇的《价值线投资调查》及其对股票的排名状况，以及大量有价值的网站内容可以进行订阅，然后进入它们的数据库开始研究。

十、关于股息，你需要知道的

如你所知，一家公司派发给其投资者一定百分比的季度收益就叫作“股息”。早在20世纪，投资者主要是为了股息而买入股票。在一只股票的摘要页面上或报纸的股票版面上，你可以看到该股目前的价格（当天价格），以及其股息率、季度股息或年度股息。请记住，贴出的股价和股息率仅当天有效。你知道的，股价在交易日内不断变动，这表示股息率也在不断变动（实际股息额每个季度或每一年变动一次，下面将对此进行更多介绍）。

股息率即一只股票以股息的形式派发的百分比收益率

股息率＝股息/每股价格

关于股息率，你应当记住的要点

● 如果你已经持有一只派发股息的股票，你在今天的财经版上看到的该股的股息率或许并不是你目前所获得的股息率。假设你4个月前以每股30美元的价格买入了迪利医药公司的股票，该股的年度股息为每股1美元，那么你此时的股息率就是3％。但是，迪利目前的价格是每股40美元，因此，你的经纪商网站上或报纸的财经版上贴出的当前股息率是2.5％，不要惊慌，你的股息并没有被削减0.5％，因为你是在迪利股票的价格还是每股30美元时买入的。然而，现在买入该股的投资者便会获得一个更小的股息率，因为实际的股息（每年每股1美元，或者很可能每季度每股派发0.25美元）并没有发生变化。

● 以上要点引出了我们作为价值投资者，应努力实现的主要目标之一，即你应当发现那些价格低廉的优质价值股，这样你便可以获得最高的股息（率），同时股价也有上涨的空间。对你来说，这意味着最大限度的资本增值！

关于股息日，你需要知道的

股息宣告日：在股息派发给股东之前，公司董事会必须宣布即将派发股息。这一天便被称作股息宣告日，这一天董事会要在账目上创建一笔负债，因为这笔钱是它对股东的负债。此外，它还要宣布股权登记日和股息发放日。

股权登记日：股权登记日又名“除息日”。这一天，登记在册的股东开始有权获得即将派发的股息。那些在这一天之后买入股票的投资者将不会获得当季度股息（尽管一些公司按年发放股息，但大多数公司还是按季度发放）。股票将在股息发放日前大约 4 个交易日开始按照除息后的价格进行交易，在这期间（已经减去派发股息的）每股价格将会反映出股息派发。

股息发放日：这一天，股息发放给公司股东。如果收到了派发的股息，你将会看到它出现在你的经纪账户中。

十一、价值股的风险管理

戈登和我建议你将本章所讨论的针对成长股和成长型 ETFs 的风险管理与止损策略运用于价值股和价值型 ETFs。尽管在市场衰退时期，价值股或许不会像成长股一样快速下跌，但是请记住，如果衰退十分严重，所有类型的股票都会被市场抛弃。我们为你设定的目标是：在市场产出赢利时入市，在市场开始收回赢利时离场，或极其保守地交易。这是在牛熊市中赚取并保住赢利最好的方式。

十二、成长股与价值股的优点

如果你一直在研究成长股和价值股，某些时候或许会发现它们并非泾渭分明，你或许已经见过兼具两者特征的股票，或许该股票像价值股一样派发股息，但却呈现出较高的市盈率和市净率，并且年度收益在25%以上，我们可以把这样的股票称之为价值型成长股。市场上存在着大量这样的股票（例如苹果公司（AAPL）），其中一些优质的呈现出极好的投资机会。

尽管你可能会在华尔街听到争论，但成长与价值的标准并非必须是相互排斥。事实上，在我们看来（在发出绿灯信号的市场上），你的最佳选择是：在有前景的行业中发现强力增长的成长股，然后就像评估价值股一样评估其基本面，此外，当然还要评估其价格图表，以发现强劲的上扬趋势。

你或许还记得本章之前介绍彼得·林奇的内容。我们说过，他经常被称为“变色龙”，因为他采用的是当下有效的投资风格。林奇是价值成长型投资者的一个很好的例子，格雷厄姆和巴菲特或许有一些不同的方法，但他们也在自己的整个传奇生涯中运用了价值型成长投资的理念。

总结：如果将你在本章所学到的每一项原则都运用到你所评估的每一只股票上，你将会发现可以获得巨大赢利的潜力价值型成长股。

应当记住的要点

■ 当股票跑赢股市时，我们就将它贴上“成长”的标签。

■ 在疯狂的牛市中，为了获取最大的赢利，许多投资者都会将注意力转向上涨过度的成长股。

■ 在寻找成长股时，要以那些开发新的创新产品、新的市场定位或海外拓展计划的公司为目标。

■ 大多数成长股都不会派发股息，且市盈率大于15倍。

■ 许多成长股存在于高科技行业。

■ 菲利普·费雪和威廉·奥尼尔是两位知名的成长型投资者。

■ 可靠的净资产回报率（ROE）和不断增加的每股收益是可以帮助我们发现潜力成长股的两个指标。

■ 为了创建一张成长股观察清单，要从《投资者商业日报》中找出候选股，然后找出成长型 ETFs 持股比例最大的成分股。

■ 价值股就像“慢而稳的艾迪斯”。

■ 投资新手、保守的投资者以及希望持有股票的退休人员，都理解发现价值股是他们的最佳选择。

■ 价值投资者寻找的是那些基本面强健、低市净率、低市盈率的公司。

■ 价值导向型公司通常都会按季度向股东派发股息。

■ 许多价值股都存在于道琼斯工业平均指数和纽约证券交易所之中；公用事业行业中也包含了很大一部分价值股。

■ 本杰明·格雷厄姆、沃伦·巴菲特和彼得·林奇都是传奇的价值投资者。

■ 林奇主张我们投资那些我们了解其产品的公司，要进行分析，以明确其成长潜力和收益期望。

■ 道琼斯指数中包含了许多优质的价值股，我们也可以查看价值导向型 ETFs 的成分股，以创建一张价值股观察清单。

■ 收益良好的价值型公司通常都会按季度向股东派发股息。

■ 我们强烈建议仅在发出绿灯信号的市场上同时买入成长股和价值股。

■ 我们还建议为所有股票头寸设置移动止损指令。

■ 成长股与价值股是相互排斥的吗？或许并不是，价值型成长股可以获得可观的赢利。

个人心得 托尼

不堪重负？委托他人去做！

我就像飞入天体营的蚊子一样，知道自己想做什么，但却不知道从何做起。

——英国圣公会主教斯蒂芬·贝恩

你埋头于自己的工作，不堪重负，事实上，你看不到出路，好像工作永远都做不完。更糟糕的是，所有的压力正让你心情沮丧，筋疲力竭。你要如何才能暂时摆脱这种仓鼠轮呢?① 答案是：委托他人去做。

哦，这样啊！你的脸沉了下来。你知道将任务委派给他人可以节省你的时间，同时把工作移交给他人还可以帮助他们开发新的技能。所以……为什么要犹豫呢?

作者戴维·艾伦在他的《尽管去做——无压力工作的艺术》(企鹅出版集团，2001 年，p. 131) 一书中提供了一种极好的执行任务的法则：做，委托，推迟，不做。根据我的经验以及针对这一话题与他人进行的讨论，第二种选择是最难做到的。从家庭主妇到公司经理，大多数人都用自己的肩膀扛起车轮，拼命向前推动，不能也不愿意将工作交给其他能够轻松胜任的人来做。

如果你也是如此，那么我们重新来看一看委托他人去做可以实现什么样的结果：为了高效率，委托他人去做是各行各业的领导者都需要的一种至关重要的技能。如果你可以教导身边的人在处理某项任务时如何思考，以及有需要时应当询问什么样的问题，那么你就应当有能力将目标转向投资回报率更大的项目，或者干脆逃离以求得一两天的清闲。

如果你不确定委托他人去做是否是正确的选择，可以观察你身边的人。你是家中唯一深夜还在折叠洗衣篮里的干净衣服的人吗?你的助理每天下午 5 点下班，而你却工作到凌晨吗? 你身边的人是否在问“需要我帮忙吗”? 最后，问一问你自己：“我是这项工作的

---

① 仓鼠轮是供给仓鼠或其他啮齿目动物运动的装置。其设计非常简单，主要是将一个轮圈装嵌于一个或一双短轴之上。仓鼠在轮圈中奔跑时，轮圈会不停地转动。

最佳人选吗？”这些问题的答案或许会告诉你，你正在错失委托他人去做的机会。

当然，顽固的亲力亲为者有许多理由来解释自己的不与他人分担任务，其中一些是完美主义者，他们要么认为自己能把事情做得比其他任何人都好，要么认为自己做比花时间把诀窍教给他人更加容易。其他一些人则认为，或许是潜意识地认为，把工作分派给他人会削弱自己的重要性。另外，还有一些人则是不想冒险被下级超越。

如果你在委托哪怕最简单的任务方面都有困难，那么你首先要接受这样一个现实，即你无法凡事都亲力亲为，必须寻找合适的人来帮助你，要寻找那些将从与这项任务有关的附加技能上获利的人，以及能全身心投入的人。然后，帮助他们弄清楚与这项工作相关的关键思维技巧。之后再在不进行微观管理和命令其行为的情况下观察并支持他们。

一旦你学会了委托他人去做，回报将是极其令人满意的。你不仅能够把更多的时间用在可以带来最大投资回报率的项目上，同时你还将把自己宝贵的技能分享给身边的人，他们将从这些知识中获利。最好的是，你将有更多的时间与你所爱的人在一起，做你想做的事情，以及暂时逃离仓鼠轮。

第十二章

预测市场机会：投资者如何从板块轮动中获利

个人投资者可以通过观察投资领域的资金流动来逐年提高自己的收益。跟踪投资资金从一个经济部门到另外一个经济部门的流动并不困难，但它需要我们有一定的判断力才能看清。本章将为你提供细节性的内容和视角，帮助你判断投资资金的潮涨潮落。此外，本章还将为你介绍如何将以上知识融入赢利大师法，以提高你的投资收益。

世界周而复始地运动。已经有结果从多方面表明，季节、气候、天文、农业、人类生理，甚至是每一代人的心理变化都与投资相关。投资者已经认识到，金融市场受周期影响，但却几乎没有人知道如何跟踪资金的周期性轨迹。事实上，只要了解了驱动投资市场周期性运动的关键性因素，就不难预测投资资金在市场上的循环流动。

在第二章中，托尼以正常的商业周期循环为基础，介绍了投资资金如何从一个商业领域流动到另外一个商业领域。本章中，我将以此为基础，增加一些投资者在考虑市场运动时所需要了解的关键性细节。在此我想向大家介绍一种被称之为“板块轮动”的概念，这虽然不是一种全新的概念，但个人投资者从过去几年开始才有能力十分有效地利用这一概念。板块轮动强大有力，可以将查理和丽塔这样的投资者的努力转化为一种极其成功的、收益十分可观的投资法。

了解专业投资者是如何创造出——有时是无意识地——市场行

本章作者：戈登

情的轮动周期之后，你可以更好地解读这些周期。我将与你分享我所积累的一些投资见解，说明这种轮动是如何产生的，更重要的是如何才能轻松发现这种轮动。我保证本章结束时你将用一种全新的视角看待市场，这将使你做好更加充分的准备，从板块轮动中获利。

为帮助你更加清晰地了解这些周期，我想向你介绍我的观点，说明投资领域的三个主要部分是如何相互关联的，我将这三个部分看作一种更大机制的组成部分，一种处理投资者资金的机制。我把这三个部分简单称作投入、操作原则和产出。接下来我将向你介绍我对每一个组成部分的看法，进而向你介绍我认为是当代投资者可利用的最宝贵的见解。

一、资金来自哪里？明确投资机制中的投入

20 世纪 80 年代后期，一场重大的变革开始发生，投资资金开始从养老金固定缴款计划向如今更加普遍的 401k 计划和个人退休金账户转移。这一变革的结果是，投资资金进入股市的方式发生了微妙的变化。该变革有效提高了个人投资者于 1988 年左右至 2000 年期间对共同基金的投入率，分配到共同基金的资金最终将成为市场上的投资资金的最大组成部分。

这一时期，计算机信息处理技术和软件技术的进步，以及大量可使用的互联网的最终出现，促使工作机会迅速增加，就业率迅速上升。紧接着高科技行业所提供的薪酬更高，又带来了更高的可自由支配及可投资的收入，大量美国人能够找到比以往任何时候薪酬都更高、工作环境都更好的工作。

20 世纪 90 年代，好的工作机会比技术娴熟的工人增长得更加迅速，这引起了科技公司之间对于优秀人才的竞争。这些行业中的雇主出台了大量的刺激措施，一系列有吸引力的福利政策，以吸引有能力的工作者。然而，不久之后这些福利政策便因太过昂贵而难以维持，于是雇主们很快又发明了一种创新性的替代品，该替代措施促使他们向员工支付的薪资可以享受税收优惠，他们发明了退休基

金的匹配计划。

这种将员工贡献的一定百分比匹配到员工的储蓄账户的做法可以激励员工增加储蓄，这是一个好办法，但它还有一个重要的结果，即促使对美国股市的投入急剧增加。雇主们开始按员工贡献的一定比例为员工储蓄账户匹配资金时，不知不觉将更多的资金投入了市场。这是由于，员工和雇主存入员工储蓄账户的资金随着每一笔薪水自动增加时，这些储蓄账户的资金会不断递增。

这种退休储蓄账户为员工提供了各种选择，让他们将自己的资金分配到各种类型的投资标的中，这些投资标的通常都是一些经过精挑细选的共同基金，它们通常都包括几只股票基金，一只临时债券基金和一只货币市场基金。尽管大多数员工并不完全了解这些基金是如何运作的，但他们了解与其资金去向有关的重要事实，尽管只是模糊不清地了解，但他们知道自己的资金会被投向股票市场。

重点提示：股票需求较高时，不要不敢买入。如果流入股市的资金大于流出的资金，股价就有可能继续走高，即使股价已经过高。当投资者更愿意寻求机会而不是安全时，就意味着他们对股票的需求大于对其他资产类别的需求。这样的时期充满了获利机会。

只是当时绝大多数投资者并没有意识到，这一转变对整体股市造成了多大的影响。每一个月，随着新的薪水支票将新的资金存入储蓄账户，紧接着再进入员工们所选择的共同基金，基金经理们将被这些他们不得不将其投入使用的新资金所淹没，这种对各大市场连续不断的资金投入驱使股价在十多年的时间内持续走高。

毫无疑问，在这样的形势下，投资者不会放过他们所发现的任何机会。市场长时间处于发出绿灯信号的形势之下，在这样的时期，专业投资经理人主要的任务就只是发现足够好的场所来安顿他们所管理的资金。许多公司的股价开始到达被认为与绝大多数专业投资者所使用的标准相比过高的价位。

即便如此，这些投资经理人所拥有的经验和接受过的训练并没有阻止这些专业人员继续买入价格相当高的股票。简单来说，他们不得不买入，他们别无选择。这些经理人所遵循的操作原则要求他们不停地买入这些股票，即使他们自己的评估标准表明这样做大错特错。

二、资金的运作——了解机构投资者的操作原则

专业的共同基金经理人通常被称作“机构投资者”，这些机构投资者还包括那些管理养老基金的经理人和其他类型的资金募集者。所有的机构投资者在进行投资决策时要考虑三大影响因素：①需要依据其基金性质和投资目标进行投资；②要努力跑赢他们所选定的业绩比较基准指数；③要最大限度地降低税收对基金业绩的影响。

依据投资目标进行投资——不断投资并聪明投资。机构投资者所管理的基金都会根据其对外发布的投资目标进行分类，这些目标可能是某一具体的业绩表现水平，但最常见的是与某一特定投资资产类别挂钩。共同基金通常都会在综合评判自己所寻求的收益类型和用来实现收益目标的资产类别后对自己进行归类，他们可能会详细说明自己是成长型、收益型还是成长收益型，也可能会说明自己将通过投资大型企业、中型企业、小型企业还是某种类型的债券来实现收益。此外，共同基金经常还会表明自己是某一种特征或多种特征的综合体（同时具备）。

这里的关键在于，投资基金必须坚守它所发布的投资目标。宣称自己为“纯收益型”的基金会对外宣称其经理人将投资一系列债券，从法律上来说，不管该基金经理多么确信表现最好的新上市的小盘股有多大的潜力，他都不能将其资金投向这类股票。基金经理的投资方式必须与该基金所发布的投资目标保持一致。

单就这一事实便对共同基金经理的投资选择具有重大影响，尤其是当你考虑到现金也不过只是其中一种投资选择时。这表示即便基金经理通过某种方式知悉市场即将开始一轮大幅度的下跌趋势，他/她也不能干脆卖掉全部股票，转而持有现金，等待市场反弹。此时将全部可撤出的资金撤出股市或许看起来像是一个好主意，但对

基金经理来说，这样做却会被认为是非法的或缺乏职业道德的。

这一点会在上涨行情中让投资者感到灰心，也会在下跌行情中让投资者大怒。投资者本以为，对于投资者来说，无论市场行情如何，他们的最终目标都应该是赚更多的钱，因此他们或许会质疑基金经理为何不按照这种目标来进行操作，答案是法律禁止基金经理以这种方式进行操作。

1929—1932年的股市崩盘之后，立法当局便努力为个人投资者提供保护。自1934年开始，共同基金行业受到了严格监管，各种法规强有力地影响了共同基金今日的操作方式，其中许多监管条例归根结底就是禁止共同基金不负责任地进行投资。为保护投资者不受毫无规章的基金经理所害，法律规定共同基金必须坚守它所发布的投资目标。

如果基金声明其目标包括股票投资，那么它就必须进行股票投资。因此，绝大多数基金经理并不会尽全力预估市场衰退，也不会在形势不好时将股票变现，因而无法实现收益最大化。根据20世纪30年代开始实施的市场法规，做出股票变现的决策将意味着基金经理没有如实描述该基金，没有遵循它所发布的投资目标。

讽刺的是，这种法规意味着即便股票大幅下跌时应该离场观望，共同基金也不能将资金撤出股市。在下跌行情之后，这种行为在投资者看来是非常糟糕的，因而正如近几年所出现的情况一样，当市场长时间表现不佳时，投资者会将资金撤出共同基金。

想一想你就会发现，机构投资者必须有办法在行情下跌时找到收益好的投资产品。他们不能将基金的全部资金撤出股市，转而简单而老套地持有现金。相反，他们会将资金投放到他们认为更加安全的股票上，即波动率小于整体市场的股票，这或许并不能确保该基金的价值增加，但这种策略很可能会帮助该基金避免进行正常股票投资时所遭受的损失。而当许多基金经理采用这种策略时，其结果就是，资金流向波动率低的股票，即呆滞股。

重点提示：不好的行情会促使资金流动到呆滞股。机构投资者身兼双重使命：不以现金形式持有投资者资金；跑赢基准指数。身兼这两种使命就意味着市场开始下跌趋势时，机构投资者需要找到下跌速度低于整体市场的股票。毫无疑问，这种股票包括公用事业股，也可能包括成熟行业中的大型公司股，例如通用电气、微软、迪士尼、沃尔玛超市这类公司的股票，这些股票不但不会下跌过快，还会派发股息。

跑赢比较基准——在各个板块中寻找机会。个别共同基金经理的报酬是根据是否能够帮助基金跑赢比较基准来计算的，这种基准经常是——虽然不总是——标准普尔 500 指数。机构投资者关注的并不是每年增长 5%、10%还是 15%，而是跑赢他们所选定的比较基准。

例如，假设标准普尔 500 一年之内仅增长 2 个百分点，那么如果共同基金同年增长 3 个百分点，基金经理就可能会拿到奖金，作为帮助基金跑赢比较基准（在这一例子中就是跑赢标准普尔 500）的奖励。

这种奖励绝不会是一笔小数目，基金经理的奖金可以达到上百万美元。因此我们不难想象，当这作为他们的奖励时，基金经理将会更多地关注跑赢比较基准，而不是取得某个具体的年增长率。

基金经理经常会通过判断出其比较基准中哪些股票有可能长时间内表现异常优异，来努力跑赢该比较基准。为实现这一目标，他们会密切关注商业周期，即托尼在第二章中所提到的经济发展的循环往复。基金经理们不会抱有侥幸心理去投资于单独某一只股票，而会分析哪一个经济板块有可能因商业周期的自然更迭而受益。如果判断出当前的经济形势对某一个板块更加有利，他们可能就会选择将资金分配到该板块中几只相似的股票上。

商业周期的运行通常都会伴随着绿灯信号和市场趋势上升的三个主要阶段，以及伴随着红灯信号和市场趋势下跌的三个主要阶段。你可以简单地把这几个阶段想象成图 12.1 中所展示的早期、中期、后期阶段那样。

机构投资者知道，商业周期的每一个阶段都会创造出特定的形式，促使某些板块可能比其他板块更加有利可图。了解了这一点，

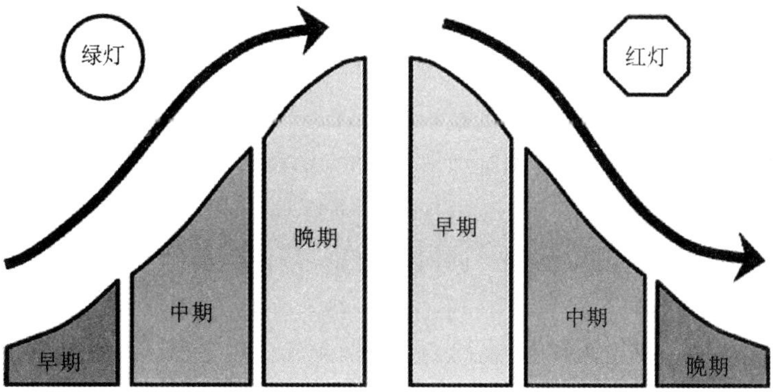

图 12.1 绿灯市场（GO）和红灯市场（STOP）通常有三个阶段，每个阶段不同的市场板块都会出现

他们就会设法加大对当前商业周期阶段中商品和服务需求量最大公司的投资。

作为一个个人投资者，你可以尝试预测投资资金从一个板块到另外一个板块的流动。要想做到这一点，你必须了解红绿灯市场三个阶段中每一阶段的特点。如果你把这种资金流动想象成一家小型企业的发展历程，可以更容易理解和记住。

绿灯市场早期：想象一家小型企业刚刚踏上通往成功的道路。所有者有一套非常好的营销、生产和分销策略，企业也已经从潜在客户那里获得大量订单，但是所有者担心公司不能生产出足够的产品，无法满足客户需求，此时该企业需要做什么呢？它需要借款，但它同时又需要高效率，尤其是在起步阶段。因此，该企业要寻求三种东西：少量的原材料、一些可以帮助它们扩大生产量的计算机系统，以及一笔用来扩大生产所需的贷款。

接下来想象一下这家小型企业采取了什么样的措施——它向金融和高科技寻求帮助。在商业周期的第一阶段，随着企业开始成长，它变得更加优秀。以下就是股票小幅下跌之后再开始上涨时所出现的情况：机构投资者通常都会投资于金融类公司和高科技公司。

绿灯市场中期：再想象一下，随着铺天盖地的客户需求驱使他们增加产量并推出更多的产品，这家小型企业开始成长。接下来该企业迅速成长，进而需要购买更多的原材料，或许还需要购买一些重型机械设备，以大规模增加产量和向越来越多的、甚至是成千上万的顾客推出更多的产品。如果你将大量企业的这种情形叠加在一起，就不能想象这对经济产生的影响。

绿灯市场中期会出现基础原材料需求增加，工业设备需求增加，以及运输需求增加，同时还会出现对金融和高科技服务的持续性需求。当机构投资者判断出这些行业正处于绿灯市场中期阶段时，就会将这些行业作为投资目标。

绿灯市场后期：想象一下，这家企业已经不再是曾经的小企业了，它现在已经处于其全盛时期，它一直在以曾经难以想象的速度推出产品和消耗原材料。然后，意料之中的状况发生了，推出新产品的成本上升了，原材料成本也上升了。该企业之前并没有预期成本会上升，但它们注意到石油和汽油的价格已经大幅上涨，因此认为这是其成本上升的主要原因。于是，它们缩减开支，设法精简运营成本，以适应当前面临的状况。此外，该公司还开始缩减旨在提高利润率的战略计划的开支。

在绿灯市场的这一阶段，能源成本通常都会上升到一定水平。这是客户需求以及各种规模的公司都努力满足客户需求而产生的一种自然效应。这些公司越成功，这种成功就越催生对能源的需求，以便运转机器和运输产品。而生产者对能源的需求增加，抬高了各种能源的价格，这又反过来促使生产者对他们所购买的原材料更加挑剔。基金经理们清楚，在这样的形势下，能源板块和非必需消费品板块可能会是寻求增长和机会的场所。

红灯市场早期：我们所谈到的这家公司不断成长，短时间内已是今非昔比，早已不再是当初的小型企业。它已经成为一家大型企业，然而，该公司也面临着一系列新的挑战：能源成本保持在高位，同时其他竞争对手突然出现；该公司采用复杂的作业流程，以确保其产品质量，但如今这些流程已经成本过高，削减了公司的赢利；此外，多年以来，员工的工资和福利迅速上升，压缩了公司的利润。尽管该公司看似仍在获利，但它在发展的道路上已经步履维艰。接下来，谣言四起，传言非主要职能部门可能会进行裁员。

这一时期，基金经理认识到已经很难在这些板块中发现成长机会。尽管他们愿意继续持有能源股，但已经开始在公用设施板块中寻找股票，因为在能源成本上升的过程中，该板块看上去表现得很好。此外，他们还会从必需消费品板块和医疗卫生板块中寻找机会，这些板块通常都较沉闷，波动率低于其他板块，同时还会派发股息——不过，医疗板块中也会有一些具备成长前景的医药公司。众所周知，医药公司只是偶尔出现急剧增长，但当这类公司打算通过为员工提供高效的医疗福利来缩减开支时，便会成为人人追求的革新者。

红灯市场中期：曾经的小公司如今正面临着巨大的问题。经济形势低迷期间，产品需求下降，销售额锐减。该公司尝试了一套新的营销战略，但最终并没有使情况得到显著改善。公司入不敷出，新产品开发减少，公司压缩大部分有利可图的产品的产量。尽管它们竭尽全力，但仍然在亏本。接下来公司开始裁员，解雇费一轮比一轮少。即使让新员工入职，也只是暂时性的。紧接着谣言四起，传说公司可能会与某一家竞争者合并或被竞争者收购。

基金经理明白，在危机时期，主要目标是损失小于整体市场。例如，如果市场下跌25%或更多，而某位基金经理的损失仅为20%，他便仍然可能会拿到一大笔奖金。因此，此时投资安全的股票才是基本的策略。在这样的时期，雇佣临时劳动力的公司可能会开始出现温和的上升趋势；公用事业公司和必需消费品公司可能会开始出现下跌趋势，但其下跌幅度会小于市场上其他板块；债券市场会升温；由于并购活动，金融板块可能会开始活跃起来。

红灯市场后期：我们所列举的公司一直在从全盛走向衰败。它力图进行部分财务重组，以便留住为继续生存和重建所需要的优秀员工。它已经开始考虑将运营中心搬迁到开支较少的位置；它已经重组生产线，研发新产品，这些产品看似可以成为公司的动力，但生产这些产品将会需要新的技术和培训。

基金经理们知道，在这样的时期，他们必须耐心等待机会出现的信号。他们不能以现金形式持有所有的资金，但他们持有现金的比例可以大于其他时期。他们远离投资，持有资金等待最好的机会出现。这一时期，教育公司和一些房地产公司可能会出现增长信号；随着新的贷款出现以及许多公司为利用利率下调打算进行更多的贷款，金融板块变得更加活跃。

这一商业周期的最后阶段回归到了市场的早期阶段，此时各公司由于更加高效地生产出符合消费者需求的产品和服务，已经做好了增长的准备。精明的基金经理们发现了这一时期的特点，尝试进行相应的投资，以便跑赢比较基准。

然而，在这一过程中，有一种重要的行为会影响基金经理们的操作，并帮助解释了机构投资者为什么选择某个时候从市场周期的一个阶段过渡到另外一个阶段，这一行为就是机构投资者为降低税收对收益的影响所采取的策略。

重点提示：对比 11 只 ETF 的表现，预见板块轮动。为了判断投资资金从一个板块到另一个板块的流动，你需要比较不同板块的表现。如果你能够创建一张对比图，对比 11 只 ETF 的表现，就可以非常轻松地了解各板块的表现。这些 ETF 分别是：SPDR 追踪精选原材料股指 ETF（XLB）（代表基础原材料板块）、SPDR 追踪精选能源股指 ETF（XLE）（代表能源板块）、SPDR 追踪精选金融股指 ETF（XLF）（代表金融板块）、SPDR 追踪精选工业股指 ETF（XLI）（代表工业板块）、SPDR 追踪精选高科技股指 ETF（XLK）（代表高科技板块）、SPDR 追踪必需消费品股指 ETF（XLP）（代表必需消费品板块）、SPDR 追踪公用事业股指 ETF（XLU）（代表公用事业板块）、SPDR 追踪保健股指 ETF（XLV）（代表医疗保健板块）、SPDR 追踪非必需消费品股指 ETF（XLY）（代表非必需消费品板块）、安硕巴克莱追踪运输股指 ETF（IYT）（代表运输板块）、安硕巴克莱追踪房地产股指 ETF（IYR）（代表房地产板块）。将这 11 只指数 ETF 放到一张对比图中，观察它们在 6 个月之内的表现。表现最好的 ETF 会向你表明市场目前正处于商业周期的哪一个阶段。

将税收影响降至最低——投资者选择下一板块的时机。影响机构投资者决策的第三个主要因素是一个很常见的、但却极少被考虑到的因素，这一因素就是避税，它会影响股市的走向。我这里所说的不是非法的偷税漏税，而是以政府税收政策所鼓励的方式进行投资。

美国政府的税收政策规定，卖出持有超过 1 年的股票所得按长期资本利得税率而不是普通收入所得税率征税。对大多数个人和公司来说，长期资本利得税率要低于普通收入所得税率，通常要低一半。因此，投资者非常有动力来避免更高的税收，而他们所做的就是持股至少 1 年。

大多数机构投资者都会把这一策略作为投资准则的一部分。除非他们肯定以及必须提前卖出股票，除此之外别无选择，否则他们一定会至少持股 366 天，不会提前一天卖出，因为提前卖出的成本实在太高了。

一旦了解避税是市场上的一种常见策略，就不难想象你可能会看到的避税所产生的结果。毕竟，股市上绝大部分资金掌握在机构投资者的手里。事实上，如果仔细观察标准普尔 500 指数追溯到 1995 年的图表，你就会发现运用这一策略的结果。参见图 12.2。

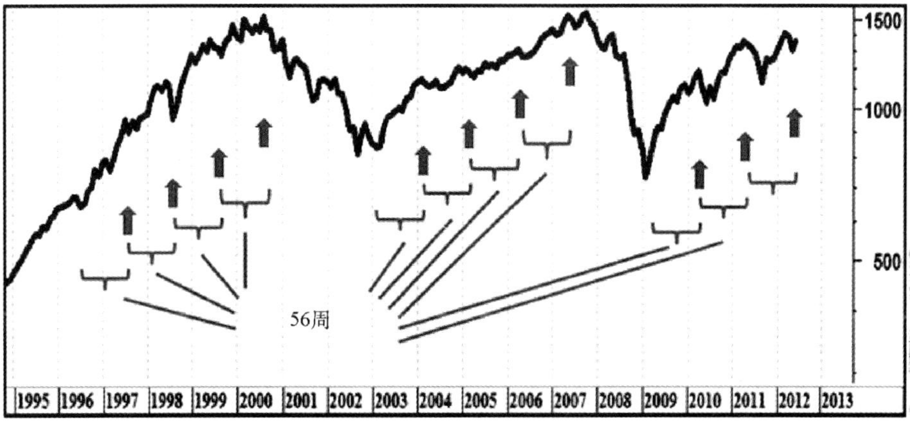

图 12.2　一轮绿灯市场中每 56 周出现的不同程度的卖出

快速地看一看这张图表，你会发现，在一轮牛市当中，每 56 周之后，股价在什么位置就出现了一定程度的下跌。这里我所使用的是 56 周为一个周期。考虑到机构投资者关闭旧的头寸，然后进行市场研究，再开立新的头寸，进行新的交易所需要的时间，我为每一个周期额外增加了 4 周。我相信，牛市中每一个这样的 4 周期间，机构投资者都会设法对已经表现出赢利的交易进行平仓获利，然后根据商业周期正处于哪一个阶段，将资金投向新的板块。

重点提示：注意自绿灯市场开始后每 56 周（13 个月）的卖出活动。机构投资者平仓获利时，所买卖的股票数量会远远大于个人投资者，这实际上会促使股市持续走低大约 4～8 周。

三、资金去往何处？通过观察投资者决策所产生的结果来发现机会

如果你掌握了截至目前我在本章中所介绍的内容，你就已经在市场上具备了巨大的优势。个人投资者掌握了资金的来源（投入）和机构投资者的操作规程之后，就可以预测他们的决策所产生的结果（产出）。这样，作为一个个人投资者，你便可以轻松预测一轮市场行情将会发生在何时何地，为赢利做好准备。

如果你回头去看一看最近的记录，看一看过去一年当中市场何时创下了最低价，就可以在该时间的基础上往前数 56 周，做好预测卖出的准备。一旦卖出完成（通常都会持续 4～8 周左右），你就可以寻找板块轮动的证据了。

发现这样的证据可以促使你发现上涨最显著的板块，进而投资这一板块的 ETF 或个股。如果你追踪各个板块在整轮绿灯市场中的表现，或许还能够判断出可以利用哪些板块来预测将从何处发现机会。这种技术非常适合运用到查理和丽塔的投资策略中，作为对其策略的优化。

通过追踪上涨最显著板块的整轮表现，查理将会十分清楚可以

将哪些 ETF 选作潜在的投资标的。丽塔则可以利用同样的信息从那些已经准备好上涨的板块中挑选个股。此外，他们两个人还会知道何时应该耐心等待绿灯市场上的下一轮显著的上涨行情。

要想预测自身交易策略下的市场行情，你必须留意绿灯市场上投资资金的流动，以 56 周为周期对其进行追踪。表 12.1 将为你提供帮助。

表 12.1 投资者追踪商业周期中的板块

	阶段	留意可能上涨的板块
绿灯市场	早期	金融板块、高科技板块
	中期	高科技板块、基础原材料板块、运输板块、工业板块
	后期	能源板块、非必需消费品板块、医疗保健板块
红灯市场	早期	医疗保健板块、必需消费品板块、公用设施板块
	中期	公用设施板块、债券
	后期	债券、房地产板块、金融板块

重点提示：2010 年“闪电崩盘”的出现距离上一个市场底部 57 周。2010 年 5 月 6 日，道琼斯工业平均指数一天之内下跌了将近 1000 点，结果却又戏剧性地在几分钟之内反弹上扬。曾经有许多人猜测这次事件发生的原因，甚至有人认为该事件表明现代市场的运行方式存在着巨大的缺陷；许多人试图归咎于自动下达交易指令的高效率交易计算机；还有一些人则将矛头指向了当天早上下达的一笔巨额的交易指令，认为可能是它导致了交易大厅的恐慌。然而，事实上当日事件的原因可能要比大家所猜测的要简单得多，远远没有那么让人难以揣测。如果考虑到开始于 2008 年、结束于 2009 年 3 月 9 日的那一轮快速而急促的红灯市场，就会发现一个有趣的事实。如果我们认为 2009 年出现的那一轮快速的下跌行情为每一位投资者敲响了警钟，那么 2009 年 3 月 9 日这一天就标志着新的 56 周计数窗口的开始。大量机构投资者可能会平仓获利的第一周开始于 2010 年 4 月 27 日，当天距离 2009 年 3 月 9 日 56 周。虽然并不是所有机

构投资者都会同一时间买入卖出，但是进入卖出期后的第一周，或许是实在太多机构投资者同时决定平仓获利，以至于市场毫不犹豫地开始了一轮毫无节制的卖出，产生了极其引人注目的影响。然而，市场当日戏剧性地反弹，表明这轮卖出并不是负面消息和恐慌的结果，而只是由于投资者为了更低的税率所进行的平仓获利，以及为将资金从一个板块转移到另外一个板块做准备。从这一点来看，这次“闪电崩盘”的发生可能只是由于避税行为和机构投资者板块轮换不寻常的同步发生。

应当记住的要点

■ 市场上绝大部分资金都掌握在机构投资者手中，他们以共同基金、养老基金或其他类型的资金募集者的名义对资金进行管理。

■ 市场上的资金经常来源于退休储蓄。进入市场的资金越多，价格上涨的可能性就越大。

■ 机构投资者的操作原则要求他们依据对外发布的基金投资目标进行投资。

■ 基金必须不停地进行投资，以便达成基金目标。

■ 基金经理会确立一个比较基准，用来确定他们表现的价值，以及为跑赢比较基准而拿到巨额奖金。

■ 跑赢基准指数的一种常用策略之一就是将资金转移到比较基准指数中那些表现最坚挺的成分股中。

■ 基金经理常用的一种避税策略之一就是持有一只股票 366 天以上。

■ 绿灯市场期间，避税策略的使用通常都标志着资金从一个板块转移到另外一个板块。

■ 在绿灯市场中，个人投资者可以通过计算 56 周察觉市场可能何时开始下跌。

■ 个人投资者可以通过预测 56 周之后资金从一个板块向另外一

个板块的转移来观察机构投资者的投资决策所产生的结果。

个人心得 托尼

扩大你的圈子

除非尝试着做一些自己能力范围之外的事情，否则你永远也不会成长。

——拉尔夫·瓦尔多·爱默生

我第一次听到本章“个人心得”中的这一标题是在教堂里。那是10年前的一个早上，当时我们的牧师，尊敬的大卫先生，将此作为他布道的标题。“扩大你的圈子，一定要扩大你的圈子。”他一边说，一边在台上踱来踱去，用双臂做着扩大圈子的手势。“你们每一个人都有自己的知识圈，熟悉的生活圈，这就是你们的舒适圈。你们上一次踏出自己的圈子，去学习或体验一些新鲜的事物是什么时候?”

他的话让我陷入了深思。的确，我有着舒适的生活，和谐的家庭，要好的朋友，我对自己的各方面都感到很满足。我盯着放在膝盖上的教会手册，陷入了沉思。换句话说，我生活在一个舒适的、一成不变的环境中。

“如果不扩大自己的圈子，你就不会成长。”大卫继续说道，“想一想你生活的方方面面，你的家庭关系、你的事业、你的社交生活、你的心理健康、身体健康和精神健康。你需要计划一下自己如何才能在各方面成长，如何才能不断地成长。”

嗯……我咬住嘴唇，环顾四周，发现我的教友们都坐回了自己的座位上。对我们大多数人来说，改变都是令人不适的，更进一步说，它可能会令人感到十分恐惧。

尊敬的牧师先生似乎能读懂我们的心思，他大声呼喊道："走出你们的舒适圈，这是很好的。在拓展自己的意识水平或体验自己所创造的一个全新的环境时，你或许会感到不安，并且是十分的不安，但这很好！如果你感到不舒服，说明你在成长，在学习，在变成一个更好、更优秀的人。没有成长的人永远也不会感到不安，永远也体验不到自身圈子之外那些能给他们带来巨大的快乐、成功和幸福的新世界。"

大卫当日的讲话极大地鼓舞了我。我决定接受这位牧师的"挑战"。我带着一种新的颂歌，事实上是一种新的命令，走出教堂。我决心要扩大自己的圈子。

而我的确做到了。我学习新的技能，去往新的地方，结交新的朋友。有时我还会进行一些让我感到十分不安的新尝试（公众演讲就是其中之一），对此我坚持到底，最终获得了丰厚的回报。

你愿意接受我的"挑战"吗？愿意"扩大你的圈子"吗？或许一开始你可以阅读一本超出你知识领域的书；或许你可以去上一堂一直想去上的课，加入一个新的业余爱好俱乐部或是特别兴趣小组，或者去医院或慈善机构做一个志愿者；或许你可以去国外旅行，并在出发之前报名一个语言速成班；或许你还可以学习如何水下呼吸潜水、如何滑雪或加入一个健身俱乐部。大胆地去尝试吧！

要知道，我们人类生来就应该在生活的各方面超越、成长以及实现美好的目标，这是我们人类的天性。

我在此向你保证，如果你去体验自身圈子之外的全新世界，不断地扩大你的圈子，你所遇到的新朋友、新地方和新事物将会为你带来巨大的快乐、成功和幸福。

第十三章

带着必胜的决心投资

托尼

恭喜你们！我们已经接近旅程的终点。我们已经一起走过一段很长的旅程，戈登和我都相信你们一定很享受这次旅行。

接下来我们要讨论一些宏观问题，以及最重要的问题——我们如何用我们的心智来处理这些问题。

我是一个现实主义者。我十分了解，你们当中很多人都认为自己的情绪完全不会影响自己的投资选择。你们或许认为，那些短线交易者让自己沉浸在片刻的市场波动中，总是徘徊在痛苦与快乐之间，而你们中一些人只是偶尔查看自己的投资组合，因此在进行投资决策时，不会受到情绪的影响。

我对此持保留意见。拜托，我们所讨论的是你的钱！我们所有人都对自己的钱有着特别强烈的感觉。如果钱不够多，我们会操心如何才能挣到更多的钱；如果钱太多，我们又会操心如何才能保住这些钱。因此，我们与钱相关的绝大部分情绪都与希望和恐惧有关。

投资时，我们都带着美好的期望，期望经过一段时间之后，我们的投资会价值增加，我们最终会获利——这是“希望”的一方面。另一方面，在全球领导人解决例如战争、饥饿这样的问题之前，在我们看到遭遇这些问题的人们微笑着、手牵着手围着篝火歌唱之前，我都怀疑破坏经济的“怪兽”们会继续潜伏在阴影中，这些“怪兽”

可能会促使我们慢慢地变得忧虑和恐惧。

戈登

托尼，我知道投资者充满了焦虑。他们不仅担心不久的将来可能会发生的事情，还担心股市的长期收益可能不如过去的某些时期。经常有人问我未来可能会发生什么？人们多次问及恶性通货膨胀——即物价急速上涨到人们难以承受的程度，货币迅速贬值。然而，投资者经常忽视的问题是，与实际的通货膨胀相比，他们的“忧虑心态”对自己的投资收益造成的影响会更大。

忧虑是一种强大的因素，这一定程度上是因为人们认为自己的忧虑是正常的，是对显著事实的合理反应。但是，如果长期让自己处于忧虑状态下，投资者会让自己与周围可能出现的机会无缘。

针对恶性通货膨胀为什么不可避免，一些人提出了充分的理由。另一方面，关于恶性通货膨胀为什么不会发生在我们的有生之年，我也看到了同样貌似可信的理由。那么到底谁是正确的呢？关于这个问题，我想说的是：“这并不重要。只要你做好了准备，是否发生都代表着机会的出现。”

通货膨胀的定义很简单：货币购买力下降，这表示购买同样的商品需要更多的货币。关注这一定义是非常有用的，因为我们很容易认为货币是一成不变的，是有固定价值的，而事实并非如此。货币的价值就像股票的价值一样会发生变化，如果你认识到了这一点，就能够将货币的价值变化看作是机会。如果货币贬值（即如果出现了快速的通货膨胀），你用货币购买的东西价格就会上涨，例如石油和黄金。

作为一个投资者，你可以简单地通过发现货币贬值时什么东西在上涨来发现机会，这就是红绿灯市场 ETF 清单的价值所在。5 年前你无法列出这样的清单，但在如今的市场上，你可以做到，你只需简单地看一看这些清单，就会发现什么东西在上涨。

当你用这样的心态看待投资时，你所关注的就是发现机会，而不是逃避恐惧，这样的心态会让你获利，而另外一种心态则无法实现这一点。

不管未来发生什么，带着必胜决心的投资者都认为可以发现机会，并会去寻找机会。这种心态将会促使他们缓解忧虑，在牛市和熊市中都能获利。

托尼

戈登，在和投资者交谈时，我所遇到的另外一种担忧是对华盛顿地区所发布的政策的担忧。毕竟，政策对经济环境有着很大的影响，而经济环境决定了我们的投资方向。

以下是政治政策的多米诺效应：政治制定政策，政策影响经济，经济影响板块或行业，行业影响行业内公司，这又促使公司股价上涨或下跌，而这种上涨或下跌又会影响你的投资组合最后的收益。

政府政策催生法律、法规、税收、价格管制和资本管制，这些有时会成为一个行业的“一记重锤”，进而成为该行业内公司的“一记重锤”。例如，目前我们其中一家联邦机构将煤炭工业纳入了监管范围之内，对这一能源行业施加了新的法律法规。事实上，你或许已经看到了报纸上的这一标题：“煤业战争”。结果呢？我们可以将煤炭股目前出现的价格下跌部分归咎于这些政策。还有一个例子，陷入财政困难的欧洲缩减了曾经对太阳能公司的慷慨补助，紧接着许多欧洲太阳能股票价格出现了下跌。

不过，你不必担心政策的变化，作为一个聪明的投资者，你应当留意华盛顿地区发布的政策，并判断这些政策对你的投资造成的潜在影响。我们建议你购买一份（或上网浏览）《华尔街日报》《巴伦周刊》或其他重要的双月刊财经报，至少应该看一看新闻标题，这样一来你就可以了解华盛顿地区颁布的政策，是否会对你的某些头寸造成好的或坏的影响（政策法规通常都会对各行各业造成负面影响）。如果会，你就要采取相应的风险管理措施。

忠告：请不要在一则新闻发布后立即对其做出反应，要先等待市场吸收这则新闻，市场对该新闻的反应或许会与你所想象的大相径庭。因此，如果你看到一则你认为会对你的头寸造成影响的新闻，在采取行动之前，要先耐心等待，观察市场是如何吸收这则新闻的。等到一旦确认市场观点，你就可以做出明智的决策。

戈登

托尼，说到投资者的焦虑，我们来谈一谈利率吧。这实在是一个很难忽略的问题，因为利率代表借贷成本。在一个以借贷为基础的现代社会中，借贷成本是一个普遍存在的影响因素，你借钱进行的每一笔购买都受借贷成本的影响。因此，我们如何能不关注利率呢？

事实上，利率如其他一切事物一样上下波动，而哪里有波动，哪里就有机会。制胜投资者必须有能力看清利率的本质，然后才能发现机会所在。

对于如何看待利率，我认为，利率是衡量借款需求的标尺。利率高，则表明借款需求大于可贷资金供应。然而，我们很容易迷失在政治迷雾和关于利率的各种经济新闻中，如果你能忽略这些东西，只关注利率到底代表什么，那么我想你对利率的看法可能会更容易从焦虑变为寻求其中的机会。

例如，如果我们回头去看一看利率两位数的那些日子，特别是1979—1984 年那些年份，你会发现当时是一个美国婴儿潮一代人进入购房时期的时代。这一时期，许多人都在同一时期有借款需求，但银行业的资金并不能满足人们的需求。当借款方的竞争加剧，市场唯有通过确定谁支付的利率最高来决定谁能借到资金，由此利率急速上升到了两位数。

如果将这一时期与近几年（例如 2007—2013 年）相比，你会发现情况大不相同。婴儿潮那一代人的购房高峰期已经过去，他们已经开始缩减生活开支，他们不再需要大房子，也不再频繁地需要借入大量的资金。此外，2007 年，新银行诞生的数量超过以往任何时期。因此，如今出现了可贷资金供应过度、借款需求下滑的情况，市场应对这一情形的唯一途径，就是设法利用尽可能低的利率吸引借款者。

如果用这样的方式看待利率波动，你就会发现机会存在于何处，你就可以在利率再次上涨之前发现机会，前提是你必须发现资金供给正在减少，或借款需求正在增加。制胜投资者们明白，他们可以简单地通过观察与利率相关的 ETFs，发现目前市场上哪只 ETF 表现优异，来判断获利机会存在于何处。

托尼

戈登，你的观点的确让我们不再对利率上涨感到“焦虑”，并且你刚刚使用了我最喜欢的一个词语——“机会”。在未来的大趋势之下，有大把的机会等着我们。

我认为我们许多读者都将从中大幅获利的第一个大趋势行业就是医疗保健行业。如你所知，婴儿潮出生的一代人就是出生于1946—1964 年间的一代美国人，如今我们这一代人（是的，我也是其中一员）已经达到 7800 万人之多。

婴儿潮出生的一代人已经如此之多，以至于美国国会预算局报告，仅 2009 年，用于医疗保险和医疗补助计划以及其他医疗事业的开支便达美国国内生产总值的 3%，国会预算局报告，截至 2035 年，在不考虑任何重大变革的情况下，单就用于医疗保险的开支增幅将达 2 倍以上，达到 8%，截至 2080 年，该开支将增至 15%。

那么为何会出现如此大的增幅呢？战后的婴儿潮一代人正处于退休高峰期，他们在医疗保健上的花销远大于他们的父母一代。当然，医疗保健费用也在上涨，这并不是什么秘密。我个人承认，我希望自己身体健康，最大程度地享受自己的退休生活，我的朋友们亦是如此，我们大多数人都将竭尽全力实现这一目标。

因此，这便是机会所在。婴儿潮一代人会更加频繁地去看医生，购买更多的服务，并且愿意将 7 万亿美元财富用来提高自己的生活品质。试想一下将会有多少企业和投资者从中受益！市场上将出现大量的新兴技术，供那些愿意购买的人购买。看一看你们当地的药店，看一看网络上的信息，“抗衰老”产品的广告无处不在。我的一位朋友的丈夫是一位神经系统专家，被分配到了当地一所名牌大学的“抗衰老系”。

得益于新的医疗保健计划，许多新兴技术将会以政府资助服务的形式出现。从物理治疗到整形外科，再到最新的抗衰老技术，婴儿潮一代人正在优雅地拒绝变老，而我们为此所支付的费用将会异常庞大。

因此，与医疗保健相关的每一个行业都必将从中受益，发现机会的投资者亦将从中受益。该领域内的许多股票都将从中收益，而ETFs仍然会是很好的“通用”选择。安硕系列ETFs和SPDRs系列ETFs都有追踪医疗保健板块的指数基金，例如安硕道琼斯美国医疗保健指数基金（IYH）和SPDR追踪精选健保股指ETF（XLV）。看一看医疗保健领域的各个板块，我们会发现制药、医疗设备、生物工程和医疗服务提供商等板块，并且可以发现追踪每一个行业的ETF，如果选择适当，这些ETF现在和将来都会为你提供非常好的机会。

戈登

我一直为未来投资领域真实存在的大量机会感到吃惊。不过，当下来看，我们似乎将会经历一段整体情况不那么乐观的时期。很多人告诉我们，未来可能会有多么黯淡可怕。毫无疑问，前方的确充满了挑战，但市场整体趋势将会是上涨，我为此感到兴奋。不管市场上涨是因为通货膨胀，因为技术革新，还是因为战争结束或能源时代开启，最终结果都是它迟早会整体上涨。只要人们可以自由投资，就会发现价值，或者自己创造价值。而历史表明，人们天生就会这么做。

40年前许多经济学家预测，到目前为止我们的某些资源将会枯竭，但这种情况并未发生，我也认为它不会发生。人们总是本能地在能够向价值靠近的时候便向价值靠近，而这种本能意味着更高的效率、更大的创新能力和整个人类更美好的前景。

无论出现什么相反的意见，我都认为未来没有任何东西可以阻止市场上涨，正如它一个多世纪以来的表现一样。如果回头去看一看道琼斯工业平均指数近 100 年以来的表现，你就会发现一个周期性的模式：每隔大约 17 年半，市场就会出现一轮横向波动，之后便会开始大约同等时间的显著上升趋势。其中一次大的例外是 1930—1932 年的大熊市，除此之外，这种模式似乎始终如一。

大约是 2000 年，道琼斯工业平均指数开始了横向波动。那么，我们是否可能早在 2016 年便开始迎来毕生所见的最好的投资机会呢？即便的确如此，也会有人在机会已经过去很长时间之后才会相信，这些人不会知道要去观察机会，甚至不会相信机会有可能出现。

制胜投资者们知道，只要自己做好识别机会的准备，机会就总是会存在于市场的某一个角落，就在身边的人还坚定地认为股票再也不会是好的投资产品时，他们便清楚这一点，而此时恰恰就是投资股票的最好时机。

托尼

戈登，你的观点完全正确，道琼斯的这种百年模式的确存在。

此外，即便是现在，作为投资者，如果我们看一看周围的世界，也会发现全新的或者说相对较新的行业迅速崛起。仅仅几年前，大数据服务公司、云计算、平板电脑应用、智能手机和社交媒体全部都还是高科技行业中的翘楚，如今它们的表现虽然已经很平凡，但仍在逐步发展。我们所有人都能想出几家这些特定小环境中崛起并飞速发展的公司，那些将发现投资机会当作自身事业的投资者就是可以大量获利的投资者。而对于那些偏爱 ETFs 的投资者来说，基金也已经在这些专业技术领域迅速出现，并且还会有更多的基金出现。

如今，在放眼未来时，我会将最近发生的世界性事件纳入其中来考虑，然后我会问自己几个问题：先进的网络安全中存在着什么样的机会？我们已经目睹了最近的一些黑客攻击美国政府、机构组织事件的出现，其中包括银行，因此有人会想，这些行业将必须变得比现在更加尖端发达。另外，关于水资源呢？世界上许多人口都没有干净的饮用水，未来几年水资源会变成像石油一样的商品吗？更加令人兴奋的是，太空之旅将会如何呢？私人企业目前正向其他领域转移，哪些公司将会因此而受益呢？而这些受益公司的供应商又是谁呢？

如你所见，只要有良好的计划并明智地管理好风险，股市就是一片充满了机会的市场，事实上它会是一块“梦幻之地”。

现在，我们要向你们，我们的读者们，说一声感谢，感谢你们与我们一起走过这段旅程。戈登和我都非常享受这段与你们一起走过的路，我们相信你们将会从中受益。珍重！愿上帝保佑你们！

应当记住的要点

■ 很多时候，我们的投资决策都会受到恐惧和期望的影响。

■ 许多投资者都担心出现恶性通货膨胀，即物价急速上涨，我们手中的货币价值急速下跌。

■ 成功的投资者不会担心潜在的经济灾难（通常永远都不会发生），他们会在每一种市场环境中寻找机会。

■ 政府政策催生法律、法规、税收、价格管制和资本管制，这些优势会成为一个行业的“一记重锤”，进而成为该行业内公司的“一记重锤”。

■ 聪明的投资者会注意新闻，随时留意由华盛顿发出的政策，并依此管理自己的头寸，这是“知识就是力量”的一个典型的例子。

■ 不要根据新闻标题采取行动，要等到市场吸收这些新闻，观察市场的反应，然后再采取必要的行动。

■ 利率会有波动，而哪里有波动，哪里就有机会。

■ 制胜投资者们必须有能力看清利率的本质，然后才能发现机会所在。

■ 毫无疑问，未来几年，婴儿潮一代人将会大力推动医疗保健行业的发展。

■ 如果查看道琼斯工业平均指数过去100年的表现，你会发现一种清晰存在的重复模式。

■ 即便是现在，大数据服务行业、云计算、平板电脑应用、智能手机、社交媒体以及更多的行业之中，也有新的趋势正在形成。

■ 制胜投资者们知道，只要自己做好识别机会的准备，机会就总是会存在于市场的某一个角落。

个人心得 托尼

向前看，你的未来充满乐趣

只有那些愿意冒险远行者，才可能知道自己到底能走多远。

——T. S. 艾略特

一位伟大的智者曾对我说："我们每一个人都需要有一个充满乐趣的未来才会感到幸福。"它或许是一种物质享受，或许是与爱人的一段关系，或许是一套技能，也或许是我们想要得到或实现的一项活动。我们人类在对未来满怀期待时感觉最幸福。

我们最害怕的一件事，尤其是在我们即将退休时或在"空巢期"时就是被淘汰。天哪！哪怕只是提到"淘汰"这个字眼，我都会全身起鸡皮疙瘩。哪怕只是一想到被自己的生意伙伴、自己的孩子或身边的人淘汰，我们都会感到恐惧万分。被需要、被欣赏、活得有意义……这些都是使生活变得有价值的感受。

要想采取措施让自己的未来充满乐趣，可以采取以下三个步骤：

首先，记住我在第十二章中的“个人心得”部分所给出的建议——即要有计划性地扩大你的圈子。不要只是坐等某些人或物出现来为你提供新的机会，要自己创造机会，并且从现在做起。看书，做计划，打电话给朋友，或出去走一走……竭尽所能地为自己的生活创造新鲜的、有趣的经历。

其次，要时刻活在当下。你或许并没有意识到，但实际上你可能正“活在自己的世界当中”，你或许正在追忆过去或思索未来。这种并非活在当下的思维方式会让你感到筋疲力竭，会增加你的压力。为什么呢？因为你的身体活在当下，头脑却在费力地处理各种场景中的各种状况。此外，如果没有全身心地活在当下，你就无法尽情享受当下的乐趣，同时你身边的人也会感觉受到了冷落。

我有一个好朋友，名叫乔伊斯。无论我何时与她在一起，她都完全活在当下，全身心地投入。她将注意力全部放到我们所做的事情上以及我们的谈话之中。我说话的时候，她的视线不会游移不定，她不会打断我的话，她会真诚地问我一些问题。所以，乔伊斯朋友众多，事业成功也就不足为奇了。

第三，要想使你的未来充满乐趣，就要选择快乐。快乐就是当前感到满足，无论何时，无论何地，如果你这样看待快乐，那么得到快乐还会难吗？

我们假设你已经拥有基本的生活必需品，丰衣足食，有自己的栖身之地，有认可你的人，那么快乐就是一种选择。不管怎么说，你可以选择自己的想法，对吗？所以选择那些好的东西吧！

“哦，不是我自己，”你叫喊道，“是那个脾气暴躁的人，是他/她让我的生活变得如此悲惨！”

几年前，我学会了一种很棒的方法，用来对待生活中那些“脾气暴躁的人”。我发现，如果我内心将他们进行“重新定义”，无论他们做了什么，我都认为他们是善良的、可爱的（你可以选择任何一种积极的态度来看待他们），他们就会在我眼前改变！真的！现在我也不知道是他们改变了，还是我改变了，但这并不重要，这种